ŒUVRES

COMPLÈTES

DE MOLIÈRE.

VIII.

ŒUVRES
COMPLÈTES
DE MOLIÈRE,
AVEC
DES REMARQUES GRAMMATICALES,
DES AVERTISSEMENS
ET DES OBSERVATIONS SUR CHAQUE PIÈCE,
Par M. BRET.

TOME HUITIÈME.

TROYES,

GOBELET, IMPRIMEUR DU ROI
ET LIBRAIRE, PRÈS L'HÔTEL-DE-VILLE, N.° 11.

1819.

LES FEMMES

SAVANTES.

COMÉDIE EN CINQ ACTES.

AVERTISSEMENT

DE L'ÉDITEUR

SUR

LES FEMMES SAVANTES.

Cette comédie, en vers et en cinq actes, fut représentée sur le théâtre du Palais-Royal le 11 mars 1672.

Le coup que Molière avoit porté, treize ans auparavant, aux Précieuses, n'en avoit pas si généralement détruit l'espèce, que l'indigente et basse médiocrité ne pût en réunir quelques-unes qui protégeassent et la prose languissante, et les petits vers de société moins soutenables encore. Les hôtels de Rambouillet et de Longueville étoient alors deux asiles très-honorables pour les lettres, mais dangereux pour le goût de la nature et du vrai, puisque Cotin et Pradon y étoient reçus et admirés.

Un grand nombre de femmes croyoient avoir évité le ridicule des anciennes Précieuses, parce qu'elles avoient allié aux bagatelles du bel-esprit la prétention des connoissances supérieures ; mais une affectation pédantesque de philosophie rendoit leur jargon moins intelligible encore ; et Descartes, qui avoit fait faire un grand pas à la raison humaine, étoit devenu bien innocemment coupable des folies nouvelles de nos fausses savantes.

Molière s'arma une seconde fois contre ce dangereux abus de l'esprit et des connoissances. La raison la plus vigoureuse appuya les traits du ridicule ; et l'inimitable comédie *des Femmes Savantes* détruisit, pour ce siècle, les derniers asiles du jargon, des pointes et du pédantisme en cornettes.

Cet ouvrage est un de ceux auxquels il employa plus de tems ; car on doit se souvenir que madame Dacier ne s'arrêta dans son projet bizarre d'immoler Molière à Plaute, à l'occasion d'*Amphitryon*, que par la crainte qu'elle eut *des Femmes Savantes*, dont on parloit déjà en 1668.

Il n'en faut pas moins admirer les efforts de génie qu'il dut faire pour tirer une comédie en cinq actes d'un fonds en apparence si stérile, et qui sembloit, comme l'inimitable farce des *Précieuses*, n'offrir que quelques scènes.

C'est ainsi que nous avons vu, de notre tems, le sublime auteur de *la Métromanie* agrandir, par l'art ingénieux du théâtre, un sujet dont l'étonnante fécondité n'est due qu'à sa riante imagination, et à l'adresse qu'il a eue de faire entrer dans sa fable ce qu'il y avoit alors d'anecdotes piquantes et relatives au caractère qu'il traitoit.

Molière, avec le même secours, s'ouvrit un champ vaste et fertile, où d'autres yeux que les siens n'auroient vu que des landes indéfrichables.

Le fameux Cotin, déjà si connu par les écrits de Despréaux, avoit eu l'imprudence, en repoussant les attaques réitérées du poëte satirique, d'insulter Molière, dont il n'avoit jamais eu à se plaindre (1).

Cette mal-adresse pouvoit seule lui mériter, de la part de notre auteur, la préférence sur tous les sots de son état; mais ses ridicules particuliers en faisoient si complettement un personnage théâtral, qu'ils dûrent déterminer le choix que Molière avoit à faire d'une victime principale.

Pédant bel-esprit, ennemi sans pudeur de tous les gens célèbres qui vivoient alors, plus ennemi du goût et du bon sens, l'abbé Cotin, de la même bouche dont il osoit annoncer les vérités sacrées, alloit débiter dans le monde de petits madrigaux d'une insipide galanterie (2). Il étoit le plus vain de tous ceux qui entretenoient dans quelques sociétés ce jargon moitié savant et moitié fade, qui lassoit la patience de tous les gens d'un véritable esprit. N'étoit-il pas

(1) Voyez la Critique désintéressée des Satires du tems.

(2) Voyez les Réponses aux Questions d'un Provincial, où Bayle reproche à Cotin d'avoir prétendu associer innocemment les qualités très-incompatibles de poëte galant et de prédicateur de l'évangile.

naturel que le nom et les ouvrages de ce rimeur avili, vinssent se placer d'eux-mêmes sous le pinceau de notre peintre national, lorsqu'il traça le tableau des fausses savantes, dont l'abbé étoit la coqueluche et le coryphée?

Sans doute on reconnut, aux représentations de cette pièce, le pauvre Cotin, qu'on y appeloit d'abord *Tricotin*, et que depuis on y nomma plus plaisamment encore *Trissotin*. Mais que prétendoit poursuivre Molière? un ridicule incommode et impuni dans la société. *Ce n'est point à l'honneur que touchent ces matières*, avoit-il dit dans la scène première du quatrième acte de son *Misanthrope*; et en effet, il ne prête à Cotin aucun des vices qui entraînent la flétrissure.

Ce froid rimeur, cet insolent ennemi de tous les talens, cet intrigant dangereux par les dupes illustres dont son manège l'avoit fait entourer; Cotin, enfin, ne perdoit rien d'essentiel; il n'étoit blessé que du côté de l'amour-propre le moins fondé (1).

S'il eût abjuré un talent pour lequel un cri général l'avoit décidé si peu fait, s'il fût devenu modeste et simple citoyen, rien ne l'eût empêché, après *les Femmes Savantes*, de jouir paisiblement de tous les droits essentiels à cette qualité; il y eût eu même, dans la justice qu'il

---

(1) La qualité dont l'abbé Cotin aimoit à s'honorer, étoit celle de *Père de l'énigme française*. *Elle me fut donnée, dit-il, par quelques personnes de mérite et de condition.* Voyez son discours sur les énigmes.

se seroit rendue, un certain héroïsme plus glorieux pour lui que son opiniâtre persévérance.

La loi ne doit couvrir de son bouclier que celui qu'on attaque dans son honneur, et ce bien précieux n'est relatif qu'à la conduite et aux mœurs. Cotin ne fut attaqué par aucun de ces endroits.

La comédie des Femmes Savantes ne pourra donc jamais servir d'excuse légitime à ces libelles publics, où l'on ne sauroit imputer à des individus des vices capitaux qui tendroient à les déshonorer.

L'impiété, l'improbité même, voilà les reproches que fit Aristophane à Socrate ; et nous prononçons tous les jours que ce fut un abus criminel de l'art, en donnant encore à Socrate le nom de Sage. Tel est le genre de comédie qui ne peut naître et se supporter que dans les désordres de l'anarchie, et dont l'utile censure et la vigilance d'une police éclairée doivent nous mettre à couvert.

Personne n'a mieux connu que Molière et l'étendue et les bornes de son art ; on peut même dire que c'est la justice de sa raison et de son esprit qui les a fixées. Il ne s'est point mis à la place de la législation, qui a seule le droit de prononcer sur le crime (1). Il sentit que sa mission ne commençoit qu'au point où la loi n'étend

(1) *Je ne saurois me divertir des personnages qui méritent le fouet, le pilori et les galères, ni des actions dont le bourreau devroit faire la catastrophe.*

PALAPRAT, discours sur l'Important.

plus son glaive, et qu'il n'avoit qu'à purger la société que de ces incommodités impunies, dont les ridicules et la sottise ne cessent de la fatiguer (1). Il savoit surtout, que ce supplément à la police générale ne peut faire excuser sa hardiesse que par l'utilité dont il est, par l'amusement qu'il procure, et par les ris qu'il excite. Il est cruel et dégoûtant de faire tomber en public le masque d'un lépreux ; il est plaisant d'arracher celui d'un fat.

Cependant, si la chute des mœurs ne laissoit plus voir comme un vice grossier ce qui l'est en effet ; si, par un relâchement des ressorts de la machine publique, les lois pénales se taisoient trop long-tems sur des désordres qu'elles devroient arrêter, peut-être alors la Muse du théâtre, munie du sceau du Gouvernement, pourroit-elle porter ses regards sur ces objets. Mais, nous l'avons dit ailleurs ; lorsque Molière s'ouvrit la carrière du théâtre, les lois de toute espèce venoient de rentrer dans leur vigueur; et ce vrai philosophe, aussi rempli de sagesse que de génie, ne dut envisager que la sottise et le ridicule à poursuivre, puisqu'aucune législation, depuis celle de Sparte, n'avoit prononcé contre eux.

C'est donc bien gratuitement que l'illustre

---

(1) M. de Saint-Lambert, dans son excellent discours de réception à l'Académie Française, dit que Molière, avec plus de force et de philosophie que le sévère Despréaux et le sage Labruyère, poursuivoit les vices et les défauts *que ne punissent point les lois.*

SUR LES FEMMES SAVANTES.

Bayle, dans ses Nouvelles de la République des Lettres, tom. 1, p. 204, reproche à Molière d'avoir borné les défauts dont il avoit corrigé la ville et la cour, *à certaines qualités qui ne sont pas tant un crime, qu'un faux goût et un sot entêtement.* Ce grand critique avoit trop peu réfléchi sur le genre de la comédie, pour voir que notre auteur étoit, par cet endroit même, digne des plus grands éloges, et qu'il eût infailliblement perdu la gaieté de son art, si, négligeant le ton léger d'Horace, il se fût armé du poignard de Juvénal, que d'ailleurs on lui eût fait quitter. Bayle n'est pas le seul homme rempli de beaucoup de talens et de connoissances, à qui celle du théâtre ait été presque étrangère.

Pour revenir à la victime principale *des Femmes Savantes*, on ne voit nulle part qu'aucun des grands protecteurs de l'abbé Cotin se soit plaint de la manière dont il fut traité. L'Académie Française, dont il étoit membre, alla, huit jours après la première représentation de cette pièce, remercier en corps le roi qui venoit de se déclarer le protecteur de cette illustre compagnie. On n'y parla point du malheureux confrère, qui ne se trouva pas à cette cérémonie, *dans la crainte* (dit quelques jours après le sieur de Visé) *qu'on ne crût qu'il s'étoit servi de cette occasion pour se plaindre au roi de la comédie qu'on prétend que M. de Molière a faite contre lui* (1).

(1) Voyez le premier Mercure Galant, Nouvelles du 19 Mars 1672.

AVERTISSEMENT

M. de Voltaire, trompé, comme beaucoup d'autres, par la tradition et par M. l'abbé Dolivet même, a cru que cet auteur, accablé de ce dernier coup, étoit tombé dans une mélancolie qui bientôt l'avoit conduit au tombeau ; mais, six ans après *les Femmes Savantes*, nous le voyons encore, à la réception de l'abbé Colbert, entreprendre de lire, devant l'assemblée la plus brillante et la plus nombreuse, un discours de philosophie, qu'il n'acheva pas, à la vérité, à cause de la foiblesse de sa voix. Plaignons moins la médiocrité justement humiliée; elle tire bien du courage de son ridicule orgueil.

Nous venons de lire avec étonnement dans la traduction du théâtre espagnol, par M. Linguet, que la pièce de *Calderone*, intitulée : *On ne badine point avec l'amour*, avoit fourni à Molière l'idée *des Femmes Savantes*; un de nos journalistes, en rendant compte de cette traduction de M. de Linguet, a donné à cet auteur une preuve de la confiance qu'il a en lui, en adoptant son opinion.

Le *contemplateur* Molière, occupé sans relâche à épier les ridicules de son siècle, avoit-il besoin du poëte espagnol pour apercevoir ce qu'il trouvoit alors à chaque pas dans les sociétés de Paris ? Comment une pièce d'intrigue, dont les méprises, les *quiproquo*, l'*imbroglio* machinal, et le choc d'événemens, toujours cher aux Espagnol, font le principal mérite, auroit-elle donné la naissance à une comédie de caractère et de mœurs ? Quelques égards qu'on doive aux talens de M. Linguet, on ne peut être de son avis sur la découverte qu'il croit avoir faite.

Il est vrai que la scène seconde de la première journée (1) on parle d'une *Béatrix* qui a conçu une idée étonnante de son esprit, qui a appris le latin, qui fait des vers espagnols... qui méprise l'amour, qui n'a jamais regardé un homme en face, et qui est persuadée que si on prenoit avec elle cette liberté, on tomberoit mort sur le champ, etc.

Si ce caractère donné ne produit rien dans le cours de l'ouvrage, s'il n'est le fond d'aucune scène et d'aucun développement, il ne fait pas plus une comédie, qu'un caractère de la Bruyère n'en fait une; et voilà ce qui arrive dans la pièce espagnole. En un mot, c'est comme si on vouloit que Molière, qui ne savoit pas l'anglais, eût pris l'idée de son *Tartufe* dans la pièce du Mariage de ville, (*The city match*), de *Gaspard Mayne*, son contemporain, parce qu'on y voit un certain *scrupule qui glace un dîner avec ses longues prières, et qui a dépêché plutôt un chapon qu'il ne l'a béni*, et parce qu'on y trouve une *Doreas*, suivante d'*Aurélie*, à laquelle il faut prouver *que les fers à friser sont permis, pour la déterminer à coiffer sa maîtresse*.

Tel est, en général, l'abus de ces recherches d'imitations prétendues, qu'indique souvent la

(1) Les Espagnols divisent leurs pièces en journées; cela les exempte de la règle de l'unité de tems.

AVERTISSEMENT

jalousie secrète qu'on a contre les grands hommes, et qu'augmente chez plus d'un littérateur le petit orgueil de paroître plus instruit qu'un autre. De pareils motifs ne peuvent pas, sans doute, être atribués à M. Linguet, mais nous sommes fâchés de le voir regretter que Molière n'ait pas encore imité la scène sixième de la troisième journée : cette scène n'est rien, et ne produiroit rien dans *les Femmes Savantes*.

Nous avons encore à défendre cette comédie contre un célèbre académicien, un écrivain éloquent, un penseur profond, dont la plupart des opinions entraînent avec tant de force. Voici ce qu'il dit, page 174 et suivantes, de son ingénieux ouvrage sur les Femmes.

Molière mit la folie à la place de la raison, et l'on peut dire qu'il trouva l'effet théâtral plus que la vérité.... Dans un siècle où les mœurs générales sont corrompues par l'oisiveté, où tous les vices se mêlent par le mouvement, et où on ne peut plus remplacer ou suppléer les vertus que par les lumières, au lieu de détourner les femmes d'acquérir des connoissances et de s'instruire, il falloit les y encourager. Armande et Philaminte sont des êtres très-ridicules, j'en conviens, et qui méritent qu'on en fasse justice ; mais le bonhomme Chrisale qui, dans sa grossièreté franche et bourgeoise, renvoie sans cesse les femmes à leurs dés, leur fil et leurs aiguilles, et ne veut pas qu'une femme lise et sache rien, hors veiller son pot, n'est plus du siècle de Louis XIV, c'étoit remonter à deux cents ans, etc.

Il est vrai que M. Thomas avertit, dans une note, qu'il n'improuve ce caractère que *du côté moral*, et indépendamment des affaires de théâtre ; mais en continuant ses observations sur cette pièce, il croit que Molière eût plus habilement fait contraster avec ses deux folles *une femme jeune et aimable, qui eût reçu, du côté des connoissances et de l'esprit, la meilleure éducation, et qui eût conservé toutes les graces de son sexe, qui sût penser profondément, et qui n'affectât rien, qui couvrît d'un voile doux ses lumières, et eût toujours un esprit facile, de manière que ses connoissances acquises parussent ressembler à la nature,* etc., etc., etc. Peut-être alors la comédie de Molière, dit-il, eût présenté, pour le siècle poli et corrompu de Louis XIV, à côté du ridicule, une leçon ; et dans les femmes, l'usage heureux des lumières à côté de l'esprit.

Nous oserons le dire, malgré la juste et très-sérieuse considération que nous avons pour ce critique, nous soupçonnons ici quelques erreurs de goût, que notre respect pour Molière nous force de dévoiler.

1.º Pouvoit-on écrire avec quelque justesse que le rôle de *Chrisale* remonte à deux cents ans au-delà du siècle de Louis XIV, puisqu'il seroit encore du nôtre, et qu'un bourgeois, sensé, à la vérité, (ce qui n'est plus commun) pourroit dire aujourd'hui les mêmes choses que dit *Chrisale*, s'il se trouvoit dans les mêmes situations.

En effet, est-ce Molière qui remonte deux cents ans au-delà de son siècle, ou est-ce l'Observateur qui fait descendre le siècle de Louis XIV jusqu'au nôtre, dans lequel tant de bourgeois, ainsi que leurs femmes, se croient si plaisamment au-dessus des bourgeois que peignoit et que corrigeoit notre poëte comique ?

En 1650, une bourgeoise n'étoit pas, comme aujourd'hui, dispensée de tous ses devoirs par le nombre de gens et d'ouvriers de toute espèce que le luxe de son mari entretient autour d'elle pour l'en débarrasser. Ne sortons point de la maison de *Philaminte* : une servante grossière et *un petit garçon* composent tout le domestique de *Chrisale*, qui a chez lui sa femme, une sœur et deux filles. Avec un peu de réflexion, ne sent-on point que, dans une pareille maison, toute distraction aux soins du ménage, quelque légère qu'elle puisse être, n'y peut apporter que le trouble et le désordre, et que *Chrisale* a la plus grande raison de s'indigner qu'on chicane sa servante sur des mots impropres, qu'on la détourne du *soin de son pot* (1), et qu'on veuille disposer malgré lui de sa fille *Henriette*, le seul être intéressant de sa famille ? contraste le plus heureux que Molière ait pu opposer à

(1) Qu'est-ce qu'on mettra au-dessus du bonhomme *Chrisale*, qui prêche toujours pour *son pot* ? V. les Idées sur Molière, qui font beaucoup d'honneur au goût et à la sagacité de M. de la Harpe. Mercure de décembre 1770.

ses folles, et le modèle le plus parfait qu'il ait pu proposer aux jeunes personnes.

Cet auteur inimitable, et si digne des respects d'un homme de lettres, a donc peint la nature telle qu'elle étoit de son tems; et tant pis pour nous si ce n'est plus celle d'un siècle fastueux et vain, comme s'il étoit encore riche et dissertateur, comme s'il lui étoit ordinaire d'être raisonnable.

2.º En supposant que le modèle de la femme parfaite, dessiné par M. Tho...., ait quelque réalité, il faut convenir du moins qu'il doit être rare dans tous les tems. Or, ces brillantes exceptions à la règle générale, ne sont pas faites pour être offertes sur nos théâtres. Ce sont des tableaux exposés chaque jour sous les yeux de tout le monde, qu'il y faut représenter, et très-rarement la perfection à laquelle on croit peu, et qui désespère plus qu'elle n'encourage. Un des plus mauvais caractères qu'on pût dessiner pour la scène, seroit celui de *Grandisson*. Molière connoissoit trop son art, pour le refroidir par le grave et sérieux contraste d'une femme sans défauts.

Nous l'avons observé pour le *Tartufe*; le célèbre la Bruyère se compromit également, en préférant au caractère qu'avoit dessiné Molière, celui d'un faux dévot intérieur, inagissant et passif: tant il est vrai que même un très-habile homme peut s'égarer en prononçant sur un art qu'il n'a point pratiqué.

Un fragment de lettre du père Rapin au comte de Bussi, et la réponse de ce fameux exilé au savant jésuite, que nous allons transcrire ici, prouveront en même tems, et qu'il n'est point d'ouvrage à l'abri de toute critique, et qu'aucun d'eux n'aperçut que le rôle de *Chrisale* remontoit à deux cents ans au-delà de leur siècle ; ce qui auroit dû être une observation des contemporains de Molière qui, surtout, le jugeoient après sa mort.

LETTRE du P. Rapin à M. le comte de Bussi, du 25 Mars 1673.

« Je vous envoie, monsieur, *les Femmes
» Savantes* de Molière; vous y trouverez des
» caractères qui vous plairont, et des choses
» fort naturelles. La querelle des deux auteurs,
» le caractère du mari, qui est gouverné, et
» qui veut paroître le maître, ont quelque
» chose d'admirable, aussi bien que le carac-
» tère des deux sœurs. Le ridicule *des Femmes
» Savantes* n'est pas tout-à-fait poussé à bout ;
» il y a d'autres ridicules plus naturels dans
» *ces Femmes*, que Molière a laissé échapper,
» et ce n'est pas le plus beau : néanmoins,
» à tout prendre, vous serez content. Je ne
» laisse pas de vous en demander votre avis,
» etc., etc. »

SUR LES FEMMES SAVANTES.

RÉPONSE du comte de Bussi.

» ..... Pour la comédie *des Femmes
» Savantes*, je l'ai trouvée un des plus beaux
» ouvrages de Molière. La première scène des
» deux sœurs est plaisante et naturelle ; celle
» de *Trissotin* et de *Vadius*, le caractère de ce
» mari qui n'a pas la force de résister en face
» aux volontés de sa femme, et qui fait le
» méchant quand il ne la voit pas ; le person-
» nage d'*Ariste*, homme de bon sens, et plein
» d'une droite raison, tout cela est incompa-
» rable. Cependant, comme vous remarquez
» fort bien, il y avoit d'autres ridicules à don-
» ner à *ces Savantes*, plus naturels que ceux
» que Molière leur a donnés. Le personnage de
» *Bélise* est une foible copie d'une des femmes
» de la comédie *des Visionnaires*; il y en a
» d'assez folles pour croire que tout le monde
» est amoureux d'elles, mais il n'y en a point
» qui entreprennent de le persuader à quelqu'un
» malgré lui.

» Le caractère de *Philaminte* avec *Martine*
» n'est pas naturel, il n'est pas vraisemblable
» qu'une femme fasse tant de bruit, et enfin,
» chasse sa servante parce qu'elle ne parle pas
» bien français ; il l'est encore moins que cette
» servante, après avoir dit mille méchans mots,
» comme elle doit en dire, en dise de fort bons
» et d'extraordinaires, comme quand *Martine*
» dit :

» L'esprit n'est point du tout ce qu'il faut en ménage,
» Les livres quadrent mal avec le mariage.

» Il n'y a point de jugement à faire dire le
» mot de *quadrer* par une servante qui parle
» fort mal, quoiqu'elle puisse avoir du bon
» sens ; mais enfin, pour parler juste de cette
» comédie, les beautés y sont grandes et sans
» nombre, et les défauts rares et petits ».

Que penser, en voyant M. le comte de Bussi se réunir au P. Rapin, sur l'opinion qu'il y avoit d'autres ridicules à donner *aux Femmes Savantes*, que ceux que Molière leur avoit donnés ? Quels pouvoient être ces autres ridicules ? N'étoient-ils pas du genre de ceux qu'une sage modération interdit au théâtre ? Étoient-ils faits pour produire l'effet convenable à la scène ? Personne n'a mieux vu que Molière ; mais tout ce qu'il voyoit, ne lui paroissoit pas également propre à son art. Rien n'est si commun que de voir proposer pour le théâtre des choses qui n'y seroient pas supportables. Nous devons à Molière la justice de dire que peu de gens, à cet égard, sont faits pour lui donner des leçons.

Un de nos journalistes prétend que les femmes de ce siècle fourniroient au divin Molière, s'il revenoit parmi nous, le sujet d'une nouvelle comédie, peut-être plus piquante encore que celle qu'il nous a laissée sur les femmes de son tems. L'hôtel de Rambouillet, dit-il, étoit au moins rempli de femmes de qualité qui, malgré leur langage précieux, avoient beaucoup de mérite et d'esprit; mais nos femmes philosophes d'aujourd'hui sont, la plupart, de petites bourgeoises ennuyeuses, qui négligent leurs ménages pour protéger les lettres.

ACTEURS.

CHRISALE, bourgeois.
PHILAMINTE, femme de Chrisale.
ARMANDE, } filles de Chrisale et de
HENRIETTE, } Philaminte.
ARISTE, frère de Chrisale.
BÉLISE, sœur de Chrisale.
CLITANDRE, amant d'Henriette.
TRISSOTIN, bel-esprit.
VADIUS, savant.
MARTINE, servante.
LÉPINE, valet de Chrisale.
JULIEN, valet de Vadius.
UN NOTAIRE.

La scène est à Paris, dans la maison de Chrisale.

LES FEMMES SAVANTES.

ACTE PREMIER.

SCÈNE I*.

ARMANDE, HENRIETTE.

ARMANDE.

Quoi ! le beau nom de fille est un titre, ma sœur,
Dont vous voulez quitter la charmante douceur,
Et de vous marier vous osez faire fête ?
Ce vulgaire dessein vous peut monter en tête ?

---

* Le ridicule le plus choquant est celui qui vient de l'abus des meilleures qualités. Molière ne pouvoit donc porter sur le théâtre rien de plus digne de sa censure que la pédanterie et les fausses prétentions de l'esprit 1. De combien de choses excellentes notre siècle enthousiaste, exalté, et si on ose le dire, excessif, n'a-t-il pas abusé ? Quel champ fertile pour les talens dramatiques ? Comment s'est-il fait qu'on soit allé de préférence défricher des landes tristes autant qu'arides ? *Quæ est autem tanta hominum imbecillitas, ut, inventis frugibus, glande vescantur ?* Cicer.

1 *Les femmes savantes de Molière*, dit M. Garnier dans son *homme de lettres*, *n'avoient que le masque de la science, elles tombèrent sous les coups qui leur furent portés. Mais si elles eussent été ce qu'elles vouloient paroître, les satiriques se fussent tus, ou se seroient eux-mêmes couverts de honte*; pag. 294.

LES FEMMES SAVANTES,

HENRIETTE.

Oui, ma sœur.

ARMANDE.

Ah ! ce oui se peut-il supporter ?
Et, sans un mal de cœur, sauroit-on l'écouter ?

HENRIETTE.

Qu'a donc le mariage en soi qui vous oblige,
Ma sœur...

ARMANDE.

Ah, mon Dieu ! fi !

HENRIETTE.

Comment ?

ARMANDE.

Ah ! fi, vous dis-je.
Ne concevez-vous point ce que, dès qu'on l'entend,
Un tel mot à l'esprit offre de dégoûtant,
De quelle étrange image on est par lui blessée,
Sur quelle sale vue il traîne la pensée ?
N'en frissonnez-vous point ? et pouvez-vous, ma sœur,
Aux suites de ce mot résoudre votre cœur ?

HENRIETTE.

Les suites de ce mot, quand je les envisage,
Me font voir un mari, des enfans, un ménage ;
Et je ne vois rien là, si j'en puis raisonner,
Qui blesse la pensée, et fasse frissonner.

ARMANDE.

De tels attachemens, ô ciel ! sont pour vous plaire ?

HENRIETTE.

Et qu'est-ce qu'à mon âge on a de mieux à faire,
Que d'attacher à soi, par le titre d'époux,
Un homme qui vous aime, et soit aimé de vous ;
Et, de cette union de tendresse suivie,
Se faire les douceurs d'une innocente vie ?
Ce nœud bien assorti n'a-t-il pas des appas ?

ARMANDE.

Mon Dieu ! que votre esprit est d'un étage bas !
Que vous jouez au monde un petit personnage,
De vous claquemurer aux choses du ménage,
Et de n'entrevoir point de plaisirs plus touchans,

ACTE I. SCENE I.

Qu'une idole d'époux, et des marmots d'enfans !
Laissez aux gens grossiers, aux personnes vulgaires,
Les bas amusemens de ces sortes d'affaires.
A de plus beaux objets élevez vos desirs,
Songez à prendre un goût des plus nobles plaisirs *,
Et, traitant de mépris ** les sens et la matière,
A l'esprit, comme nous, donnez-vous toute entière.
Vous avez notre mère en exemple à vos yeux,
Que du nom de savante on honore en tous lieux ;
Tâchez, ainsi que moi, de vous montrer sa fille ;
Aspirez aux clartés qui sont dans la famille,
Et vous rendez sensible aux charmantes douceurs
Que l'amour de l'étude épanche dans les cœurs.
Loin d'être aux loix d'un homme en esclave asservie,
Mariez-vous, ma sœur, à la philosophie,
Qui nous monte au-dessus de tout le genre humain,
Et donne à la raison l'empire souverain,
Soumettant à ses loix la partie animale,
Dont l'appétit grossier aux bêtes nous ravale ***.
Ce sont là les beaux feux, les doux attachemens
Qui doivent de la vie occuper les momens,
Et les soins où je vois tant de femmes sensibles,
Me paroissent aux yeux des pauvretés horribles.

HENRIETTE.

Le ciel, dont nous voyons que l'ordre est tout puissant,
Pour différens emplois nous fabrique en naissant,
Et tout esprit n'est pas composé d'une étoffe
Qui se trouve taillée à faire un philosophe.
Si le vôtre est né propre aux élévations
Où montent des savans les spéculations,
Le mien est fait, ma sœur, pour aller terre-à-terre.

* *A prendre un goût des plus nobles plaisirs*, n'a pas paru français.

** *Traitant de mépris*, pour *avec mépris*, ne se dit plus.

*** *Aux bêtes nous ravale.* Quelques-uns auroient voulu *jusqu'aux bêtes*, ou à *l'état des bêtes*.

Et dans les petits soins son foible se resserre.
Ne troublons point du ciel les justes règlemens,
Et de nos deux instincts suivons les mouvemens.
Habitez, par l'essor d'un grand et beau génie,
Les hautes régions de la philosophie,
Tandis que mon esprit, se tenant ici-bas,
Goûtera de l'hymen les terrestres appas.
Ainsi, dans nos desseins, l'une à l'autre contraire,
Nous saurons toutes deux imiter notre mère ;
Vous, du côté de l'ame et des nobles desirs,
Moi, du côté des sens et des grossiers plaisirs ;
Vous, aux productions d'esprit et de lumière,
Moi, dans celles, ma sœur, qui sont de la matière.

ARMANDE.

Quand sur une personne on prétend se régler *,
C'est par les beaux côtés qu'il lui faut ressembler ;
Et ce n'est point du tout la prendre pour modèle,
Ma sœur, que de tousser et de cracher comme elle.

HENRIETTE.

Mais vous ne seriez pas ce dont vous vous vantez,
Si ma mère n'eût eu que de ces beaux côtés ;
Et bien vous prend, ma sœur, que son noble génie
N'ait pas vaqué toujours à la philosophie.

* *Quand sur une personne on prétend se régler,*
C'est par ses beaux côtés qu'il faut lui ressembler.

Molière pensoit toujours juste, disoit Despréaux, mais il avoit quelquefois moins de justesse de style, parce que sa facilité naturelle de travail, la nécessité de pourvoir aux besoins d'une troupe dont il étoit le père, l'obligation de satisfaire trop souvent aux ordres de la cour, l'avoient habitué à ne point revenir sur ses pas. C'est ainsi qu'il s'étoit permis, dans cette scène, deux vers que Despréaux lui corrigea sur le champ, et dont il adopta la correction. Voici la manière dont il les avoit faits :

Quand sur une personne on prétend s'ajuster,
C'est par les beaux côtés qu'il la faut imiter.

Le changement que Despréaux y fit est bien peu considérable, et presque tous ceux dont le style de Molière auroit besoin, se feroient aussi aisément.

ACTE I. SCÈNE I.

De grace, souffrez-moi, par un peu de bonté,
Des bassesses à qui vous devez la clarté ;
Et ne supprimez point, voulant qu'on vous seconde *,
Quelque petit savant qui veut venir au monde.

ARMANDE.

Je vois que votre esprit ne peut être guéri
Du fol entêtement de vous faire un mari ;
Mais sachons, s'il vous plaît, qui vous songez à prendre ?
Votre visée **, au moins, n'est pas mise à Clitandre ?

HENRIETTE.

Et par quelle raison n'y seroit-elle pas ?
Manque-t-il de mérite ? Est-ce un choix qui soit bas ?

ARMANDE.

Non ; mais c'est un dessein qui seroit malhonnête,
Que de vouloir d'un autre enlever la conquête ;
Et ce n'est pas un fait dans le monde ignoré,
Que Clitandre ait pour moi hautement soupiré.

HENRIETTE.

Oui, mais tous ces soupirs chez vous sont choses vaines,
Et vous ne tombez pas aux bassesses humaines *** ;
Votre esprit à l'hymen renonce pour toujours,
Et la philosophie a toutes vos amours.
Ainsi, n'ayant au cœur nul dessein pour Clitandre,
Que vous importe-t-il qu'on y puisse prétendre ?

ARMANDE.

Cet empire que tient la raison sur les sens,
Ne fait pas renoncer aux douceurs des encens **** ;
Et l'on peut, pour époux, refuser un mérite
Que, pour adorateur, on veut bien à sa suite.

* *Voulant qu'on vous seconde*, a paru impropre et un peu cheville.

** *Votre visée n'est pas mise à...* a vielli.

*** *Vous ne tombez point aux bassesses. Aux* pour *dans les*, a paru hasardé.

**** *Aux douceurs des encens. Des encens* n'a pas paru bon.

HENRIETTE.

Je n'ai pas empêché qu'à vos perfections
Il n'ait continué ses adorations ;
Et je n'ai fait que prendre, au refus de votre ame,
Ce qu'est venu m'offrir l'hommage de sa flamme.

ARMANDE.

Mais, à l'offre des vœux d'un amant dépité,
Trouvez-vous, je vous prie, entière sûreté ?
Croyez-vous pour vos yeux sa passion bien forte,
Et qu'en son cœur, pour moi, toute flamme soit morte ?

HENRIETTE.

Il me le dit, ma sœur ; et, pour moi, je le croi.

ARMANDE.

Ne soyez pas, ma sœur, d'une si bonne foi *,
Et croyez, quand il dit qu'il me quitte et vous aime,
Qu'il n'y songe pas bien, et se trompe lui-même.

HENRIETTE.

Je ne sais ; mais enfin, si c'est votre plaisir,
Il nous est bien aisé de nous en éclaircir.
Je l'aperçois qui vient ; et, sur cette matière,
Il pourra nous donner une pleine lumière.

SCÈNE II.

CLITANDRE, ARMANDE, HENRIETTE.

HENRIETTE.

Pour me tirer d'un doute où me jette ma sœur,
Entre elle et moi, Clitandre, expliquez votre cœur ;
Découvrez-en le fond, et nous daignez apprendre
Qui de nous à vos vœux est en droit de prétendre.

ARMANDE.

Non, non, je ne veux point à votre passion
Imposer la rigueur d'une explication ;
Je ménage les gens, et sais comme embarrasse
Le contraignant effort de ces aveux en face.

---

* *D'une si bonne foi*, pour dire *si credule*, a paru peu en usage.

ACTE I. SCÈNE II.

CLITANDRE.

Non, madame; mon cœur qui dissimule peu,
Ne sent nulle contrainte à faire un libre aveu.
Dans aucun embarras un tel pas ne me jette;
Et j'avouerai tout haut d'une ame franche et nette,
Que les tendres liens où je suis arrêté,
             (montrant Henriette.)
Mon amour et mes vœux sont tous de ce côté.
Qu'à nulle émotion cet aveu ne vous porte;
Vous avez bien voulu les choses de la sorte.
Vos attraits m'avoient pris, et mes tendres soupirs
Vous ont assez prouvé l'ardeur de mes desirs;
Mon cœur vous consacroit une flamme immortelle;
Mais vos yeux n'ont pas cru leur conquête assez belle,
J'ai souffert sous leur joug cent mépris différens :
Ils régnoient sur mon ame en superbe tyrans,
Et je me suis cherché, lassé de tant de peines,
Des vainqueurs plus humains, et de moins rudes chaînes.
             (montrant Henriette.)
Je les ai rencontrés, madame, dans ces yeux,
Et leurs traits à jamais me seront précieux;
D'un regard pitoyable * ils ont séché mes larmes,
Et n'ont pas dédaigné le rebut de vos charmes.
De si rares bontés m'ont si bien su toucher,
Qu'il n'est rien qui me puisse à mes fers arracher;
Et j'ose maintenant vous conjurer, madame,
De ne vouloir tenter nul effort sur ma flamme,
De ne point essayer à rappeler un cœur
Résolu de mourir dans cette douce ardeur.

ARMANDE.

Hé ! qui vous dit, monsieur, que l'on ait cette envie,
Et que de vous enfin si fort on se soucie ?
Je vous trouve plaisant de vous le figurer,
Et bien impertinent de me le déclarer.

HENRIETTE.

Hé ! doucement, ma sœur. Où donc est la morale
Qui sait si bien régir la partie animale,
Et retenir la bride aux efforts du courroux ?

* *Pitoyable*, pour *compatissant*, ne se dit plus.

ARMANDE.

Mais vous qui m'en parlez, où la pratiquez-vous,
De répondre à l'amour que l'on vous fait paroître,
Sans le congé de ceux qui vous ont donné l'être ?
Sachez que le devoir vous soumet à leurs loix,
Qu'il ne vous est permis d'aimer que par leur choix,
Qu'ils ont sur votre cœur l'autorité suprême,
Et qu'il est criminel * d'en disposer vous-même.

HENRIETTE.

Je rends grace aux bontés que vous me faites voir,
De m'enseigner si bien les choses du devoir.
Mon cœur sur vos leçons veut régler sa conduite ;
Et, pour vous faire voir, ma sœur, que j'en profite,
Clitandre, prenez soin d'appuyer votre amour
De l'agrément de ceux dont j'ai reçu le jour,
Faites-vous sur mes vœux un pouvoir légitime,
Et me donnez moyen de vous aimer sans crime.

CLITANDRE.

J'y vais de tous mes soins travailler hautement,
Et j'attendois de vous ce doux consentement.

ARMANDE.

Vous triomphez, ma sœur, et faites une mine
A vous imaginer que cela me chagrine.

HENRIETTE.

Moi, ma sœur, point du tout. Je sais que sur vos sens
Les droits de la raison sont toujours tout puissans,
Et que, par les leçons qu'on prend dans la sagesse,
Vous êtes au-dessus d'une telle foiblesse.
Loin de vous soupçonner d'aucun chagrin, je croi
Qu'ici vous daignerez vous employer pour moi,
Appuyer sa demande ; et, de votre suffrage,
Presser l'heureux moment de notre mariage.
Je vous en sollicite ; et, pour y travailler...

ARMANDE.

Votre petit esprit se mêle de railler,
Et d'un cœur qu'on vous jette, on vous voit toute fière.

---

* *Il est criminel*, pour dire *c'est une chose criminelle*, a été blâmé de plusieurs.

ACTE I. SCÈNE III.
HENRIETTE.
Tout jeté qu'est ce cœur, il ne vous déplaît guère ;
Et si vos yeux sur moi le pouvoient ramasser,
Ils prendroient aisément le soin de se baisser.
ARMANDE.
A répondre à cela je ne daigne descendre,
Et ce sont sots discours qu'il ne faut pas entendre.
HENRIETTE.
C'est fort bien fait à vous, et vous nous faites voir
Des modérations * qu'on ne peut concevoir.

SCÈNE III.
CLITANDRE, HENRIETTE.
HENRIETTE.
Votre sincère aveu ne l'a pas peu surprise.
CLITANDRE.
Elle mérite assez une telle franchise ;
Et toutes les hauteurs de sa folle fierté
Sont dignes, tout au moins, de ma sincérité.
Mais, puisqu'il m'est permis, je vais à votre père
Madame...
HENRIETTE.
  Le plus sûr est de gagner ma mère.
Mon père est d'une humeur à consentir à tout,
Mais il met peu de poids aux choses qu'il résout :
Il a reçu du ciel certaine bonté d'ame
Qui le soumet d'abord à ce que veut sa femme ;
C'est elle qui gouverne, et, d'un ton absolu,
Elle dicte pour loi ce qu'elle a résolu.
Je voudrois bien vous voir pour elle et pour ma tante
Une ame, je l'avoue ; un peu plus complaisante,
Un esprit qui, flattant les visions du leur,
Vous pût de leur estime attirer la chaleur.
CLITANDRE.
Mon cœur n'a jamais pu, tant il est né sincère,

* *Des modérations*, ne se dit pas au pluriel.

Même dans votre sœur, flatter leur caractère ;
Et les femmes docteurs ne sont point de mon goût.
Je consens qu'une femme ait des clartés de tout * ;
Mais je ne lui veux point la passion choquante
De se rendre savante, afin d'être savante ;
Et j'aime que souvent aux questions qu'on fait,
Elle sache ignorer les choses qu'elle sait ;
De son étude, enfin, je veux qu'elle se cache,
Et qu'elle ait du savoir sans vouloir qu'on le sache,
Sans citer les auteurs, sans dire de grands mots,
Et clouer de l'esprit à ses moindres propos.
Je respecte beaucoup madame votre mère ;
Mais je ne puis du tout approuver sa chimère,
Et me rendre l'écho des choses qu'elle dit,
Aux encens ** qu'elle donne à son héros d'esprit.
Son monsieur Trissotin me chagrine, m'assomme,
Et j'enrage de voir qu'elle estime un tel homme,
Qu'elle nous mette au rang des grands et beaux esprits,
Un benêt dont partout on siffle les écrits,
Un pédant dont on voit la plume libérale
D'officieux papiers fournir toute la halle.

HENRIETTE.

Ses écrits, ses discours, tout m'en semble ennuyeux,
Et je me trouve assez votre goût et vos yeux ;
Mais, comme sur ma mère il a grande puissance,
Vous devez vous forcer à quelque complaisance.
Un amant fait sa cour où s'attache son cœur ;
Il veut de tout le monde y gagner la faveur ;
Et, pour n'avoir personne à sa flamme contraire,
Jusqu'au chien du logis il s'efforce de plaire.

CLITANDRE.

Oui, vous avez raison ; mais monsieur Trissotin
M'inspire au fond de l'ame un dominant chagrin ***.

* *Des clartés de tout*, pour *des notions de tout*, ne se dit plus.

** *Aux encens.* On ne dit point *les encens.* Et, d'ailleurs, *aux* ne se rapporte pas clairement à ce qui précède.

*** *Un dominant chagrin*, a paru une mauvaise expression.

ACTE I. SCÈNE III.

Je ne puis consentir, pour gagner ses suffrages*,
A me déshonorer en prisant ses ouvrages :
C'est par eux qu'à mes yeux il a d'abord paru,
Et je le connoissois avant que l'avoir vu.
Je vis, dans le fatras des écrits qu'il nous donne,
Ce qu'étale en tous lieux sa pédante personne,
La constante hauteur de sa présomption,
Cette intrépidité de bonne opinion,
Cet indolent état de confiance extrême,
Qui le rend, en tout tems, si content de soi-même ;
Qui fait qu'à son mérite incessamment il rit,
Qu'il se sait si bon gré de tout ce qu'il écrit,
Et qu'il ne voudroit pas changer sa renommée
Contre tous les honneurs d'un général d'armée.

HENRIETTE.
C'est avoir de bons yeux, que de voir tout cela.

CLITANDRE.
Jusques à sa figure encor la chose alla,
Et je vis par les vers qu'à la tête il nous jette,
De quel air il falloit que fût fait le poëte ;
Et j'en avois si bien deviné tous les traits,
Que, rencontrant un homme un jour dans le palais,
Je gageai que c'étoit Trissotin en personne,
Et je vis qu'en effet la gageure étoit bonne.

HENRIETTE.
Quel conte !

CLITANDRE.
Non ; je dis la chose comme elle est ;
Mais je vois votre tante. Agréez, s'il vous plait,
Que mon cœur lui déclare ici notre mystère,
Et gagne sa faveur auprès de votre mère.

* *Ses suffrages.* Quelques-uns auroient mieux aimé *son suffrage*.

SCÈNE IV*.
BÉLISE, CLITANDRE.
CLITANDRE.

Souffrez, pour vous parler, madame, qu'un amant
Prenne l'occasion de cet heureux moment,
Et se découvre à vous de la sincère flamme...
BELISE.
Ah! tout beau : gardez-vous de m'ouvrir trop votre ame.
Si je vous ai su mettre au rang de mes amans,
Contentez-vous des yeux pour vos seuls truchemens,
Et ne m'expliquez point, par un autre langage,
Des desirs qui, chez moi, passent pour un outrage.
Aimez-moi, soupirez, brûlez pour mes appas,
Mais qu'il me soit permis de ne le savoir pas.
Je puis fermer les yeux sur vos flammes secrètes,
Tant que vous vous tiendrez aux muets interprètes;
Mais si la bouche vient à s'en vouloir mêler,
Pour jamais de ma vue il vous faut exiler.
CLITANDRE.
Des projets de mon cœur ne prenez point d'alarme.
Henriette, madame, est l'objet qui me charme;
Et je viens ardemment conjurer vos bontés
De seconder l'amour que j'ai pour ses beautés.
BELISE.
Ah! certes, le détour est d'esprit, je l'avoue ;
Ce subtil faut-fuyant mérite qu'on le loue ;
Et dans tous les romans où j'ai jeté les yeux,
Je n'ai rien rencontré de plus ingénieux.

---

* Il faut en convenir en partie avec le comte de Bussi; quelque disposée que soit une fille à croire que tout le monde est amoureux d'elle, on ne conçoit pas qu'elle aille jusqu'à vouloir persuader à quelqu'un qu'il est son amant, lorsqu'il l'assure positivement qu'il n'en est rien. C'est ici un de ces traits qui faisoient dire à Despréaux que Molière passoit quelquefois le but; seul écueil à redouter pour les esprits exercés à l'atteindre. Malgré cela *Bélise* n'est point, comme l'assure M. de Rabutin, une foible copie de l'Hespérie des Visionnaires, qui croit que c'est pour elle qu'est venu le roi d'Ethiopie.

ACTE I. SCÈNE IV.

CLITANDRE.
Ceci n'est point du tout un trait d'esprit, madame,
Et c'est un pur aveu de ce que j'ai dans l'ame.
Les cieux, par les liens d'une immuable ardeur,
Aux beautés d'Henriette ont attaché mon cœur;
Henriette me tient sous son aimable empire,
Et l'hymen d'Henriette est le bien où j'aspire.
Vous y pouvez beaucoup; et tout ce que je veux,
C'est que vous y daigniez favoriser mes vœux.

BÉLISE.
Je vois où doucement veut aller la demande,
Et je sais sous ce nom ce qu'il faut que j'entende.
La figure est adroite, et, pour n'en point sortir,
Aux choses que mon cœur offre à vous répartir *,
Je dirai qu'Henriette à l'hymen est rebelle,
Et que, sans rien prétendre, il faut brûler pour elle.

CLITANDRE.
Eh! madame, à quoi bon un pareil embarras,
Et pourquoi voulez-vous penser ce qui n'est pas?

BÉLISE.
Mon dieu! point de façons. Cessez de vous défendre
De ce que vos regards m'ont souvent fait entendre.
Il suffit que l'on est contente du détour
Dont s'est adroitement avisé votre amour?
Et que, sous la figure où le respect l'engage,
On veut bien se résoudre à souffrir votre hommage,
Pourvu que ses transports, par l'honneur éclairés,
N'offrent à mes autels que des vœux épurés.

CLITANDRE.
Mais...

BÉLISE.
Adieu. Pour ce coup, ceci doit vous suffire,
Et je vous ai plus dit que je ne voulois dire.

CLITANDRE.
Mais votre erreur...

* *Aux choses que mon cœur offre à vous répartir.* Cette construction a paru embarrassée.

BELISE.
Laissez. Je rougis maintenant ;
Et ma pudeur s'est fait un effort surprenant.
CLITANDRE.
Je veux être pendu si je vous aime : et sage...
BELISE.
Non, non, je ne veux rien entendre davantage.

SCENE V.

CLITANDRE seul.

Diantre soit de la folle avec ses visions !
A-t-on rien vu d'égal à ses préventions ?
Allons commettre un autre au soin que l'on me donne,
Et prenons le secours d'une sage personne.

ACTE II.

SCÈNE I.

ARISTE *quittant Clitandre, et lui parlant encore.*

Oui, je vous porterai la réponse au plutôt ;
J'appuierai, presserai, ferai tout ce qu'il faut.
Qu'un amant, pour un mot, a de choses à dire,
Et qu'impatiemment il veut ce qu'il desire !
Jamais...

SCÈNE II.

CHRISALE, ARISTE.
ARISTE.
Au ! Dieu vous gard', mon frère.

ACTE II. SCÈNE II.

CHRISALE.

Et vous aussi,
Mon frère.

ARISTE.

Savez-vous ce qui m'amène ici?

CHRISALE.

Non ; mais si vous voulez je suis prêt à l'apprendre.

ARISTE.

Depuis assez long-tems vous connoissez Clitandre?

CHRISALE.

Sans doute, et je le vois qui fréquente chez nous.

ARISTE.

En quelle estime est-il, mon frère, auprès de vous?

CHRISALE.

D'homme d'honneur, d'esprit, de cœur et de conduite,
Et je vois peu de gens qui soient de son mérite.

ARISTE.

Certain desir qu'il a, conduit ici mes pas,
Et je me réjouis que vous en fassiez cas.

CHRISALE.

Je connus feu son père en mon voyage à Rome.

ARISTE.

Fort bien.

CHRISALE.

C'étoit, mon frère, un fort bon gentilhomme.

ARISTE.

On le dit.

CHRISALE.

Nous n'avions alors que vingt-huit ans,
Et nous étions, ma foi, tous deux de verds-galans.

ARISTE.

Je le crois.

CHRISALE.

Nous donnions chez les dames romaines,
Et tout le monde, là, parloit de nos fredaines :
Nous faisions des jaloux.

ARISTE.

Voilà qui va des mieux.
Mais venons au sujet qui m'amène en ces lieux.

LES FEMMES SAVANTES.

SCÈNE III*.

BÉLISE, *entrant doucement, et écoutant*, CHRISALE, ARISTE.

ARISTE.

Clitandre auprès de vous me fait son interprète,
Et son cœur est épris des graces d'Henriette.

CHRISALE.

Quoi ? de ma fille ?

ARISTE.

Oui. Clitandre en est charmé,
Et je ne vis jamais amant plus enflammé.

BELISE, *à Ariste*.

Non, non, je vous entends. Vous ignorez l'histoire,
Et l'affaire n'est pas ce que vous pouvez croire.

ARISTE.

Comment, ma sœur ?

BELISE.

Clitandre abuse vos esprits,
Et c'est d'un autre objet que son cœur est épris.

ARISTE.

Vous raillez. Ce n'est pas Henriette qu'il aime ?

BELISE.

Non ; j'en suis assurée.

ARISTE.

Il me l'a dit lui-même.

---

* Le ridicule de *Belise* dans cette scène ne choqueroit point la nature des filles de son espèce, si *Clitandre*, dans la scène quatrième du premier acte, lui avoit laissé quelque doute sur la passion qu'elle lui suppose pour elle. Mais comme on l'a remarqué, *Clitandre*, en lui disant qu'il veut être pendu s'il l'aime, n'a dû lui laisser aucune confiance, et Molière, à cet égard, doit paroître au-delà de la vraisemblance dont il s'est rarement écarté dans ses ouvrages importans. Cependant il ne faut pas perdre de vue qu'en faveur du comique qui résulte d'une scène, ces règles de vraisemblance théâtrale sont forcées de s'étendre plus ou moins, mais n'oublions pas que le rire seul en justifie l'extension.

ACTE II. SCÈNE III.
BELISE.
Hé, oui.
ARISTE.
Vous me voyez, ma sœur, chargé par lui
D'en faire la demande à son père aujourd'hui.
BELISE.
Fort bien.
ARISTE.
Et son amour même m'a fait instance
De presser les momens d'une telle alliance.
BELISE.
Encor mieux. On ne peut tromper plus galamment.
Henriette, entre nous, est un amusement,
Un voile ingénieux, un prétexte, mon frère,
A couvrir d'autres feux dont je sais le mystère ;
Et je veux bien, tous deux, vous mettre hors d'erreur.
ARISTE.
Mais, puisque vous savez tant de choses, ma sœur,
Dites-nous, s'il vous plaît, cet autre objet qu'il aime ?
BELISE.
Vous le voulez savoir ?
ARISTE.
Oui. Quoi ?
BELISE.
Moi.
ARISTE.
Vous ?
BELISE.
Moi-même.
ARISTE.
Hai, ma sœur !
BELISE.
Qu'est-ce donc que veut dire ce haï ?
Et qu'a de surprenant le discours que je fai ?
On est faite d'un air, je pense, à pouvoir dire
Qu'on n'a pas pour un cœur soumis à son empire ;
Et Dorante, Damis, Cléonte et Licidas,
Peuvent bien faire voir qu'on a quelques appas.

ARISTE.

Ces gens vous aiment ?

BELISE.

Oui, de toute leur puissance.

ARISTE.

Ils vous l'ont dit ?

BELISE.

Aucun n'a pris cette licence ;
Ils m'ont su révérer si fort jusqu'à ce jour,
Qu'ils ne m'ont jamais dit un mot de leur amour.
Mais, pour m'offrir leur cœur et vouer leur service,
Les muets truchemens ont tous fait leur office.

ARISTE.

On ne voit presque point céans venir Damis.

BELISE.

C'est pour me faire voir un respect plus soumis.

ARISTE.

De mots piquans, partout, Dorante vous outrage.

BELISE.

Ce sont emportemens d'une jalouse rage.

ARISTE.

Cléonte et Licidas ont pris femme tous deux.

BELISE.

C'est par un désespoir où j'ai réduit leurs feux.

ARISTE.

Ma foi, ma chère sœur, vision toute claire.

CHRISALE à *Bélise*.

De ces chimères-là vous devez vous défaire.

BELISE.

Ah, chimères ! ce sont des chimères, dit-on.
Chimères, moi ! Vraiment, chimères est fort bon!
Je me réjouis fort de chimères, mes frères,
Et je ne savois pas que j'eusse des chimères.

SCÈNE IV.

CHRISALE, ARISTE.

CHRISALE.

Notre sœur est folle, oui.

ACTE II. SCÈNE IV.

ARISTE. *
Cela croît tous les jours.
Mais, encore une fois reprenons le discours.
Clitandre vous demande Henriette pour femme,
Voyez quelle réponse on doit faire à sa flamme.

CHRISALE.
Faut-il le demander? J'y consens de bon cœur,
Et tiens son alliance à singulier honneur.

ARISTE.
Vous savez que des biens il n'a pas l'abondance **,
Que....

CHRISALE.
C'est un intérêt qui n'est pas d'importance;
Il est riche en vertu, cela vaut des trésors,
Et puis son père et moi n'étions qu'un en deux corps.

ARISTE.
Parlons à votre femme, et voyons à la rendre
Favorable....

CHRISALE.
Il suffit, je l'accepte pour gendre.

ARISTE.
Oui; mais pour appuyer votre consentement,
Mon frère, il n'est pas mal d'avoir son agrément.
Allons...

---

* C'est à cette scène que commence le développement du caractère admirable de *Chrisale*. La sotte fatuité d'un mari qui, dans l'absence de sa femme, veut qu'on la croie soumise à son autorité, et qui devient, en sa présence, foible, tremblant et pusillanime, étoit un des tableaux les plus heureux et les plus vrais qu'on pût offrir sur la scène comique. Plus d'un des successeurs de Molière en ont offert la contre épreuve avec succès. Une des dernières est celle de *Géronte* dans le *Méchant*, aussi petit devant sa sœur que *Chrisale* devant sa femme.

Le spectateur ne tarde guères à s'apercevoir que le bonhomme s'est vanté, en disant qu'il répondoit de sa femme pour le choix du mari de sa fille, lorsqu'il le voit, à la scène sixième du même acte, ne pouvoir soutenir sa servante chassée par cette même femme, dont l'oreille a été blessée par *l'impropriété d'un mot sauvage et bas*.

** *Des biens... l'abondance.* Il faudroit, pour l'exactitude, *de biens... abondance.*

CHRISALE.

Vous moquez-vous ? il n'est pas nécessaire.
Je réponds de ma femme, et prends sur moi l'affaire.

ARISTE.

Mais...

CHRISALE.

Laissez faire, dis-je, et n'appréhendez pas.
Je la vais disposer aux choses de ce pas.

ARISTE.

Soit. Je vais là-dessus sonder votre Henriette,
Et reviendrai savoir...

CHRISALE.

C'est une affaire faite.
Et je vais à ma femme en parler sans délai.

SCÈNE V.

CHRISALE, MARTINE.

MARTINE.

Me voilà bien chanceuse ! Hélas ! l'an dit bien vrai,
Qui veut noyer son chien, l'accuse de la rage ;
Et service d'autrui n'est pas un héritage.

CHRISALE.

Qu'est-ce donc ? Qu'avez-vous, Martine ?

MARTINE.

Ce que j'ai ?

CHRISALE.

Oui.

MARTINE.

J'ai que l'an me donne aujourd'hui mon congé,
Monsieur.

CHRISALE.

Votre congé ?

MARTINE.

Oui. Madame me chasse.

CHRISALE.

Je n'entends pas cela. Comment ?

ACTE II. SCÈNE VI.

MARTINE.

On me menace,
Si je ne sors d'ici, de me bailler cent coups.

CHRISALE.

Non, vous demeurerez ; je suis content de vous.
Ma femme bien souvent a la tête un peu chaude ;
Et je ne veux pas, moi...

SCÈNE VI.

PHILAMINTE, BELISE, CHRISALE, MARTINE.

PHILAMINTE *apercevant Martine*.

Quoi ! je vous vois, maraude ?
Vîte, sortez, friponne ; allons, quittez ces lieux ;
Et ne vous présentez jamais devant mes yeux,

CHRISALE.

Tout doux.

PHILAMINTE.

Non, c'en est fait.

CHRISALE.

Hé !

PHILAMINTE.

Je veux qu'elle sorte.

CHRISALE.

Mais qu'a-t-elle commis, pour vouloir de la sorte...

PHILAMINTE.

Quoi ! vous la soutenez ?

CHRISALE.

En aucune façon.

PHILAMINTE.

Prenez-vous son parti contre moi ?

CHRISALE.

Mon Dieu ! non.
Je ne fais seulement que demander son crime.

PHILAMINTE.

Suis-je pour la chasser sans cause légitime ?

CHRISALE.
Je ne dis pas cela ; mais il faut, de nos gens...
PHILAMINTE.
Non, elle sortira, vous dis-je, de céans.
CHRISALE.
Hé bien ! oui. Vous dit-on quelque chose là-contre ?
PHILAMINTE.
Je ne veux point d'obstacle aux desirs que je montre.
CHRISALE.
D'accord.
PHILAMINTE.
Et vous devez, en raisonnable époux,
Être pour moi, contre elle, et prendre mon courroux.
CHRISALE.
(*se tournant vers Martine.*)
Aussi fais-je. Oui, ma femme avec raison vous chasse,
Coquine, et votre crime est indigne de grace.
MARTINE.
Qu'est-ce donc que j'ai fait ?
CHRISALE *bas.*
Ma foi, je ne sais pas.
PHILAMINTE.
Elle est d'humeur encore à n'en faire aucun cas.
CHRISALE.
A-t-elle, pour donner matière à votre haine,
Cassé quelque miroir ou quelque porcelaine ?
PHILAMINTE.
Voudrois-je la chasser, et vous figurez-vous
Que, pour si peu de chose on se mette en courroux ?
CHRISALE.
(*à Martine.*)   (*à Philaminte.*)
Qu'est-ce à dire ? L'affaire est donc considérable ?
PHILAMINTE.
Sans doute. Me voit-on femme déraisonnable ?
CHRISALE.
Est-ce qu'elle a laissé, d'un esprit négligent,
Dérober quelqu'aiguière, ou quelque plat d'argent ?
PHILAMINTE.
Cela ne seroit rien.

ACTE II. SCÈNE VI.

CHRISALE à *Martine*.

Oh, oh! peste la belle!

(*à Philaminte.*)

Quoi! l'avez-vous surprise à n'être pas fidèle?

PHILAMINTE.

C'est pis que tout cela.

CHRISALE.

Pis que tout cela?

PHILAMINTE.

Pis.

CHRISALE.

(*à Martine.*)   (*à Philaminte.*)

Comment, diantre, friponne! Hé! a-t-elle commis....

PHILAMINTE.

Elle a, d'une insolence à nulle autre pareille,
Après trente leçons, insulté mon oreille,
Par l'impropriété d'un mot sauvage et bas,
Qu'en termes décisifs condamne Vaugelas.

CHRISALE.

Est-ce là....

PHILAMINTE.

Quoi! toujours, malgré nos remontrances,
Heurter le fondement de toutes les sciences,
La grammaire, qui sait régenter jusqu'aux rois,
Et les fait, la main haute, obéir à ses lois.

CHRISALE.

Du plus grand des forfaits je la croyois coupable.

PHILAMINTE.

Quoi! vous ne trouvez pas ce crime impardonnable?

CHRISALE.

Si fait.

PHILAMINTE.

Je voudrois bien que vous l'excusassiez.

CHRISALE.

Je n'ai garde.

BÉLISE.

Il est vrai que ce sont des pitiés.
Toute construction est par elle détruite;
Et des lois du langage on l'a cent fois instruite.

MARTINE.
Tout ce que vous prêchez, est, je crois, bel et bon;
Mais, je ne saurois, moi, parler votre jargon.
PHILAMINTE.
L'impudente! appeler un jargon le langage
Fondé sur la raison et sur le bel usage!
MARTINE.
Quand on se fait entendre, on parle toujours bien,
Et tous vos biaux dictons ne servent pas de rien *.
PHILAMINTE.
Hé bien! ne voilà pas encore de son style?
Ne servent pas de rien.
BELISE.
O cervelle indocile!
Faut-il qu'avec les soins qu'on prend incessamment,
On ne te puisse apprendre à parler congruement?
De *pas* mis avec *rien*, tu fais la récidive,
Et c'est, comme on t'a dit, trop d'une négative.
MARTINE.
Mon Dieu! je n'avons pas étugué comme vous,
Et je parlons tout drait comme on parle cheux nous.
PHILAMINTE.
Ah! peut-on y tenir!
BELISE.
Quel solécisme horrible!
PHILAMINTE.
En voilà pour tuer une oreille sensible.
BELISE.
Ton esprit, je l'avoue, est bien matériel.
Je n'est qu'un singulier; *avons*, est pluriel.
Veux-tu toute ta vie offenser la Grammaire?
MARTINE.
Qui parle d'offenser grand'mère ni grand-père?

---

* *Ne servent pas de rien.* La grossière et bonne *Martine* ne fait ici que la faute qu'on trouve dans une comédie de l'académicien Boisrobert, intitulée: *la Folle Gageure*, et jouée en 1651, scène seconde:

Et le tems qui nous reste à demeurer ici
Ne sauroit pas mieux être employé qu'en ceci.

ACTE II. SCENE VI.

PHILAMINTE.

O ciel!

BELISE.

Grammaire est prise à contre-sens par toi,
Et je t'ai dit déjà d'où vient ce mot.

MARTINE.

Ma foi,
Qu'il vienne de Chaillot, d'Auteuil ou de Pontoise,
Cela ne me fait rien..

BELISE.

Quelle ame villageoise!
La Grammaire, du verbe et du nominatif,
Comme de l'adjectif avec le substantif,
Nous enseigne les lois.

MARTINE.

J'ai, madame, à vous dire,
Que je ne connois point ces gens-là.

PHILAMINTE.

Quel martyre!

BELISE.

Ce sont les noms des mots, et l'on doit regarder
En quoi c'est qu'il les faut * faire ensemble accorder.

MARTINE.

Qu'ils s'accordent entr'eux, ou se gourment, qu'importe?

PHILAMINTE à *Bélise.*

Hé! mon Dieu, finissez un discours de la sorte.
(*à Chrisale.*)
Vous ne voulez pas, vous, me la faire sortir?

CHRISALE.

(*à part.*)
Si fait. A son caprice il me faut consentir,
Va, ne l'irrite point; retire-toi, Martine.

PHILAMINTE.

Comment! vous avez peur d'offenser la coquine?
Vous lui parlez d'un ton tout-à-fait obligeant?

* *En quoi c'est qu'il les faut.* Il seroit mieux de dire *en quoi il les faut.*

CHRISALE.
(*d'un ton ferme.*) (*d'un ton plus doux.*)
Moi? point. Allons, sortez. Va-t-en, ma pauvre enfant.

SCÈNE VII.

PHILAMINTE, CHRISALE, BELISE.

CHRISALE.

Vous êtes satisfaite, et la voilà partie ;
Mais je n'approuve point une telle sortie :
C'est une fille propre aux choses qu'elle fait,
Et vous me la chassez pour un maigre sujet.

PHILAMINTE.

Vous voulez que toujours je l'aye à mon service,
Pour mettre incessamment mon oreille au supplice,
Pour rompre toute loi d'usage et de raison,
Par un barbare amas de vices d'oraison,
De mots estropiés, cousus par intervalles,
De proverbes traînés dans les ruisseaux des halles.

BELISE.

Il est vrai que l'on sue à souffrir ses discours ;
Elle y met Vaugelas en pièces tous les jours ;
Et les moindres défauts de ce grossier génie,
Sont ou le pléonasme, ou la cacophonie.

CHRISALE.

Qu'importe qu'elle manque aux lois de Vaugelas,
Pourvu qu'à la cuisine elle ne manque pas ?
J'aime bien mieux, pour moi, qu'en épluchant ses herbes,
Elle accommode mal les noms avec les verbes,
Et redise cent fois un bas et méchant mot,
Que de brûler ma viande, ou saler trop mon pot.
Je vis de bonne soupe, et non de beau langage.
Vaugelas n'apprend point à bien faire un potage ;
Et Malherbe et Balzac, si savans en beaux mots,
En cuisine, peut-être, auroient été des sots.

PHILAMINTE.

Que ce discours grossier terriblement assomme !
Et quelle indignité, pour ce qui s'appelle homme,

ACTE II. SCÈNE VII.

D'être baissé sans cesse aux soins matériels,
Au lieu de se hausser vers les spirituels!
Le corps, cette guenille, est-il d'une importance,
D'un prix à mériter seulement qu'on y pense?
Et ne devons-nous pas laisser cela bien loin?

CHRISALE.

Oui, mon corps est moi-même, et j'en veux prendre soin;
Guenille si l'on veut, ma guenille m'est chère.

BELISE.

Le corps avec l'esprit fait figure, mon frère;
Mais, si vous en croyez tout le monde savant,
L'esprit doit sur le corps prendre le pas devant;
Et notre plus grand soin, notre première instance *,
Doit être à le nourrir du suc de la science.

CHRISALE.

Ma foi, si vous songez à nourrir votre esprit,
C'est de viande bien creuse, à ce que chacun dit,
Et vous n'avez nul soin, nulle sollicitude,
Pour....

PHILAMINTE.

Ah! *sollicitude* à mon oreille est rude;
Il put étrangement son ancienneté.

BELISE.

Il est vrai que le mot est bien collet-monté.

CHRISALE.

Voulez-vous que je vous dise? Il faut qu'enfin j'éclate,
Que je lève le masque, et décharge ma rate.
De folles on vous traite, et j'ai fort sur le cœur....

PHILAMINTE.

Comment donc?

CHRISALE à *Belise*.

C'est à vous que je parle, ma sœur **,

---

* *Notre première instance*, a paru impropre.

** Le bon sens de *Chrisale* est admirable dans cette scène; le tour qu'il y prend pour adresser à *Bélise* sa sœur tout ce qu'il n'ose dire en face à sa femme, est de son caractère, et d'un comique excellent. Voilà les hommes peints d'après la vérité. C'est à de pareilles contradictions qu'on reconnoît la

Le moindre solécisme en parlant vous irrite;
Mais vous en faites, vous, d'étranges en conduite.
Vos livres éternels ne me contentent pas ;
Et, hors un gros Plutarque à mettre mes rabats,
Vous devriez brûler tout ce meuble inutile,
Et laisser la science aux docteurs de la ville ;
M'ôter, pour faire bien, du grenier de céans
Cette longue lunette à faire peur aux gens,
Et cent brimborions dont l'aspect importune ;
Ne point aller chercher ce qu'on sait dans la lune ;
Et vous mêler un peu de ce qu'on fait chez vous
Où nous voyons aller tout sens-dessus-dessous.
Il n'est pas bien honnête, et pour beaucoup de causes,
Qu'une femme étudie et sache tant de choses.
Former aux bonnes mœurs l'esprit de ses enfans,
Faire aller son ménage, avoir l'œil sur ses gens,
Et régler la dépense avec économie,
Doit être son étude et sa philosophie.
Nos pères sur ce point étoient gens bien sensés,
Qui disoient qu'une femme en sait toujours assez,
Quand la capacité de son esprit se hausse
A connoître un pourpoint avec un haut-de-chausse.
Les leurs ne lisoient point, mais elles vivoient bien ;
Leurs ménages étoient tout leur docte entretien ;
Et leurs livres, un dé, du fil et des aiguilles,
Dont elles travailloient au trousseau de leurs filles.
Les femmes d'à-présent sont bien loin de ces mœurs;

nature. Le ridicule de sa pusillanimité s'associe avec la force du jugement le plus sain.

    Raisonner est l'emploi de toute ma maison,

dit-il,

    Et le raisonnement en bannit la raison.

Vers étonnant pour sa précision comme pour sa force, et qui peut servir d'épigraphe à l'histoire de notre siècle. C'est ce même *Chrisale* qui annonce M. *Trissotin*, qu'il nous peint d'un seul trait.

    On cherche ce qu'il dit après qu'il a parlé.

ACTE II. SCÈNE VII.

Elles veulent écrire et devenir auteurs.
Nulle science n'est pour elles trop profonde ;
Et céans, beaucoup plus qu'en aucun lieu du monde,
Les secrets les plus hauts s'y laissent concevoir,
Et l'on sait tout chez moi, hors ce qu'il faut savoir.
On y sait comme vont Lune, Étoile polaire,
Vénus, Saturne et Mars, dont je n'ai point affaire ;
Et dans ce vain savoir, qu'on va chercher si loin,
On ne sait comme va mon pot, dont j'ai besoin.
Mes gens à la science aspirent pour vous plaire,
Et tous ne font rien moins que ce qu'ils ont à faire.
Raisonner est l'emploi de toute ma maison,
Et le raisonnement en bannit la raison.
L'un me brûle mon rôt en lisant quelqu'histoire ;
L'autre rêve à des vers quand je demande à boire ;
Enfin, je vois par eux votre exemple suivi,
Et j'ai des serviteurs, et ne suis point servi.
Une pauvre servante au moins m'étoit restée,
Qui de ce mauvais air n'étoit point infectée,
Et voilà qu'on la chasse avec un grand fracas,
A cause qu'elle manque à parler Vaugelas.
Je vous le dis, ma sœur, tout ce train-là me blesse :
Car c'est, comme j'ai dit, à vous que je m'adresse.
Je n'aime point céans tous vos gens à latin,
Et principalement ce monsieur Trissotin ;
C'est lui qui, dans des vers, vous a tympanisées :
Tous les propos qu'il tient, sont des billevesées.
On cherche ce qu'il dit après qu'il a parlé ;
Et je lui crois, pour moi, le timbre un peu fêlé.

PHILAMINTE.
Quelle bassesse, ô ciel, et d'ame et de langage !

BELISE.
Est-il de petits corps un plus lourd assemblage,
Un esprit composé d'atômes plus bourgeois *?

---

* Un esprit composé d'atômes plus bourgeois. On trouve dans le *Carpentariana* que ce trait est une imitation de ce que disoit *Néoclès* de son frère *Epicure*, que *lorsqu'il fut conçu, la nature rassembla dans le ventre de sa mère tous les atômes de la*

Et de ce même sang se peut-il que je sois?
Je me veux mal de mort d'être de votre race,
Et, de confusion, j'abandonne la place.

SCÈNE VIII *.

PHILAMINTE, CHRISALE.

PHILAMINTE.

Avez-vous à lâcher encore quelque trait?
CHRISALE.
Moi? Non. Ne parlons plus de querelles ; c'est fait.
Discourons d'autre affaire. A votre fille aînée
On voit quelque dégoût pour les nœuds d'hyménée,
C'est une philosophe enfin, je n'en dis rien;
Elle est bien gouvernée, et vous faites fort bien :
Mais de toute autre humeur se trouve sa cadette,
Et je crois qu'il est bon de pourvoir Henriette,
De choisir un mari....
PHILAMINTE.
C'est à quoi j'ai songé,
Et je veux vous ouvrir l'intention que j'ai **.
Ce monsieur Trissotin, dont on nous fait un crime,
Et qui n'a pas l'honneur d'être dans votre estime,

---

prudence. On n'a point fait cette remarque pour appuyer l'observation du sieur Carpentier, mais pour avertir qu'il a eu tort de mettre ce mot dans la bouche des Précieuses, et qu'il falloit dire des Femmes Savantes.

* Si *Chrisale* dans la scène précédente, a si bien soutenu la double nuance de son caractère d'homme foible et sage, *Philaminte*, dans celle-ci, établit aussi fortement celui d'une femme impérieuse et vaine, puisque c'est au moment même que son époux vient de lui montrer sa répugnance pour *Trissotin*, qu'elle lui désigne pour gendre ce bel-esprit ridicule dont elle est infatuée. C'est de Molière qu'il faudra toujours apprendre à peindre un caractère, non par des vers ingénieux, mais toujours par l'action.

** *Ouvrir l'intention que j'ai.* Plusieurs ont cru qu'*ouvrir son intention* ne se dit pas.

ACTE II. SCÈNE IX.

Est celui que je prends pour l'époux qu'il lui faut ;
Et je sais mieux que vous juger de ce qu'il vaut.
La contestation est ici superflue,
Et de tout point chez moi l'affaire est résolue ;
Au moins ne dites mot du choix de cet époux,
Je veux à votre fille en parler avant vous.
J'ai des raisons à faire approuver ma conduite,
Et je connoîtrai bien si vous l'aurez instruite.

SCÈNE IX.

ARISTE, CHRISALE.

ARISTE.

Hé bien, la femme sort, mon frère, et je vois bien
Que vous venez d'avoir ensemble un entretien.

CHRISALE.

Oui.

ARISTE.

Quel est le succès ? Aurons-nous Henriette ?
A-t-elle consenti ? l'affaire est-elle faite ?

CHRISALE.

Pas tout-à-fait encor.

ARISTE.

Refuse-t-elle ?

CHRISALE.

Non.

ARISTE.

Est-ce qu'elle balance ?

CHRISALE.

En aucune façon.

ARISTE.

Quoi donc ?

CHRISALE.

C'est que pour gendre elle m'offre un autre homme.

ARISTE.

Un autre homme pour gendre !

CHRISALE.

Un autre.

ARISTE.

Qui se nomme?

CHRISALE.

Monsieur Trissotin.

ARISTE.

Quoi ! ce monsieur Trissotin....

CHRISALE.

Oui, qui parle toujours de vers et de latin.

ARISTE.

Vous l'avez accepté ?

CHRISALE.

Moi ! point : à Dieu ne plaise.

ARISTE.

Qu'avez-vous répondu ?

CHRISALE.

Rien ; et je suis bien aise
De n'avoir point parlé, pour ne m'engager pas.

ARISTE.

La raison est fort belle, et c'est faire un grand pas.
Avez-vous su du moins lui proposer Clitandre ?

CHRISALE.

Non ; car, comme j'ai vu qu'on parloit d'autre gendre,
J'ai cru qu'il étoit mieux de ne m'avancer point.

ARISTE.

Certes, votre prudence est rare au dernier point.
N'avez-vous point de honte, avec votre mollesse,
Et se peut-il qu'un homme ait assez de foiblesse
Pour laisser à sa femme un pouvoir absolu,
Et n'oser attaquer ce qu'elle a résolu ?

CHRISALE.

Mon Dieu ! vous en parlez, mon frère, bien à l'aise,
Et vous ne savez pas comme le bruit me pèse.
J'aime fort le repos, la paix et la douceur,
Et ma femme est terrible avecque son humeur.

ACTE II. SCÈNE IX.

Du nom de philosophe * elle fait grand mystère ** ;
Mais elle n'en est pas pour cela moins colère ;
Et sa morale, faite à mépriser le bien,
Sur l'aigreur de sa bile opère comme rien.
Pour peu que l'on s'oppose à ce que veut sa tête,
On en a pour huit jours d'effroyable tempête.
Elle me fait trembler dès qu'elle prend son ton ;
Je ne sais où me mettre, et c'est un vrai dragon ;
Et cependant, avec toute sa diablerie,
Il faut que je l'appelle et mon cœur et ma mie.

ARISTE.

Allez, c'est se moquer. Votre femme, entre nous,
Est, par vos lâchetés, souveraine sur vous.
Son pouvoir n'est fondé que sur votre foiblesse ;
C'est de vous qu'elle prend le titre de maîtresse ;
Vous-même à ses hauteurs vous vous abandonnez,
Et vous faites mener en bête par le nez.
Quoi ! vous ne pouvez pas, voyant comme on vous nomme,
Vous résoudre une fois à vouloir être un homme,
A faire condescendre une femme à vos vœux,
Et prendre assez de cœur pour dire un, *je le veux* :
Vous laisserez, sans honte, immoler votre fille
Aux folles visions qui tiennent la famille ;
Et de tout votre bien revêtir un nigaud,
Pour six mots de latin qu'il leur fait sonner haut ;
Un pédant qu'à tout coup votre femme apostrophe
Du nom de bel esprit et de grand philosophe,
D'homme qu'en vers galans jamais on n'égala,

---

* *Du nom de philosophe elle fait grand mystère.* Ce seroit un éloge pour *Philaminte* de faire grand mystère du nom de philosophe, et ce n'est pas l'intention de *Chrisale* de louer sa femme en cet endroit. Ce qui suit sembleroit demander, au contraire, qu'il eût dit qu'elle fait grand étalage de ce nom, *mais qu'elle n'en est pas pour cela moins colère*. On ne voit que la rime qui s'y soit opposée. Les remarques grammaticales ont observé que le mot *mystère* étoit impropre.

** *Elle fait grand mystère.* Plusieurs ont trouvé ici *mystère* impropre.

Et qui n'est, comme on sait, rien moins que tout cela.
Allez, encore un coup, c'est une moquerie,
Et votre lâcheté mérite qu'on en rie.

CHRISALE.

Oui, vous avez raison, et je vois que j'ai tort.
Allons, il faut enfin montrer un cœur plus fort,
Mon frère.

ARISTE.

C'est bien dit.

CHRISALE.

C'est une chose infâme
Que d'être si soumis au pouvoir d'un femme.

ARISTE.

Fort bien.

CHRISALE.

De ma douceur elle a trop profité.

ARISTE.

Il est vrai.

CHRISALE.

Trop joui de ma facilité.

ARISTE.

Sans doute.

CHRISALE.

Et je lui veux faire aujourd'hui connoître
Que ma fille est ma fille, et que j'en suis le maître,
Pour lui prendre un mari qui soit selon mes vœux.

ARISTE.

Vous voilà raisonnable, et comme je vous veux.

CHRISALE.

Vous êtes pour Clitandre, et savez sa demeure,
Faites-le moi venir, mon frère, tout-à-l'heure.

ARISTE.

J'y cours tout de ce pas.

CHRISALE.

C'est souffrir trop long-tems,
Et je m'en vais être homme à la barbe des gens *.

---

* *Chrisale*, échauffé pas son frère, rougit de sa foiblesse, et ferme cet acte par la résolution d'être maître chez lui. *C'est souffrir trop long-tems*, dit-il, *et je m'en vais être homme à la*

ACTE III.

SCENE I*.

PHILAMINTE, ARMANDE, BELISE, TRISSOTIN, LEPINE.

PHILAMINTE.

Ah! mettons-nous ici pour écouter à l'aise
Ces vers que mot à mot il est besoin qu'on pèse.

ARMANDE.
Je brûle de les voir.

BELISE.
Et l'on s'en meurt chez nous.

barbe des gens. C'est aux gens de l'art à remarquer ici avec quel génie Molière soutient la curiosité de ses spectateurs, et avec quelle adresse il leur fait suivre le mouvement qu'il donne à sa fable.

* Il n'y avoit pas moyen de méconnoître Cotin dans cet acte, puisque le sonnet à la princesse Uranie, composé pour madame de Nemours, étoit de lui, ainsi que le madrigal. Despréaux avoit fourni ces deux pièces de vers à son ami 1.
Le choix n'en pouvoit être plus heureux; elles réunissoient tous les ridicules que vouloit foudroyer Molière. Equivoques fades, plats jeux de mots, expressions lâches, style entortillé

1 C'est ainsi que Rabelais, ayant voulu peindre le poëte *Cretin* sous le nom de *Rominagrobis*, que va consulter *Panurge*, fait réciter à ce poëte un rondeau imprimé dans le recueil de Cretin. *Prenez-la, ne la prenez pas,* etc. Le sonnet à la princesse Uranie et le madrigal se trouvent dans les œuvres de Cotin, imprimées en 1663, chez Etienne Loyson.

PHILAMINTE à *Trissotin*.

Ce sont charmes pour moi, que ce qui part de vous.

ARMANDE.

Ce m'est une douceur à nulle autre pareille.

BELISE.

Ce sont repas friands qu'on donne à mon oreille.

PHILAMINTE.

Ne faites point languir de si pressans desirs.

ARMANDE.

Dépêchez.

BELISE.

Faites tôt, et hâtez nos plaisirs.

et précieux, tout s'y trouve, et l'admiration extatique du comité bourgeois qui les écoute, est la plus piquante raillerie qu'on ait pu faire de pareilles lectures, dont il n'est pas difficile de retrouver encore des copies dans Paris, parce que dans cette ville immense: *Un sot trouve toujours un plus sot qui l'admire.*

A ce premier trait de ressemblance, la tradition ajoute que Molière fit acheter un des habits de Cotin; mais *Trissotin* destiné à être le gendre de *Chrisale*, ne dut point paroître dans la pièce sous un habit ecclésiastique. L'acteur ne pouvoit au plus que l'imiter dans le son de la voix, et dans l'habitude extérieure des mouvemens du corps. C'est ainsi que dans la petite pièce de *la Nouveauté*, l'acteur chargé du rôle de poète, nous peignoit l'abbé *Pellegrin* en 1727.

Ce que l'on dit, sans preuve et sans vraisemblance, que Molière avait fait pour Cotin, Racine, quatre ans auparavant, l'avoit risqué dans le rôle plaisant de la comtesse de Pimbêche, que l'actrice jouoit avec un habit couleur de rose sèche, et un masque sur l'oreille; ajustement ordinaire d'une grande plaideuse très-connue alors. De pareilles libertés tiendroient à la licence, et seroient faites pour alarmer la société, si l'œil vigilant de la police ne les rendoit très-rares, et surtout si on avoit le droit de les étendre au-delà du simple ridicule.

Le premier volume du Mercure galant en 1672, nous apprend que Molière avoit cherché à détourner l'application de son rôle de Trissotin, par une harangue qu'il fit au public deux jours avant la première représentation des *Femmes Savantes*: c'est une perte véritable que celle de cette harangue. Il seroit très-curieux de voir comment notre auteur avoit pu se tirer d'un pas aussi glissant, et par quelle tournure il avoit osé se mentir à lui-même.

ACTE III. SCÈNE II.

PHILAMINTE.

A notre impatience offrez votre épigramme.

TRISSOTIN à *Philaminte*.

Hélas! c'est un enfant tout nouveau né, madame,
Son sort assurément a lieu de vous toucher,
Et c'est dans votre cour que j'en viens d'accoucher.

PHILAMINTE.

Pour me le rendre cher, il suffit de son père.

TRISSOTIN.

Votre approbation lui peut servir de mère.

BELISE.

Qu'il a d'esprit!

SCÈNE II.

HENRIETTE, PHILAMINTE, BELISE, ARMANDE, TRISSOTIN, LÉPINE.

PHILAMINTE à *Henriette qui veut se retirer*.

Hola! pourquoi donc fuyez-vous?

HENRIETTE.

C'est de peur de troubler un entretien si doux.

PHILAMINTE.

Approchez, et venez, de toutes vos oreilles,
Prendre part au plaisir d'entendre des merveilles.

HENRIETTE.

Je sais peu les beautés de tout ce qu'on écrit,
Et ce n'est pas mon fait que les choses d'esprit.

PHILAMINTE.

Il n'importe; aussi bien ai-je à vous dire ensuite
Un secret dont il faut que vous soyez instruite.

TRISSOTIN à *Henriette*.

Les sciences n'ont rien qui vous puisse enflammer,
Et vous ne vous piquez que de savoir charmer.

HENRIETTE.

Aussi peu l'un que l'autre; et je n'ai nulle envie...

BELISE.

Ah! songeons à l'enfant nouveau né, je vous prie.

PHILAMINTE à *Lépine.*

Allons, petit garçon, vîte de quoi s'asseoir.

(*Lépine se laisse tomber.*)

Voyez l'impertinent ! Est-ce que l'on doit choir
Après avoir appris l'équilibre des choses?

BELISE.

De ta chute, ignorant, ne vois-tu pas les causes,
Et qu'elle vient d'avoir, du point fixe, écarté
Ce que nous appelons centre de gravité?

L'ÉPINE.

Je m'en suis aperçu, madame, étant par terre.

PHILAMINTE à *Lépine qui sort.*

Le lourdaut !

TRISSOTIN.

Bien lui prend de n'être pas de verre.

ARMANDE.

Ah ! de l'esprit partout !

BELISE.

Cela ne tarit pas.

(*Ils s'asseyent.*)

PHILAMINTE.

Servez-nous promptement votre aimable repas.

TRISSOTIN.

Pour cette grande faim qu'à mes yeux on expose,
Un plat seul de huit vers me semble peu de chose ;
Et je pense qu'ici je ne ferai pas mal
De joindre à l'épigramme, ou bien au madrigal,
Le ragoût d'un sonnet qui, chez une princesse,
A passé pour avoir quelque délicatesse.
Il est de sel attique assaisonné partout,
Et vous le trouverez, je crois, d'assez bon goût.

ARMANDE.

Ah ! je n'en doute point.

PHILAMINTE.

Donnons vîte audience.

BELISE *interrompant Trissotin chaque fois qu'il se dispose
à lire.*

Je sens d'aise mon cœur tressaillir par avance,

ACTE III. SCÈNE II.

J'aime la poésie avec entêtement *,
Et surtout quand les vers sont tournés galamment.

PHILAMINTE.
Si nous parlons toujours, il ne pourra rien dire.

TRISSOTIN.
SO....

BELISE à *Henriette*.
Silence, ma nièce.

ARMANDE.
Ah! laissez-le donc lire.

TRISSOTIN.
SONNET à la princesse URANIE, sur sa fièvre.

Votre prudence est endormie,
De traiter magnifiquement,
Et de loger superbement
Votre plus cruelle ennemie.

BELISE.
Ah! le joli début!

ARMANDE.
Qu'il a le tour galant!

PHILAMINTE.
Lui seul des vers aisés possède le talent.

ARMANDE.
A prudence endormie il faut rendre les armes.

BELISE.
Loger son ennemie, est pour moi plein de charmes.

PHILAMINTE.
J'aime *superbement et magnifiquement*;
Ces deux verbes joints sont admirablement!

BELISE.
Prêtons l'oreille au reste.

TRISSOTIN.
Votre prudence est endormie,
De traiter magnifiquement,
Et de loger superbement
Votre plus cruelle ennemie.

---

* *Avec entêtement*, pour dire *avec enthousiasme*, a paru impropre.

ARMANDE.

Prudence endormie !

BELISE.

Loger son ennemie !

PHILAMINTE.

Superbement et magnifiquement !

TRISSOTIN.

Faites-la sortir ; quoi qu'on die,
De votre riche appartement,
Où cette ingrate insolemment
Attaque votre belle vie.

BELISE.

Ah ! tout doux ! Laissez-moi, de grace, respirer.

ARMANDE.

Donnez-nous, s'il vous plaît, le loisir d'admirer.

PHILAMINTE.

On se sent, à ces vers, jusques au fond de l'ame,
Couler je ne sais quoi qui fait que l'on se pâme.

ARMANDE.

Faites-la sortir, quoi qu'on die.
De votre riche appartement.

Que *riche appartement* est là joliment dit,
Et que la métaphore est mise avec esprit !

PHILAMINTE.

Faites-la sortir, quoi qu'on die,

Ah ! que ce *quoi qu'on die* est d'un goût admirable !
C'est, à mon sentiment, un endroit impayable.

ARMANDE.

De *quoi qu'on die*, aussi mon cœur est amoureux.

BELISE.

Je suis de votre avis, *quoi qu'on die* est heureux.

ARMANDE.

Je voudrois l'avoir fait.

BELISE.

Il vaut toute une pièce.

PHILAMINTE.

Mais en comprend-on bien, comme moi la finesse ?

ARMANDE et BELISE.

Oh, oh !

ACTE III. SCÈNE II.

PHILAMINTE.
Faites-la sortir, quoi qu'on die.
Que de la fièvre on prenne ici les intérêts;
N'ayez aucun égard, moquez-vous des caquets.
Faites-la sortir, quoi qu'on die,
Quoi qu'on die, quoi qu'on die.
Ce *quoi qu'on die* en dit beaucoup plus qu'il ne semble:
Je ne sais pas, pour moi, si chacun me ressemble,
Mais j'entends là-dessous un million de mots.

BELISE.
Il est vrai qu'il dit plus de choses qu'il n'est gros.

PHILAMINTE à *Trissotin.*
Mais, quand vous avez fait ce charmant *quoi qu'on die*,
Avez-vous compris, vous, toute son énergie?
Songiez-vous bien vous-même à tout ce qu'il nous dit;
Et pensiez-vous alors y mettre tant d'esprit?

TRISSOTIN.
Hai, hai.

ARMANDE.
J'ai fort aussi l'ingrate dans la tête,
Cette ingrate de fièvre, injuste, malhonnête,
Qui traite mal les gens qui la logent chez eux.

PHILAMINTE.
Enfin, les quatrains sont admirables tous deux.
Venons-en promptement aux tiercets, je vous prie.

ARMANDE.
Ah! s'il vous plaît, encore une fois *quoi qu'on die.*

TRISSOTIN.
Faites-la sortir, quoi qu'on die.

PHILAMINTE, ARMANDE et BELISE.
Quoi qu'on die.

TRISSOTIN.
De votre riche appartement.

PHILAMINTE, ARMANDE et BELISE.
Riche appartement!

TRISSOTIN.
Où cette ingrate insolemment.

PHILAMINTE, ARMANDE et BELISE.
Cette *ingrate* de fièvre!

LES FEMMES SAVANTES.

TRISSOTIN.
Attaque votre belle vie.

PHILAMINTE.
Votre belle vie !

ARMANDE et BELISE.
Ah !

TRISSOTIN.
Quoi, sans respecter votre rang,
Elle se prend à votre sang.

PHILAMINTE, ARMANDE et BELISE.
Ah !

TRISIOTIN.
Et nuit et jour vous fait outrage !
Si vous la conduisez aux bains,
Sans la marchander davantage,
Noyez-la de vos propres mains.

PHILAMINTE.
On n'en peut plus.

BELISE.
On pâme.

ARMANDE.
On se meurt de plaisir.

PHILAMINTE.
De mille doux frissons vous vous sentez saisir.

ARMANDE.
Si vous la conduisez aux bains,

BELISE.
Sans la marchander davantage,

PHILAMINTE.
Noyez-la de vos propres mains.
De vos propres mains, là, noyez-la dans les bains.

ARMANDE.
Chaque pas dans vos vers rencontre un trait charmant.

BELISE.
Partout on s'y promène avec ravissement.

PHILAMINTE.
On n'y sauroit marcher que sur de belles choses.

ACTE III. SCÈNE II.

ARMANDE.
Ce sont petits chemins tout parsemés de roses.

TRISSOTIN.
Le sonnet donc vous semble...

PHILAMINTE.
Admirable, nouveau,
Et personne jamais n'a rien fait de si beau.

BELISE à *Henriette.*
Quoi ! sans émotion pendant cette lecture !
Vous faites là, ma nièce, une étrange figure !

HENRIETTE.
Chacun fait ici-bas la figure qu'il peut,
Ma tante, et bel esprit, il ne l'est pas qui veut *.

TRISSOTIN.
Peut-être que mes vers importunent madame.

HENRIETTE.
Point. Je n'écoute pas.

PHILAMINTE.
Ah ! voyons l'épigramme.

TRISSOTIN.
Sur un carrosse de couleur amaranthe donné à une dame de ses amies.

PHILAMINTE.
Ses titres ont toujours quelque chose de rare.

ARMANDE.
A cent beaux traits d'esprit leur nouveauté prépare.

TRISSOTIN.
L'amour si chèrement m'a vendu son lien,

PHILAMINTE, ARMANDE et BELISE.
Ah !

TRISSOTIN.
Qu'il m'en coûte déjà la moitié de mon bien ;

---

* *Ma tante, et bel esprit, il ne l'est pas qui veut.* Ce vers a échappé aux remarques grammaticales qui décorent cette édition. Il faudroit, *est bel esprit, ne l'est pas qui veut*, mais le vers avoit besoin d'une syllabe de plus, et les négligences de cette espèce sont une suite de la précipitation avec laquelle travailloit Molière.

Et quand tu vois ce beau carrosse,
Où tant d'or se relève en bosse
Qu'il étonne tout le pays,
Et fait pompeusement triompher ma Lays !

PHILAMINTE.

Ah, ma Lays ! voilà de l'érudition.

BELISE.

L'enveloppe est jolie, et vaut un million.

TRISSOTIN.

Et quand tu vois ce beau carrosse,
Où tant d'or se relève en bosse
Qu'il étonne tout le pays,
Et fait pompeusement triompher ma Lays,
Ne dis plus qu'il est amaranthe,
Dis plutôt qu'il est de ma rente.

ARMANDE.

Oh, oh, oh ! Celui-là ne s'attend point du tout.

PHILAMINTE.

On n'a que lui qui puisse écrire de ce goût.

BELISE.

Ne dis plus qu'il est amaranthe,
Dis plutôt qu'il est de ma rente.

Voilà qui se décline, ma rente, de ma rente, à ma rente.

PHILAMINTE.

Je ne sais, du moment que je vous ai connu,
Si, sur votre sujet, j'eus l'esprit prévenu,
Mais j'admire partout vos vers et votre prose.

TRISSOTIN à *Philaminte*.

Si vous vouliez de vous nous montrer quelque chose,
A notre tour aussi nous pourrions admirer.

PHILAMINTE.

Je n'ai rien fait en vers ; mais j'ai lieu d'espérer
Que je pourrai bientôt vous montrer, en amie,
Huit chapitres du plan de notre académie.
Platon s'est au projet simplement arrêté,
Quand de sa république il a fait le traité:
Mais à l'effet entier je veux pousser l'idée
Que j'ai sur le papier en prose accommodée.
Car enfin, je me sens un étrange dépit

Du tort que l'on nous fait du côté de l'esprit ;
Et je veux nous venger, toutes tant que nous sommes,
De cette indigne classe où nous rangent les hommes,
De borner nos talens à des futilités,
Et nous fermer la porte aux sublimes clartés.

ARMANDE.

C'est faire à notre sexe une trop grande offense,
De n'étendre l'effort de notre intelligence
Qu'à juger d'une jupe ou de l'air d'un manteau,
Ou des beautés d'un point, ou d'un brocard nouveau.

BELISE.

Il faut se relever de ce honteux partage,
Et mettre hautement notre esprit hors de page.

TRISSOTIN.

Pour les dames on sait mon respect en tous lieux ;
Et, si je rends hommage aux brillans de leurs yeux,
De leur esprit aussi j'honore les lumières.

PHILAMINTE.

Le sexe aussi vous rend justice en ces matières ;
Mais nous voulons montrer à de certains esprits,
Dont l'orgueilleux savoir nous traite avec mépris,
Que de sciences aussi les femmes sont meublées ;
Qu'on peut faire, comme eux, de doctes assemblées,
Conduites en cela par des ordres meilleurs ;
Qu'on y veut réunir ce qu'on sépare ailleurs,
Mêler le beau langage et les hautes sciences,
Découvrir la nature en mille expériences ;
Et, sur les questions qu'on pourra proposer,
Faire entrer chaque secte, et n'en point épouser.

TRISSOTIN.

Je m'attache pour l'ordre au péripatétisme.

PHILAMINTE.

Pour les abstractions, j'aime le platonisme *.

---

* Comme la physique étoit devenue la science à la mode, et que les femmes en faisoient parade alors, Molière ne manqua pas, dans cette scène, de leur faire étaler sur ce point toutes leurs vaines prétentions. *L'ordre du Péripatétisme, le Platonisme et ses abstractions, les petits corps, le vide, la matière subtile, les tourbillons, les mondes tombans, les hommes et les*

ARMANDE.

Epicure me plaît, et ses dogmes sont forts.

BELISE.

Je m'accommode assez, pour moi, des petits corps;
Mais le vide à souffrir me semble difficile,
Et je goûte bien mieux la matière subtile.

TRISSOTIN.

Descartes, pour l'aimant, donne fort dans mon sens.

ARMANDE.

J'aime ses tourbillons.

PHILAMINTE.

Moi, ses mondes tombans.

ARMANDE.

Il me tarde de voir notre assemblée ouverte,
Et de nous signaler par quelque découverte.

TRISSOTIN.

On en attend beaucoup de vos vives clartés,
Et pour vous la nature a peu d'obscurités.

PHILAMINTE.

Pour moi, sans me flatter, j'en ai déjà fait une,
Et j'ai vu clairement des hommes dans la lune.

BELISE.

Je n'ai point encor vu d'hommes, comme je crois,
Mais j'ai vu des clochers tout comme je vous vois.

clochers dans la lune, enfin, toutes les visions physiques dont Molière annonçoit le discrédit prochain, par le ridicule qu'il versoit sur elles, furent traitées comme elles méritoient de l'être. Le projet de l'académie d'*Armande* dans lequel *le retranchement de ces syllabes sales qui, dans les plus beaux mots produisent des scandales*, lui paroissoit *un dessein plein de gloire*, mit le comble à la sottise de ces fausses savantes, dont notre poëte essayoit de purger la société.

Il n'en est que trop encore aujourd'hui de ces protectrices, *on ne sait pas pourquoi*, qui disent, avec la ridicule *Armande* :

Par nos loix, prose et vers, tout nous sera soumis,
Nul n'aura de l'esprit, hors nous et nos amis.

Tant il est difficile de déraciner, dans une nation frivole et vaine, les ridicules qui tiennent à l'orgueil et à une certaine représentation.

ACTE III. SCÈNE II.

ARMANDE.
Nous approfondirons, ainsi que la physique,
Grammaire, histoire, vers, morale et politique.
PHILAMINTE.
La morale a des traits dont mon cœur est épris,
Et c'étoit autrefois l'amour des grands esprits ;
Mais aux Stoïciens je donne l'avantage,
Et je ne trouve rien de si beau que leur Sage.
ARMANDE.
Pour la langue, on verra dans peu nos règlemens,
Et nous y prétendons faire des remuemens.
Par une antipathie ou juste, ou naturelle,
Nous avons pris chacune une haine mortelle
Pour un nombre de mots, soit ou verbes ou noms *,
Que mutuellement nous nous abandonnons :
Contr'eux nous préparons de mortelles sentences,
Et nous devons ouvrir nos doctes conférences
Par les proscriptions de tous ces mots divers,
Dont nous voulons purger et la prose et les vers.
PHILAMINTE.
Mais le plus beau projet de notre académie,
Une entreprise noble et dont je suis ravie,
Un dessein plein de gloire, et qui sera vanté
Chez tous les beaux esprits de la postérité,
C'est le retranchement de ces syllabes sales,
Qui, dans les plus beaux mots, produisent des scandales ;
Ces jouets éternels des sots de tous les tems ;
Ces fades lieux communs de nos méchans plaisans ;
Ces sources d'un amas d'équivoques infâmes,
Dont on vient faire insulte à la pudeur des femmes.
TRISSOTIN.
Voilà certainement d'admirables projets !
BELISE.
Vous verrez nos statuts quand ils seront tous faits,
TRISSOTIN.
Ils ne sauroient manquer d'être tous beaux et sages.

* *Soit ou verbes ou noms. Soit ou* ne se dit pas.

ARMANDE.

Nous serons par nos loix les juges des ouvrages ;
Par nos loix, prose et vers, tout nous sera soumis ;
Nul n'aura de l'esprit, hors nous et nos amis.
Nous chercherons partout à trouver à redire,
Et ne verrons que nous qui sachent * bien écrire.

SCÈNE III.

PHILAMINTE, BELISE, ARMANDE, HENRIETTE, TRISSOTIN, LÉPINE.

LÉPINE à Trissotin.

Monsieur, un homme est là qui veut parler à vous :
Il est vêtu de noir, et parle d'un ton doux.
(Ils se lèvent.)

TRISSOTIN.

C'est cet ami savant qui m'a fait tant d'instance.
De lui donner l'honneur de votre connoissance.

PHILAMINTE.

Pour le faire venir, vous avez tout crédit.
(Trissotin va au-devant de Vadius.)

SCÈNE IV.

PHILAMINTE, BELISE, ARMANDE, HENRIETTE.

PHILAMINTE à Armande et à Belise.

Faisons bien les honneurs au moins de notre esprit.
(à Henriette qui veut sortir.)
Holà ! Je vous ai dit, en paroles bien claires,
Que j'ai besoin de vous.

HENRIETTE.

Mais pour quelles affaires ?

PHILAMINTE.

Venez ; on va dans peu vous les faire savoir.

*" Que nous qui sachent, pour que nous qui sachions, a paru hasardé. On ne peut l'excuser qu'en supposant l'ellipse d'auteurs qui....

SCÈNE V.

TRISSOTIN, VADIUS, PHILAMINTE, BELISE, ARMANDE, HENRIETTE.

TRISSOTIN *présentant Vadius* *.

Voici l'homme qui meurt du desir de vous voir.
En vous le produisant, je ne crains point le blâme
D'avoir admis chez vous un profane, madame.
Il peut tenir son coin parmi de beaux-esprits.

* C'est dans cette scène que *Trissotin* présente *Vadius*, personnage presque aussi ridicule que lui. Si l'on s'en rapporte à Ménage, *Molière désavouoit qu'il fût le savant qui parle d'un ton doux.* Cependant on s'est obstiné à le regarder comme l'original de *Vadius*. A-t-on eu raison?

Il faut d'abord observer que Ménage, après la représentation de la pièce, s'étoit rendu digne du désaveu de Molière, par le trait suivant. *Eh quoi! monsieur,* lui avoit dit madame de Mont....1, *vous souffrez que cet impertinent de Molière nous joue de la sorte? Madame, j'ai vu la pièce,* avoit répondu Ménage, *elle est parfaitement belle; on n'y peut trouver à redire ni à critiquer.* Bien différent à cet égard de Cotin, qui avoit fait tous ses efforts pour exciter le mari de cette femme importante à se plaindre du *Misanthrope*, dont on vouloit qu'il fût l'original.

Or, Ménage, en se comportant ainsi, ou ne s'étoit pas reconnu, ou avoit fait une réponse d'une grande noblesse. Ce qu'il avoit dit treize ans auparavant sur *les Précieuses*, portoit la même empreinte de désintéressement et de justice.

Autre embarras. Il y a deux traditions sur la querelle qui termine cette scène excellente. Les uns veulent qu'elle ait été réelle entre Cotin et Ménage, à l'hôtel de Rambouillet. Et qui ne le croiroit en lisant la satire de Cotin contre Ménage, imprimée en 1666, sous le titre de *la Ménagerie?* D'autres ont écrit cependant que Cotin avoit bien été un des acteurs, mais que Gilles Boileau, frère de Despréaux, étoit le second héros de la scène.

Le jugement que Ménage porta de la pièce à l'hôtel de

1 On a écrit dans plusieurs ouvrages, madame de Rambouillet, au lieu de madame de Mont.... sa fille. La première étoit morte en 1666 ou 1667.

####### PHILAMINTE.

La main qui le présente en dit assez le prix.

####### TRISSOTIN.

Il a des vieux auteurs la pleine intelligence,
Et sait du grec, madame, autant qu'homme de France.

####### PHILAMINTE à *Belise*.

Du grec! O ciel! du grec! Il sait du grec, ma sœur!

####### BELISE à *Armande*.

Ah! ma nièce, du grec!

####### ARMANDE.

Du grec! Quelle douceur!

####### PHILAMINTE.

Quoi! monsieur sait du grec? Ah, permettez, de grace,
Que, pour l'amour du grec, monsieur, on vous embrasse.

(*Vadius embrasse aussi Belise et Armande.*)

Rambouillet même, feroit pencher vers cette seconde tradition, parce que, si cet écrivain avoit eu avec Cotin la querelle en question, il étoit impossible qu'il affectât, devant madame de Mont.... de ne s'être pas reconnu.

Mais au fond Ménage, indépendamment de la querelle, pouvoit-il ne pas se reconnoître à des traits particuliers qui le désignoient si bien, tels que ceux-ci:

Va, va restituer tous les honteux larcins,
Que réclament sur toi les Grecs et les Latins.

Et cette réponse de *Vadius*, lorsque *Trissotin* le renvoie à l'auteur des satires.

. . . . . . J'ai le contentement
Qu'on voit qu'il m'a traité plus honorablement;
Il me donne en passant une atteinte légère.

Molière, par ce vers, désignoit le trait de la satire seconde de son ami.

Si je pense parler des galans de notre âge,
Ma plume, pour rimer rencontrera Ménage 1.

De cette discussion, peut-être trop longue, il résulte que Ménage avoit eu assez d'esprit pour ne vouloir pas se reconnoître au portrait de *Vadius*, et qu'il en montra plus encore en approuvant un chef-d'œuvre dont son amour-propre pouvoit murmurer secrètement.

1 Boileau changea ces deux vers, et l'abbé de Pure y prit la place de Ménage.

ACTE III. SCÈNE V.

HENRIETTE à *Vadius, qui veut aussi l'embrasser.*
Excusez-moi, monsieur, je n'entends pas le grec.
(*Ils s'asseyent.*)

PHILAMINTE.
J'ai pour les livres grecs un merveilleux respect.

VADIUS.
Je crains d'être fâcheux, par l'ardeur qui m'engage
A vous rendre aujourd'hui, madame, mon hommage;
Et j'aurai pu troubler quelque docte entretien.

PHILAMINTE.
Monsieur, avec du grec on ne peut gâter rien.

TRISSOTIN.
Au reste, il fait merveille en vers ainsi qu'en prose,
Et pourroit, s'il vouloit, vous montrer quelque chose.

VADIUS.
Le défaut des auteurs, dans leurs productions,
C'est d'en tyranniser les conversations,
D'être au palais, au cours, aux ruelles, aux tables,
De leurs vers fatigans, lecteurs infatigables.
Pour moi, je ne vois rien de plus sot, à mon sens,
Qu'un auteur qui partout va gueuser des encens;
Qui, des premiers venus saisissant les oreilles,
En fait le plus souvent les martyrs de ses veilles.
On ne m'a jamais vu ce fol entêtement;
Et d'un Grec, là-dessus, je suis le sentiment,
Qui, par un dogme exprès, défend à tous ses sages
L'indigne empressement de lire leurs ouvrages.
Voici de petits vers pour de jeunes amans,
Sur quoi je voudrois bien avoir vos sentimens.

TRISSOTIN.
Vos vers ont des beautés que n'ont point tous les autres.

VADIUS.
Les Grâces et Vénus règnent dans tous les vôtres.

TRISSOTIN.
Vous avez le tour libre, et le bon choix des mots.

VADIUS.
On voit partout chez vous l'*ithos* et le *pathos*.

TRISSOTIN.
Nous avons vu de vous des églogues d'un style

Qui passe en doux attraits Théocrite et Virgile.
VADIUS.
Vos odes ont un air noble, galant et doux,
Qui laisse de bien loin votre Horace après vous.
TRISSOTIN.
Est-il rien d'amoureux comme vos chansonnettes?
VADIUS.
Peut-on rien voir d'égal aux sonnets que vous faites?
TRISSOTIN.
Rien qui soit plus charmant que vos petits rondeaux?
VADIUS.
Rien de si plein d'esprit que tous vos madrigaux?
TRISSOTIN.
Aux ballades surtout vous êtes admirable.
VADIUS.
Et dans les bouts-rimés je vous trouve adorable.
TRISSOTIN.
Si la France pouvoit connoître votre prix!
VADIUS.
Si le siècle rendoit justice aux beaux-esprits!
TRISSOTIN.
En carrosse doré vous iriez par les rues.
VADIUS.
On verroit le public vous dresser des statues.
(*à Trissotin.*)
Hom. C'est une ballade, et je veux que tout net
Vous m'en....
TRISSOTIN *à Vadius.*
Avez-vous vu certain petit sonnet
Sur la fièvre qui tient la princesse Uranie?
VADIUS.
Oui. Hier il me fut lu dans une compagnie.
TRISSOTIN.
Vous en savez l'auteur?
VADIUS.
Non; mais je sais fort bien
Qu'à ne le point flatter, son sonnet ne vaut rien.
TRISSOTIN.
Beaucoup de gens pourtant le trouvent admirable.

ACTE III. SCÈNE V.

VADIUS.

Cela n'empêche pas qu'il ne soit misérable ;
Et, si vous l'avez vu, vous serez de mon goût.

TRISSOTIN.

Je sais que là-dessus je n'en suis point du tout,
Et que d'un tel sonnet peu de gens sont capables.

VADIUS.

Me préserve le ciel d'en faire de semblables !

TRISSOTIN.

Je soutiens qu'on ne peut en faire de meilleur ;
Et ma grande raison est que j'en suis l'auteur.

VADIUS.

Vous ?

TRISSOTIN.

Moi.

VADIUS.

Je ne sais donc comment se fit l'affaire.

TRISSOTIN.

C'est qu'on fut malheureux de ne pouvoir vous plaire.

VADIUS.

Il faut qu'en écoutant j'aye eu l'esprit distrait,
Ou bien que le lecteur m'ait gâté le sonnet.
Mais laissons ce discours, et voyons ma ballade.

TRISSOTIN.

La ballade, à mon goût, est une chose fade ;
Ce n'en est plus la mode ; elle sent son vieux tems.

VADIUS.

La ballade pourtant charme beaucoup de gens.

TRISSOTIN.

Cela n'empêche pas qu'elle ne me déplaise.

VADIUS.

Elle n'en reste pas pour cela plus mauvaise.

TRISSOTIN.

Elle a pour les pédans de merveilleux appas *.

* L'auteur de la comédie des philosophes, entraîné par son sujet a l'imitation trop marquée de cette scène de Molière, a eu l'adresse ingénieuse de se mettre à couvert du reproche, en faisant dire à un de ses interloculeurs :

Messieurs, n'imitons pas les pédans de Molière.

VADIUS.

Cependant nous voyons qu'elle ne vous plaît pas.

TRISSOTIN.

Vous donnez sottement vos qualités aux autres.

(*Ils se lèvent tous.*)

VADIUS.

Fort impertinemment vous me jetez les vôtres.

TRISSOTIN.

Allez, petit grimaud, barbouilleur de papier.

VADIUS.

Allez, rimeur de balle, opprobre du métier.

TRISSOTIN.

Allez, fripier d'écrits, impudent plagiaire.

VADIUS.

Allez, cuistre...

PHILAMINTE.

Eh! messieurs, que prétendez-vous faire?

TRISSOTIN à *Vadius*.

Va, va restituer tous les honteux larcins
Que réclament sur toi les grecs et les latins.

VADIUS.

Va, va-t-en faire amende honorable au Parnasse,
D'avoir fait à tes vers estropier Horace.

TRISSOTIN.

Souviens-toi de ton livre et de son peu de bruit.

VADIUS.

Et toi, de ton libraire, à l'hôpital réduit.

TRISSOTIN.

Ma gloire est établie; en vain tu la déchires.

VADIUS.

Oui, oui, je te renvoie à l'auteur des Satires.

TRISSOTIN.

Je t'y renvoie aussi.

VADIUS.

J'ai le contentement
Qu'on voit qu'il m'a traité plus honorablement.
Il me donne en passant une atteinte légère
Parmi plusieurs auteurs qu'au palais on révère;

ACTE III. SCÈNE VI.

Mais jamais dans ses vers il ne te laisse en paix,
Et l'on t'y voit partout être en butte à ses traits.

TRISSOTIN.

C'est par-là que j'y tiens un rang plus honorable.
Il te met dans la foule ainsi qu'un misérable;
Il croit que c'est assez d'un coup pour t'accabler,
Et ne t'a jamais fait l'honneur de redoubler.
Mais il m'attaque à part, comme un noble adversaire
Sur qui tout son effort lui semble nécessaire ;
Et ses coups contre moi redoublés en tous lieux,
Montrent qu'il ne se croit jamais victorieux.

VADIUS.

Ma plume t'apprendra quel homme je puis être.

TRISSOTIN.

Et la mienne saura te faire voir ton maître.

VADIUS.

Je te défie en vers, prose, grec et latin.

TRISSOTIN.

Et bien ! nous nous verrons seul à seul chez Barbin.

SCÈNE VI.

TRISSOTIN, PHILAMINTE, ARMANDE, BELISE, HENRIETTE.

TRISSOTIN.

A mon emportement ne donnez aucun blâme ;
C'est votre jugement que je défends, madame,
Dans le sonnet qu'il a l'audace d'attaquer.

PHILAMINTE.

A vous remettre bien je me veux appliquer:
Mais parlons d'autre affaire. Approchez, Henriette.
Depuis assez long-tems mon ame s'inquiète
De ce qu'aucun esprit en vous ne se fait voir;
Mais je trouve un moyen de vous en faire avoir.

HENRIETTE.

C'est prendre un soin pour moi qui n'est pas nécessaire.
Les doctes entretiens ne sont point mon affaire ;
J'aime à vivre aisément ; et, dans tout ce qu'on dit,

Il faut se trop peiner pour avoir de l'esprit :
C'est une ambition que je n'ai point en tête.
Je me trouve fort bien, ma mère, d'être bête
Et j'aime mieux n'avoir que de communs propos,
Que de me tourmenter pour dire de beaux mots.

PHILAMINTE.

Oui ; mais j'y suis blessée, et ce n'est pas mon compte.
De souffrir dans mon sang une pareille honte.
La beauté du visage est un frêle ornement,
Une fleur passagère, un éclat d'un moment,
Et qui n'est attaché qu'à la simple épiderme * ;
Mais celle de l'esprit est inhérente et ferme.
J'ai donc cherché long-tems un biais ** de vous donner
La beauté que les ans ne peuvent moissonner,
De faire entrer chez vous le desir des sciences,
De vous insinuer les belles connoissances ;
Et la pensée enfin où mes vœux ont souscrit,
C'est d'attacher a vous un homme plein d'esprit.
    (*montrant Trissotin.*)
Et cet homme est monsieur, que je vous détermine ***
A voir comme l'époux que mon choix vous destine.

HENRIETTE.

Moi ! ma mère ?

PHILAMINTE.
Oui, vous : faites la sotte, un peu ****.

---

* *Et qui n'est attaché qu'à la simple épiderme.* Épiderme est un substantif masculin. Nos remarques grammaticales n'ont point observé cette faute.

* *Un biais de.* On diroit aujourd'hui *un biais pour*.

** *Que je vous détermine*, pour dire *que je vous propose*, a paru impropre.

**** *Moi, ma mère ? Oui, vous, faites la sotte un peu.* Il faut ou qu'il n'y ait point d'élision de la derniere syllabe de *mère* avant le monosyllabe *oui*, ou que ce monosyllabe *oui* soit employé pour deux syllabes, ce qui peut être permis selon quelques grammairiens. Voyez un de nos traités sur l'orthographe fran-

ACTE III. SCÈNE VI.

BELISE à Trissotin.

Je vous entends ; vos yeux demandent mon aveu
Pour engager ailleurs un cœur que je possède.
Allez, je le veux bien. A ce nœud je vous cède :
C'est un hymen qui fait votre établissement.

TRISSOTIN à Henriette.

Je ne sais que vous dire en mon ravissement,
Madame ; et cet hymen dont je vois qu'on m'honore,
Me met...

HENRIETTE.

Tout beau ! monsieur ; il n'est pas fait encore ;
Ne vous pressez pas tant.

PHILAMINTE.

Comme vous répondez !
Savez-vous bien que si... Suffit. Vous m'entendez.
(à Trissotin.)
Elle se rendra sage. Allons, laissons-la faire.

SCÈNE VII.

HENRIETTE, ARMANDE.

ARMANDE.

On voit briller pour vous les soins de notre mère,
Et son choix ne pouvoit d'un plus illustre époux...

HENRIETTE.

Si le choix est si beau que ne le prenez-vous ?

ARMANDE.

C'est à vous, non à moi, que sa main est donnée.

HENRIETTE.

Je vous le cède tout, comme à ma sœur aînée.

ARMANDE.

Si l'hymen, comme à vous, me paroissoit charmant,
J'accepterois votre offre avec ravissement.

çaise. On trouve aussi des exemples de la première licence parmi nos auteurs comiques, chez lesquels toutes celles de notre art des vers se sont multipliées au point que nous pourrions mettre en question, comme on faisoit chez les Romains, si le dialogue mesuré de la comédie est une poésie véritable.

HENRIETTE.

Si j'avois, comme vous, les pédans dans la tête,
Je pourrois le trouver un parti fort honnête.

ARMANDE.

Cependant, bien qu'ici nos goûts soient différens,
Nous devons obéir, ma sœur, à nos parens.
Une mère a sur nous une entière puissance;
Et vous croyez en vain, par votre résistance...

SCÈNE VIII.

CHRISALE, ARISTE, CLITANDRE, HENRIETTE, ARMANDE.

CHRISALE à *Henriette, lui présentant Clitandre.*

Allons, ma fille, il faut approuver mon dessein:
Otez ce gant. Touchez à monsieur dans la main,
Et le considérez désormais dans votre ame,
En homme dont je veux que vous soyez la femme.

ARMANDE.

De ce côté, ma sœur, vos penchans sont fort grands.

HENRIETTE.

Il nous faut obéir, ma sœur, à nos parens:
Un père a sur nos vœux une entière puissance.

ARMANDE.

Une mère a sa part à notre obéissance.

CHRISALE.

Qu'est-ce à dire?

ARMANDE.

Je dis que j'appréhende fort
Qu'ici ma mère et vous ne soyez pas d'accord;
Et c'est un autre époux...

CHRISALE.

Taisez-vous, perronelle;
Allez philosopher tout le saoul avec elle,
Et de mes actions ne vous mêlez en rien.
Dites-lui ma pensée, et l'avertissez bien
Qu'elle ne vienne pas m'échauffer les oreilles:
Allons vîte.

SCÈNE IX.

CHRISALE, ARISTE, HENRIETTE, CLITANDRE.

ARISTE.

Fort bien. Vous faites des merveilles.

CLITANDRE.

Quel transport! Quelle joie! Ah! que mon sort est doux!

CHRISALE *à Clitandre.*

Allons; prenez sa main', et passez devant nous;
Menez-là dans sa chambre. Ah! les douces caresses!
    (*à Ariste.*)
Tenez, mon cœur s'émeut à toutes ces tendresses:
Cela ragaillardit tout-à-fait mes vieux jours;
Et je me ressouviens de mes jeunes amours.

~~~~~~~~~~~~~~~~~~~~~~~~~~~~~~~~~~~~~

ACTE IV.

SCENE I.

PHILAMINTHE, ARMANDE.

ARMANDE.

Oui, rien n'a retenu * son esprit en balance;
Elle a fait vanité de son obéissance;
Son cœur, pour se livrer, à peine devant moi
S'est-il donné le tems d'en recevoir la loi;

* *Rien n'a retenu.* Quelques-uns auroient voulu *n'a tenu.* Cependant *tenu* ne dit pas assez.

Et sembloit suivre moins les volontés d'un père,
Qu'affecter de braver les ordres d'une mère.

PHILAMINTE.

Je lui montrerai bien aux loix de qui des deux
Les droits de la raison soumettent tous ses vœux;
Et qui doit gouverner, ou sa mère, ou son père,
Ou l'esprit, ou le corps, la forme, ou la matière.

ARMANDE.

On vous devoit bien, au moins, un compliment;
Et ce petit monsieur en use étrangement,
De vouloir, malgré vous, devenir votre gendre.

PHILAMINTE.

Il n'en est pas encore où son cœur peut prétendre.
Je le trouvois bien fait, et j'aimois vos amours :
Mais, dans ses procédés, il m'a déplu toujours.
Il sait que, Dieu merci, je me mêle d'écrire;
Et jamais il ne m'a prié de lui rien lire.

SCÈNE II.

CLITANDRE, *entrant doucement, et écoutant sans se montrer*, ARMANDE, PHILAMINTE.

ARMANDE.

Je ne souffrirois point, si j'étois que de vous *,
Que jamais d'Henriette il pût être l'époux.
On me feroit grand tort d'avoir quelque pensée
Que là-dessus je parle en fille intéressée,
Et que le lâche tour que l'on voit qu'il me fait,

---

* *Je ne souffrirois pas, si j'étois que de vous.* Les remarques grammaticales n'ont point parlé du *que* de ce vers. C'est un pur gallicisme, pour dire *si j'étois à votre place.* M. l'abbé Dolivet cite ce vers dans ses remarques sur Racine : il dit qu'au moyen de l'ellipse, cette phrase rentrera dans les règles de la syntaxe ordinaire; mais il n'est pas aisé d'imaginer quels mots il faudroit rétablir pour lui donner la régularité qui lui manque.

ACTE IV. SCÈNE II.

Jette au fond de mon cœur quelque dépit secret.
Contre de pareils coups l'ame se fortifie
Du solide secours de la philosophie,
Et par elle on se peut mettre au-dessus de tout ;
Mais, vous traiter ainsi, c'est vous pousser à bout.
Il est de votre honneur d'être à ses vœux contraire,
Et c'est un homme, enfin, qui ne doit point vous plaire.
Jamais je n'ai conçu, discourant entre nous,
Qu'il eût au fond du cœur de l'estime pour vous.

PHILAMINTE.

Petit sot !

ARMANDE.

Quelque bruit que votre gloire fasse,
Toujours à vous louer il a paru de glace.

PHILAMINTE.

Le brutal !

ARMANDE.

Et vingt fois comme ouvrages nouveaux,
J'ai lu des vers de vous qu'il n'a point trouvés beaux.

PHILAMINTE.

L'impertinent !

ARMANDE.

Souvent nous en étions aux prises ;
Et vous ne croiriez point de combien de sottises...

CLITANDRE à *Armande*.

Hé, doucement ; de grace, un peu de charité,
Madame, ou tout au moins, un peu d'honnêteté,
Quel mal vous ai-je fait ? et quelle est mon offense
Pour armer contre moi toute votre éloquence,
Pour vouloir me détruire, et prendre tant de soin
De me rendre odieux aux gens dont j'ai besoin ?
Parlez, dites, d'où vient ce courroux effroyable ?
Je veux bien que madame en soit juge équitable.

ARMANDE.

Si j'avois le courroux dont on veut m'accuser,
Je trouverois assez de quoi l'autoriser.
Vous en seriez trop digne ; et les premières flammes
S'établissent des droits si sacrés sur les ames,

Qu'il faut perdre fortune, et renoncer au jour,
Plutôt que de brûler des feux d'un autre amour.
Au changement des vœux nulle horreur ne s'égale*;
Et tout cœur infidèle est un monstre en morale.

CLITANDRE.

Appelez-vous, madame, une infidélité
Ce que m'a de votre ame ordonné la fierté?
Je ne fais qu'obéir aux loix qu'elle m'impose;
Et, si je vous offense, elle seule en est cause.
Vos charmes ont d'abord possédé tout mon cœur:
Il a brûlé deux ans d'une constante ardeur;
Il n'est soins empressés, devoirs, respects, services,
Dont il ne vous ait fait d'amoureux sacrifices.
Tous mes feux, tous mes soins ne peuvent rien sur vous,
Je vous trouve contraire à mes vœux les plus doux,
Ce que vous refusez, je l'offre aux choix d'un autre.
Voyez. Est-ce, madame, ou ma faute, ou la vôtre?
Mon cœur court-il au change, ou si vous l'y poussez?
Est-ce moi qui vous quitte, ou vous qui me chassez?

ARMANDE.

Appelez-vous, monsieur, être à vos vœux contraire,
Que de leur arracher ce qu'ils ont de vulgaire,
Et vouloir les réduire à cette pureté
Où du parfait amour consiste la beauté?
Vous ne sauriez pour moi tenir votre pensée
Du commerce des sens nette et débarrassée;
Et vous ne goûtez point, dans ses plus doux appas,
Cette union des cœurs où les corps n'entrent pas.
Vous ne pouvez aimer que d'une amour grossière,
Qu'avec tout l'attirail des nœuds de la matière;
Et pour nourrir les feux que chez vous on produit,
Il faut un mariage, et tout ce qui s'ensuit.
Ah! quel étrange amour; et que les belles ames
Sont bien loin de brûler de ces terrestres flammes!
Les sens n'ont point de part à toutes leurs ardeurs,
Et ce beau feu ne veut marier que les cœurs;

---

* *Nulle horreur ne s'égale.* On diroit aujourd'hui *n'est égale*.

Comme une chose indigne, il laisse-là le reste;
C'est un feu pur et net comme le feu céleste;
On ne pousse avec lui que d'honnêtes soupirs,
Et l'on ne penche point avec les sales desirs.
Rien d'impur ne se mêle au but qu'on se propose,
On aime pour aimer, et non pour autre chose;
Ce n'est qu'à l'esprit seul que vont tous les transports,
Et l'on ne s'aperçoit jamais qu'on ait un corps.

CLITANDRE.

Pour moi, par un malheur, je m'aperçois, madame,
Que j'ai, ne vous déplaise, un corps tout comme une ame.
Je sens qu'il y tient trop pour le laisser à part;
De ces détachemens je ne conçois point l'art;
Le ciel m'a dénié cette philosophie,
Et mon ame et mon corps marchent de compagnie.
Il n'est rien de plus beau, comme vous avez dit,
Que ces vœux épurés, qui ne vont qu'à l'esprit,
Ces unions de cœurs, et ces tendres pensées,
Du commerce des sens si bien débarrassées;
Mais ces amours pour moi sont trop subtilisés;
Je suis un peu grossier, comme vous m'accusez;
J'aime avec tout moi-même, et l'amour qu'on me donne,
En veut, je le confesse, à toute la personne.
Ce n'est pas là matière à de grands châtimens;
Et, sans faire de tort à vos beaux sentimens,
Je vois que dans le monde on suit fort ma méthode,
Et que le mariage est assez à la mode,
Passe pour un lien assez honnête et doux,
Pour avoir desiré * de me voir votre époux,
Sans que la liberté d'une telle pensée
Ait dû vous donner lieu d'en paroître offensée.

ARMANDE.

Hé bien, monsieur, hé bien, puisque, sans m'écouter,
Vos sentimens brutaux veulent se contenter,
Puisque, pour vous réduire à des ardeurs fidèles,
Il faut des nœuds de chair, des chaînes corporelles,

---

* *Pour avoir desiré.* L'exactitude demanderoit *pour que j'aye desiré.*

Si ma mère le veut, je résous mon esprit
A consentir pour vous à ce dont il s'agit.

CLITANDRE.

Il n'est plus tems, madame, une autre a pris la place,
Et par un tel retour j'aurois mauvaise grace
De maltraiter l'asyle et blesser les bontés,
Où je me suis sauvé de toutes vos fiertés.

PHILAMINTE.

Mais enfin, comptez-vous, monsieur, sur mon suffrage,
Quand vous vous promettez cet autre mariage,
Et, dans vos visions, savez-vous, s'il vous plaît,
Que j'ai pour Henriette un autre époux tout prêt?

CLITANDRE.

Hé! madame, voyez votre choix, je vous prie;
Exposez-moi, de grace, à moins d'ignominie,
Et ne me rangez pas à l'indigne destin
De me voir le rival de monsieur Trissotin.
L'amour des beaux esprits, qui chez vous m'est contraire,
Ne pouvoit m'opposer un moins noble adversaire.
Il en est, et plusieurs, que, pour le bel esprit,
Le mauvais goût du siècle a su mettre en crédit;
Mais monsieur Trissotin n'a pu duper personne,
Et chacun rend justice aux écrits qu'il nous donne.
Hors céans, on le prise en tous lieux ce qu'il vaut;
Et ce qui m'a fait vingt fois tomber de mon haut,
C'est de vous voir au ciel élever des sornettes
Que vous désavoueriez, si vous les aviez faites.

PHILAMINTE.

Si vous jugez de lui tout autrement que nous,
C'est que nous le voyons par d'autres yeux que vous.

SCÈNE III.

TRISSOTIN, PHILAMINTE, ARMANDE, CLITANDRE.

TRISSOTIN à *Philaminte*.

Je viens vous annoncer une grande nouvelle *.

---

* *Je viens vous annoncer une grande nouvelle*, etc. M. de Voltaire, dans ses *Singularités de la Nature*, ch. 11, pag. 38,

ACTE IV. SCENE III.

Nous l'avons en dormant, madame, échappé belle.
Un monde près de nous a passé tout du long,
Est chu tout au travers de notre tourbillon,
Et, s'il eût en chemin rencontré notre terre,
Elle eût été brisée en morceaux comme verre.

PHILAMINTE.

Remettons ce discours pour une autre saison.
Monsieur n'y trouveroit ni rime ni raison;
Il fait profession de chérir l'ignorance,
Et de haïr, surtout, l'esprit et la science.

CLITANDRE.

Cette vérité veut quelque adoucissement.
Je m'explique, madame; et je hais seulement
La science et l'esprit qui gâtent les personnes.
Ce sont choses, de soi, qui sont belles et bonnes;
Mais j'aimerois mieux être au rang des ignorans,
Que de me voir savant comme certaines gens.

TRISSOTIN.

Pour moi, je ne tiens pas, quelque effet qu'on suppose,
Que la science soit pour gâter quelque chose.

CLITANDRE.

Et, c'est mon sentiment qu'en faits, comme en propos,
La science est sujette à faire de grands sots.

TRISSOTIN.

Le paradoxe est fort.

CLITANDRE.

Sans être fort habile,

dit que la théorie des comètes n'étoit pas encore connue en 1672, et que la physique moderne ayant pensé qu'une comète peut heurter notre globe en son chemin, *Trissotin* n'auroit pas aujourd'hui autant de tort d'alarmer *Belise*.

Il faut se rappeler ici ce qu'on lit dans *le Ménagiana*, tom. 1. On y trouvera la source du trait de Molière. Voici l'anecdote.

On s'entretenoit à l'hôtel de Rambouillet, des macules nouvellement découvertes dans le disque du soleil, qui pouvoient faire appréhender que cet astre ne s'affoiblît. M. Voiture, le premier de nos précieux, entra dans ce tems-là: madame de Rambouillet lui demanda, *eh bien! monsieur, quelles nouvelles? Madame*, dit-il, *il court de mauvais bruits du soleil.*

La preuve m'en seroit, je pense, assez facile.
Si les raisons manquoient, je suis sûr qu'en tout cas
Les exemples fameux ne me manqueroient pas.
TRISSOTIN.
Vous en pourriez citer qui ne conclueroient guère.
CLITANDRE.
Je n'irois pas bien loin pour trouver mon affaire.
TRISSOTIN.
Pour moi, je ne vois pas ces exemples fameux.
CLITANDRE.
Moi, je les vois si bien, qu'ils me crèvent les yeux.
TRISSOTIN.
J'ai cru jusques ici que c'étoit l'ignorance
Qui faisoit les grands sots, et non pas la science.
CLITANDRE.
Vous avez cru fort mal ; et je vous suis garant
Qu'un sot savant est sot plus qu'un sot ignorant.
TRISSOTIN.
Le sentiment commun est contre vos maximes,
Puisqu'ignorant et sot sont termes synonymes.
CLITANDRE.
Si vous le voulez prendre aux usages du mot,
L'alliance est plus forte entre pédant et sot.
TRISSOTIN.
La sottise, dans l'un, se fait voir toute pure.
CLITANDRE.
Et l'étude, dans l'autre, ajoute à la nature.
TRISSOTIN.
Le savoir garde en soi son mérite éminent.
CLITANDRE.
Le savoir, dans un fat, devient impertinent.
TRISSOTIN.
Il faut que l'ignorance ait pour vous de grands charmes,
Puisque pour elle ainsi vous prenez tant les armes.
CLITANDRE.
Si pour moi l'ignorance a des charmes bien grands,
C'est depuis qu'à mes yeux s'offrent certains savans.
TRISSOTIN.
Ces certains savans-là peuvent, à les connoître,
Valoir certaines gens que nous voyons paroître.

ACTE IV. SCÈNE III.

CLITANDRE.

Oui, si l'on s'en rapporte à ces certains savans ;
Mais on n'en convient pas chez ces certaines gens.

PHILAMINTE à *Clitandre.*

Il me semble, monsieur...

CLITANDRE.

Hé, madame, de grace ;
Monsieur est assez fort, sans qu'à son aide on passe ;
Je n'ai déjà que trop d'un si rude assaillant ;
Et, si je me défends, ce n'est qu'en reculant.

ARMANDE.

Mais l'offensante aigreur de chaque répartie,
Dont vous...

CLITANDRE.

Autre second ? Je quitte la partie.

PHILAMINTE.

On souffre aux entretiens ces sortes de combats,
Pourvu qu'à la personne on ne s'attaque pas.

CLITANDRE.

Hé, mon Dieu, tout cela n'a rien dont il s'offense,
Il entend raillerie autant qu'homme de France ;
Et de bien d'autres traits il s'est senti piquer,
Sans que jamais sa gloire ait fait que s'en moquer.

TRISSOTIN.

Je ne m'étonne pas, au combat que j'essuie,
De voir prendre à monsieur la thèse qu'il appuie.
Il est fort enfoncé dans la cour, c'est tout dit *.
La cour, comme l'on sait, ne tient pas pour l'esprit.
Elle a quelque intérêt d'appuyer l'ignorance ;
Et c'est en courtisan qu'il en prend la défense **.

* *C'est tout dit.* On diroit aujourd'hui *c'est tout dire.*

** Molière, dans cette scène, où la ridicule vanité des écrivains médiocres est foudroyée, eut l'art d'intéresser la cour au succès d'un ouvrage contre lequel il prévoyoit que beaucoup de gens pourroient se déchaîner ; il avoit eu aussi la précaution

CLITANDRE.

Vous en voulez beaucoup à cette pauvre cour ;
Et son malheur est grand de voir que, chaque jour,
Vous autres beaux esprits vous déclamiez contre elle,
Que de tous vos chagrins vous lui fassiez querelle,
Et, sur son méchant goût lui faisant son procès,
N'accusiez que lui seul de vos méchans succès.
Permettez-moi, monsieur Trissotin, de vous dire,
Avec tout le respect que votre nom m'inspire,
Que vous feriez fort bien, vos confrères et vous,
De parler de la cour d'un ton un peu plus doux ;
Qu'à le bien prendre, au fond, elle n'est pas si bête
Que vous autres, messieurs, vous vous mettez en tête ;
Qu'elle a du sens commun pour se connoître à tout ;
Que chez elle on se peut former quelque bon goût ;
Et que l'esprit du monde y vaut, sans flatterie,
Tout le savoir obscur de la pédanterie.

TRISSOTIN.

De son bon goût, monsieur, nous voyons des effets.

CLITANDRE.

Où voyez-vous, monsieur, qu'elle l'ait si mauvais ?

d'aller lire sa comédie, avant de la faire représenter, à des gens dont le suffrage étoit une égide contre les traits de ses ennemis. On voit, dans les Lettres de madame de Sévigné, que Molière l'avoit lue chez M. le duc de la Rochefoucault, et qu'elle avoit pu en entendre une lecture le premier mars, chez le cardinal de Retz, mais qu'elle avoit sacrifié ce plaisir à sa plus douce occupation, à celle d'écrire à sa fille.

Quoi qu'il en soit, il faut bien que la haine des beaux esprits fût moins active que celle qu'avoit allumée *le Tartufe*, puisqu'aucune des parties intéressées n'osa faire du mouvement. Cotin, quoique honoré de l'amitié d'une princesse et de celle de plusieurs femmes considérables, ne vit personne s'élever en sa faveur. L'éloquente fermeté de *Clitandre* servit de réponse à tout ce qu'on auroit pu dire pour l'infortuné Cotin, et pour les *gredins* de son espèce qui burent le calice entier, malgré son amertume. La critique tire un grand avantage d'être fondée en raison, et de la considération personnelle de celui dont elle part.

Cette scène vigoureuse de raillerie seroit un modèle désespérant pour celui qui voudroit mettre *le railleur* sur la scène.

ACTE IV. SCÊNE. III.
TRISSOTIN.

Ce que je vois, monsieur ? c'est que, pour la science,
Rasius et Baldus font l'honneur de la France ;
Et que tout leur mérite exposé fort au jour,
N'attire point les yeux et les dons de la cour.

CLITANDRE.

Je vois votre chagrin, et que, par modestie,
Vous ne vous mettez point, monsieur, de la partie ;
Et pour ne vous point aussi mettre dans le propos,
Que font-ils pour l'état, vos habiles héros ?
Qu'est-ce que leurs écrits lui rendent de service,
Pour accuser la cour d'une horrible injustice,
Et se plaindre en tous lieux que sur leurs doctes noms
Elle manque à verser la faveur de ses dons ?
Leur savoir à la France est beaucoup nécessaire ;
Et des livres qu'ils font, la cour a bien affaire !
Il semble a trois gredins, dans leur petit cerveau,
Que pour être imprimés et reliés en veau,
Les voilà dans l'état d'importantes personnes,
Qu'avec leur plume ils font les destins des couronnes ;
Qu'au moindre petit bruit de leurs productions,
Ils doivent voir chez eux voler les pensions ;
Que sur eux l'univers a la vue attachée ;
Que partout de leur nom la gloire est épanchée,
Et qu'en science ils sont des prodiges fameux,
Pour savoir ce qu'ont dit les autres avant eux,
Pour avoir eu trente ans des yeux et des oreilles,
Pour avoir employé neuf ou dix mille veilles
A se bien barbouiller de grec et de latin,
Et se charger l'esprit d'un ténébreux butin,
De tous les vieux fatras qui traînent dans les livres :
Gens qui de leur savoir paroissent toujours ivres ;
Riches, pour tout mérite, en babil importun,
Inhabiles à tout, vides de sens commun,
Et pleins d'un ridicule et d'une impertinence
A décrier partout l'esprit et la science.

PHILAMINTE.

Votre chaleur est grande ; et cet emportement
De la nature en vous marque le mouvement.
C'est le nom de rival, qui dans votre ame excite....

LES FEMMES SAVANTES.
SCÈNE IV.
TRISSOTIN, PHILAMINTE, CLITANDRE, ARMANDE, JULIEN.

JULIEN.

Le savant qui tantôt vous a rendu visite,
Et de qui j'ai l'honneur d'être l'humble valet,
Madame, vous exhorte à lire ce billet.

PHILAMINTE.

Quelque important que soit ce qu'on veut que je lise,
Apprenez, mon ami, que c'est une sottise
De se venir jetter au travers d'un discours ;
Et qu'aux gens d'un logis il faut avoir recours,
Afin de s'introduire en valet qui sait vivre.

JULIEN.

Je noterai cela, madame, dans mon livre.

PHILAMINTE.

Trissotin s'est vanté, madame, qu'il épouseroit votre fille. Je vous donne avis que sa philosophie n'en veut qu'à vos richesses, et que vous ferez bien de ne point conclure ce mariage que vous n'ayez vu le poëme que je compose contre lui. En attendant cette peinture où je prétends vous le dépeindre de toutes ses couleurs, je vous envoie Horace, Virgile, Térence et Catulle, où vous verrez notés en marge tous les endroits qu'il a pillés.

Voilà, sur cet hymen que je me suis promis,
Un mérite attaqué de beaucoup d'ennemis ;
Et ce déchaînement aujourd'hui me convie
A faire une action qui confonde l'envie,
Qui lui fasse sentir que l'effort qu'elle fait,
De ce qu'elle veut rompre, aura pressé l'effet.

(*à Julien.*)

Reportez tout cela sur l'heure à votre maître ;
Et lui dites qu'afin de lui faire connoître
Quel grand état je fais de ses nobles avis,
Et comme je les crois dignes d'être suivis,

(*Montrant Trissotin.*)

Dès ce soir, à monsieur je marierai ma fille.

SCENE V.
PHILAMINTE, ARMANDE, CLITANDRE.

PHILAMINTE à *Clitandre*.

Vous, monsieur, comme ami de toute la famille
A signer leur contrat vous pourrez assister ;
Et je vous y veux bien de ma part, inviter.
Armande, prenez soin d'envoyer au notaire,
Et d'aller avertir votre sœur de l'affaire.

ARMANDE.

Pour avertir ma sœur, il n'en est pas besoin,
Et monsieur, que voilà, saura prendre le soin
De courir lui porter bientôt cette nouvelle,
Et disposer son cœur a vous être rebelle.

PHILAMINTE.

Nous verrons qui sur elle aura plus de pouvoir ;
Et si je la saurai réduire à son devoir.

SCENE VI.
ARMANDE, CLITANDRE.

ARMANDE.

J'ai grand regret, monsieur, de voir qu'à vos visées,
Les choses ne soient pas tout-à-fait disposées.

CLITANDRE.

Je m'en vais travailler, madame, avec ardeur,
A ne vous point laisser ce grand regret au cœur.

ARMANDE.

J'ai peur que votre effort n'ait pas trop bonne issue.

CLITANDRE.

Peut-être verrez-vous votre crainte déçue.

ARMANDE.

Je le souhaite ainsi.

CLITANDRE.

J'en suis persuadé ;
Et que de votre appui je serai secondé.

LES FEMMES SAVANTES.

ARMANDE.

Oui, je vais vous servir de toute ma puissance.

CLITANDRE.

Et ce service est sûr de ma reconnoissance.

SCÈNE VII.

CHRISALE, ARISTE, HENRIETTE, CLITANDRE.

CLITANDRE.

Sans votre appui, monsieur, je serai malheureux :
Madame votre femme a rejeté mes vœux ;
Et son cœur prévenu veut Trissotin pour gendre.

CHRISALE.

Mais quelle fantaisie a-t-elle donc pu prendre ?
Pourquoi, diantre ! vouloir ce monsieur Trissotin ?

ARISTE.

C'est par l'honneur qu'il a de rimer en latin,
Qu'il a sur son rival emporté l'avantage.

CLITANDRE.

Elle veut dès ce soir faire ce mariage.

CHRISALE.

Dès ce soir ?

CLITANDRE.

Dès ce soir.

CHRISALE.

Et dès ce soir je veux,
Pour la contrequarrer, vous marier vous deux.

CLITANDRE.

Pour dresser le contrat, elle envoie au notaire.

CHRISALE.

Et je vais le querir pour celui qu'il doit faire.

CLITANDRE *montrant Henriette.*

Et madame doit être instruite par sa sœur,
De l'hymen où l'on veut qu'elle apprête son cœur.

CHRISALE.

Et moi, je lui commande avec pleine puissance,
De préparer sa main à cette autre alliance.

ACTE IV. SCÈNE VIII.

Ah! je leur ferai voir si, pour donner la loi,
Il est dans ma maison d'autre maître que moi.
       (à Henriette.)
Nous allons revenir: songez à nous attendre.
Allons; suivez mes pas, mon frère, et vous, mon gendre.
       HENRIETTE à Ariste.
Hélas! dans cette humeur conservez-le toujours.
       ARISTE.
J'emploierai toute chose à servir vos amours.

SCENE VIII *.

HENRIETTE, CLITANDRE.
       CLITANDRE.
Quelque secours puissant qu'on promette à ma flamme,
Mon plus solide espoir, c'est votre cœur, madame.
       HENRIETTE.
Pour mon cœur, vous pouvez vous assurer de lui.
       CLITANDRE.
Je ne puis qu'être heureux, quand j'aurai son appui.
       HENRIETTE.
Vous voyez à quels nœuds on prétend le contraindre.
       CLITANDRE.
Tant qu'il sera pour moi, je ne vois rien à craindre.
       HENRIETTE.
Je vais tout essayer pour nos vœux les plus doux;
Et, si tous mes efforts ne me donnent à vous,
Il est une retraite où notre ame se donne,
Qui m'empêchera d'être à toute autre personne.

---

* Cet acte se termine par une scène d'*Henriette* et de son amant. On n'y trouve aucun des lieux communs, aucune de ces expressions fastidieuses de *cœur* et d'*ardeur*, de *flamme* et d'*ame*, de *charmes* et d'*alarmes*, de *soupirs* et de *plaisirs*, de *tendresse* et d'*ivresse*, dont les duos d'amans sont presques toujours remplis dans nos comédies. Il n'y a point d'amour au théâtre traité avec tant de bienséance que dans les pièces dont Moliere a construit la fable. *Il nous a fait connoître*, dit M. Riccoboni, *combien il étoit exact observateur des règles de l'honnête homme, en respectant les égards de la société, et en ne donnant que des pièces vraiment utiles à la correction des mœurs.*

CLITANDRE.

Veuille le juste ciel me garder en ce jour
De recevoir de vous cette preuve d'amour !

ACTE V.

SCÈNE I *.

HENRIETTE, TRISSOTIN.

HENRIETTE.

C'est sur le mariage où ma mère s'apprête,
Que j'ai voulu, monsieur, vous parler tête à tête ;
Et j'ai cru, dans le trouble où je vois la maison,
Que je pourrois vous faire écouter la raison.
Je sais qu'avec mes vœux vous me jugez capable
De vous porter en dot un bien considérable ;
Mais l'argent, dont on voit tant de gens faire cas,

---

* La franchise aimable avec laquelle *Henriette* apprend à *Trissotin* qu'elle ne peut l'aimer, est un nouvel art de Molière pour augmenter l'impression désagréable que fait *Trissotin*. Il s'opiniâtre à l'obtenir pour femme, malgré sa passion pour *Clitandre*, et les suites que peut avoir un mariage sans inclination : *Pourvu que je vous aye, il n'importe comment*, dit-il, *à tous événemens le sage est préparé*..
Molière, accoutumé à rencontrer la gaîté partout, la saisit dans l'ingénuité même d'*Henriette*, lorsqu'il lui fait dire si naïvement et si plaisamment qu'une telle fermeté d'âme mérite de trouver quelqu'un *qui prenne, avec amour, les soins continuels de la mettre en son jour*, mais que, comme elle n'ose se croire *bien propre à lui donner tout l'éclat de sa gloire*, elle le laisse à quelque autre ; ce n'est point ici un comique de situation le plus rare de tous, mais c'est une gaîté de l'esprit, espèce de comique que Regnard et Dusfresny ont eu plus aisément et plus souvent que le premier.

ACTE V. SCENE I.

Pour un vrai philosophe a d'indignes appas ;
Et le mépris du bien et des grandeurs frivoles,
Ne doit point éclater dans vos seules paroles.

TRISSOTIN.

Aussi n'est-ce point là ce qui me charme en vous :
Et vos brillans attraits, vos yeux perçans et doux,
Votre grace et votre air sont les biens, les richesses,
Qui vous ont attiré mes vœux et mes tendresses ;
C'est de ces seuls trésors que je suis amoureux.

HENRIETTE.

Je suis fort redevable à vos feux généreux.
Cet obligeant amour a de quoi me confondre ;
Et j'ai regret, monsieur, de n'y pouvoir répondre.
Je vous estime autant qu'on sauroit estimer ;
Mais je trouve un obstacle à vous pouvoir aimer.
Un cœur, vous le savez, à deux ne sauroit être ;
Et je sens que du mien Clitandre s'est fait maître.
Je sais qu'il a bien moins de mérite que vous,
Que j'ai de méchans yeux pour le choix d'un époux ;
Que par cent beaux talens vous devriez me plaire ;
Je vois bien que j'ai tort, mais je n'y puis que faire ;
Et tout ce que sur moi peut le raisonnement,
C'est de me vouloir mal d'un tel aveuglement.

TRISSOTIN.

Le don de votre main, où l'on me fait prétendre,
Me livrera ce cœur que possède Clitandre ;
Et par mille doux soins, j'ai lieu de présumer
Que je pourrai trouver l'art de me faire aimer.

HENRIETTE.

Non : à ses premiers vœux mon ame est attachée,
Et ne peut de vos soins, monsieur, être touchée.
Avec vous librement j'ose ici m'expliquer ;
Et mon aveu n'a rien qui vous doive choquer.
Cette amoureuse ardeur qui dans les cœurs s'excite,
N'est point, comme l'on sait, un effet du mérite :
Le caprice y prend part ; et quand quelqu'un nous plaît,
Souvent nous avons peine à dire pourquoi c'est.
Si l'on aimoit, monsieur, par choix et par sagesse,
Vous auriez tout mon ame et toute ma tendresse ;

Mais on voit que l'amour se gouverne autrement.
Laissez-moi, je vous prie, à mon aveuglement;
Et ne vous servez point de cette violence
Que, pour vous, on veut faire à mon obéissance.
Quand on est honnête homme, on ne veut rien devoir
A ce que des parens ont sur nous de pouvoir;
On répugne à se faire immoler ce qu'on aime,
Et l'on veut n'obtenir un cœur que de lui-même,
Ne poussez point ma mère à vouloir, par son choix,
Exercer sur mes vœux la rigueur de ses droits.
Otez-moi votre amour, et portez à quelqu'autre
Les hommages d'un cœur aussi cher que le vôtre.

TRISSOTIN.

Le moyen que ce cœur puisse vous contenter?
Imposez-lui des lois qu'il puisse exécuter.
De ne vous point aimer peut-il être capable,
A moins que vous cessiez, madame, d'être aimable, *
Et d'étaler aux yeux les célestes appas....

HENRIETTE.

Eh! monsieur, laissons-là ce galimatias.
Vous avez tant d'Iris, de Philis, d'Amarantes,
Que partout dans vos vers vous peignez si charmantes;
Et pour qui vous jurez tant d'amoureuse ardeur...

TRISSOTIN.

C'est mon esprit qui parle, et ce n'est pas mon cœur.
D'elles on ne me voit amoureux qu'en poëte;
Mais j'aime tout de bon l'adorable Henriette.

HENRIETTE.

Eh! de grace, monsieur...

TRISSOTIN.

Si c'est vous offenser,
Mon offense envers vous n'est pas prête à cesser.
Cette ardeur jusqu'ici de vos yeux ignorée,
Vous consacre des vœux d'éternelle durée.
Rien n'en peut arrêter les aimables transports;
Et, bien que vos beautés condamnent mes efforts,

---

* *A moins que vous cessiez.* L'exactitude demande *à moins que vous ne cessiez.*

ACTE V. SCÈNE I.

Je ne puis refuser le secours d'une mère
Qui prétend couronner une flamme si chère ;
Et pourvu que j'obtienne un bonheur si charmant,
Pourvu que je vous aye, il n'importe comment.

HENRIETTE.

Mais savez-vous qu'on risque un peu plus qu'on ne pense,
A vouloir sur un cœur user de violence ?
Qu'il ne fait pas bien sûr, à vous le trancher net,
D'épouser une fille en dépit qu'elle en ait ;
Et qu'elle peut aller, en se voyant contraindre,
A des ressentimens que le mari doit craindre ?

TRISSOTIN.

Un tel discours n'a rien dont je sois altéré.
A tous évènemens le sage est préparé.
Guéri, par la raison, des foiblesses vulgaires,
Il se met au-dessus de ces sortes d'affaires,
Et n'a garde de prendre aucune ombre d'ennui,
De tout ce qui n'est pas pour dépendre de lui.

HENRIETTE.

En vérité, monsieur, je suis de vous ravie,
Et je ne pensois pas que la philosophie
Fût si belle qu'elle est, d'instruire ainsi les gens
A porter constamment de pareils accidens.
Cette fermeté d'ame, à vous si singulière,
Mérite qu'on lui donne une illustre matière,
Est digne de trouver qui prenne avec amour
Les soins continuels de la mettre en son jour ;
Et comme, à dire vrai, je n'oserois me croire
Bien propre à lui donner tout l'éclat de sa gloire,
Je le laisse à quelqu'autre, et vous jure, entre nous,
Que je renonce au bien de vous voir mon époux.

TRISSOTIN *en sortant.*

Nous allons voir bientôt comment ira l'affaire ;
Et l'on a là-dedans fait venir le notaire.

LES FEMMES SAVANTES.

SCÈNE II *.

CHRISALE, CLITANDRE, HENRIETTE, MARTINE.

CHRISALE.

Ah ! ma fille, je suis bien aise de vous voir.
Allons, venez-vous-en faire votre devoir,
Et soumettre vos vœux aux volontés d'un père.
Je veux, je veux apprendre à vivre à votre mère ;
Et, pour la mieux braver, voilà, malgré ses dents,
Martine que j'amène et rétablis céans.

HENRIETTE.

Vos résolutions sont dignes de louange.
Gardez que cette humeur, mon père, ne vous change ** :
Soyez ferme à vouloir ce que vous souhaitez ;
Et ne vous laissez point séduire à vos bontés ***.
Ne vous relâchez pas ; et faites bien en sorte
D'empêcher que sur vous ma mère ne l'emporte.

CHRISALE.

Comment ? me prenez-vous ici pour un benêt ?

HENRIETTE.

M'en préserve le ciel !

---

* Que *Chrisale* qui tremble et qui mollit devant sa femme, ait trouvé le moyen de lui dire, par l'organe de *Martine* qu'il ramène avec lui, tout ce qu'un mari ferme peut et doit dire en pareil cas, c'est un trait de génie incomparable, et je ne me souviens pas d'en avoir vu de pareils ni avant ni après Molière ; s'écrie M. Riccoboni dans son traité de la réformation du théâtre, page 288.

Le comte du Bussi, qui a remarqué que *Martine*, à travers ses expressions triviales, ne doit pas dire que les livres *quadrent* mal avec le mariage, avoit raison. Molière est sorti du ton par ce seul mot ; auquel il lui eût été facile d'en suppléer un autre moins disparate.

** *Ne vous change*, pour *ne change en vous*, a paru mal exprimé.

*** *A vos bontés*. Il faudroit *à votre bonté*.

ACTE V. SCENE II.

CHRISALE.
Suis-je un fat, s'il vous plaît?
HENRIETTE.
Je ne dis pas cela.
CHRISALE.
Me croit-on incapable
Des fermes sentimens d'un homme raisonnable?
HENRIETTE.
Non, mon père.
CHRISALE.
Est-ce donc qu'à l'âge où je me vois,
Je n'aurois pas l'esprit d'être maître chez moi?
HENRIETTE.
Si fait.
CHRISALE.
Et que j'aurois cette foiblesse d'ame,
De me laisser mener par le nez à ma femme *?
HENRIETTE.
Eh! non, mon père.
CHRISALE.
Ouais! qu'est-ce donc que ceci!
Je vous trouve plaisante à me parler ainsi **!
HENRIETTE.
Si je vous ai choqué, ce n'est pas mon envie.
CHRISALE.
Ma volonté céans doit être en tout suivie.
HENRIETTE.
Fort bien, mon père.
CHRISALE.
Aucun, hors moi, dans la maison,
N'a droit de commander.
HENRIETTE.
Oui: vous avez raison.
CHRISALE.
C'est moi qui tiens le rang de chef de la famille.

* *A ma femme.* Il faudroit *par ma femme.*

** *Plaisant à.* Quelques-uns auroient voulu *de.*

LES FEMMES SAVANTES.

HENRIETTE.

D'accord.

CHRISALE.

C'est moi qui doit disposer de ma fille.

HENRIETTE.

Eh! oui.

CHRISALE.

Le ciel me donne un plein pouvoir sur vous.

HENRIETTE.

Qui vous dit le contraire ?

CHRISALE.

Et pour prendre un époux,
Je vous ferai bien voir que c'est à votre père
Qu'il vous faut obéir, non pas à votre mère.

HENRIETTE.

Hélas! vous flattez-là les plus doux de mes vœux ;
Veuillez être obéi : c'est tout ce que je veux.

CHRISALE.

Nous verrons si ma femme à mes desirs rebelle.

CLITANDRE.

La voici qui conduit le notaire avec elle.

CHRISALE.

Secondez-moi bien tous.

MARTINE.

Laissez-moi. J'aurai soin
De vous encourager, s'il en est de besoin.

SCENE III*.

PHILAMINTE, BELISE, ARMANDE, TRISSOTIN, UN NOTAIRE, CHRISALE, CLITANDRE, HENRIETTE, MARTINE.

PHILAMINTE *au notaire.*

Vous ne sauriez changer votre style sauvage,
Et nous faire un contrat qui soit en beau langage ?

---

* Rien n'est si plaisant que de voir le bonhomme *Chrisale*, lorsque sa fille lui dit de ne pas se relâcher, s'emporter contre

ACTE V. SCÈNE III.
LE NOTAIRE.

Votre style est très-bon : et je serois un sot,
Madame, de vouloir y changer un seul mot.

BELISE.

Ah ! quelle barbarie au milieu de la France !
Mais au moins en faveur, monsieur, de la science,
Veuillez, au lieu d'écus, de livres et de francs,
Nous exprimer la dot en mines et talens ;
Et dater par les mots d'ides et de calendes.

elle, comme si elle lui faisoit la plus grande injure en le soupçonnant de quelque foiblesse. Cependant, dès que son impérieuse femme lui a dit insolemment que, si sa parole est donnée à *Clitandre*, il n'a qu'à lui offrir le parti d'épouser l'aînée, on le voit prêt à abandonner les intérêts d'*Henriette* et de son amant, et à regarder cette proposition de sa femme comme un accommodement proposable.

Enfin, on est sur le point de voir triompher l'orgueil de *Philaminte* et l'avidité de *Trissotin*, lorsque le frère de *Chrisale*, par une feinte adroite, développe le caractère bassement intéressé de ce dernier, et l'oblige à se retirer. Par-là il ouvre les yeux de la mère, abusée sur le compte de son plat bel-esprit. Dénouement heureux et simple qui fait le bonheur de *Clitandre* et d'*Henriette*, et au succès duquel *Chrisale* croit avoir contribué, puisqu'il s'applaudit de sa vigueur, en disant : *Je le savois bien, moi, que vous l'épouseriez.*

Le précepte d'Horace, de conserver jusqu'à la fin les caractères donnés, n'est suivi dans aucune pièce aussi exactement que dans celle-ci. Il n'y avoit que Molière qui pût poursuivre aussi loin le ridicule *des femmes savantes*. Belise, à l'arrivée du notaire, trouve de la barbarie dans le jargon du contrat, et voudroit qu'au lieu *de livres et de francs*, on exprimât la dot *en mines et talens*; et dans l'avant-dernière scène, *Philaminte*, à la nouvelle de la perte de son procès, s'indigne d'apprendre qu'elle est *condamnée* par arrêt de la cour.

*Condamnée ? Ah ! ce mot est choquant, et n'est fait
Que pour des criminels.*

Il devoit avoir mis, *dit Ariste*, que vous êtes priée,

*Par arrêt de la cour, de payer au plutôt
Quarante mille écus et les dépens qu'il faut.*

Voilà le précepte d'Horace, le *servetur ad imum*, porté aussi loin qu'il peut aller.

Juvénal, dans sa satire sur les femmes, avoit peint le carac-

LE NOTAIRE.

Moi? si j'allois, madame, accorder vos demandes,
Je me ferois siffler de tous mes compagnons.

PHILAMINTE.

De cette barbarie en vain nous nous plaignons.
Allons, monsieur, prenez la table pour écrire.
   (*apercevant Martine.*)
Ah, ah! Cette impudente ose encor se produire?
Pourquoi, s'il vous plaît, donc la ramener chez moi?

CHRISALE.

Tantôt avec loisir on vous dira pourquoi.
Nous avons maintenant autre chose à conclure.

---

tère des femmes savantes de son tems; il leur reproche la ridicule affectation de préférer la langue grecque à celle de leur pays. *Omnia græce*, dit-il, *cùm sit turpe magis nostris nescire latinè*, etc. Ce poëte satirique employa dans ce morceau, comme à son ordinaire, moins de grace que de force, et plus de véhémence et d'humeur que de gaieté.

Ce fut plus de dix ans après la mort de Molière que Despréaux composa sa dixième satire. Il y fit aussi le portrait de la femme savante bien différente de celle de Juvénal, puisqu'elle *rit des vains amateurs du grec et du latin*. Le tableau de Molière l'emporte de beaucoup sur les esquisses des deux satiriques.

Bien des gens prétendent qu'il y auroit aujourd'hui de nouvelles femmes savantes à peindre [1]; ils n'observent pas que les grands traits de ce caractère ne consistent point dans telles ou telles ridicules affectations de savoir, qui peuvent, en effet, varier selon les tems, mais dans les suites de ces fausses prétentions auxquelles une femme sacrifie et la bienséance et les devoirs particuliers à son sexe: Molière, de ce côté, a laissé bien peu de choses à dire.

Le mot de Benserade, à l'occasion d'*Ocyroë*, qui se mêloit de prédire l'avenir, et qui fut métamorphosée en cavale, dut être bien plus désobligeant pour les femmes savantes que les traits gais et plaisans de Molière.

> Une savante et qui se fait de fête,
> N'est pas toujours si loin d'une jument
> Qu'on croiroit bien.
>
> *Rondeau de Benserade.*

---

[1] Il faut en convenir avec Palaprat, *Molière n'a pas éteint la race des femmes savantes.* Disc. sur l'Important.

ACTE V. SCÈNE III.

LE NOTAIRE.

Procédons au contrat. Où donc est la future ?

PHILAMINTE.

Celle que je marie est la cadette.

LE NOTAIRE.

Bon.

CHRISALE *montrant Henriette.*

Oui, la voilà, monsieur ; Henriette est son nom.

LE NOTAIRE.

Fort bien. Et le futur ?

PHILAMINTE *montrant Trissotin.*

L'époux que je lui donne,
Est monsieur.

CHRISALE *montrant Clitandre.*

Et celui, moi, qu'en propre personne
Je prétends qu'elle épouse, est monsieur.

LE NOTAIRE.

Deux époux !
C'est trop pour la coutume.

PHILAMINTE *au Notaire.*

Où vous arrêtez-vous ?
Mettez, mettez, monsieur Trissotin pour mon gendre.

CHRISALE.

Pour mon gendre, mettez, mettez monsieur Clitandre.

LE NOTAIRE.

Mettez-vous donc d'accord, et, d'un jugement mûr,
Voyez a convenir entre vous du futur.

PHILAMINTE.

Suivez, suivez, monsieur, le choix où je m'arrête.

CHRISALE.

Faites, faites, monsieur, les choses à ma tête.

LE NOTAIRE.

Dites-moi donc à qui j'obéirai des deux ?

PHILAMINTE *à Chrisale.*

Quoi donc ? vous combattrez les choses que je veux !

CHRISALE.

Je ne saurois souffrir qu'on ne cherche ma fille
Que pour l'amour du bien qu'on voit dans ma famille.

PHILAMINTE.

Vraiment, à votre bien on songe bien ici,
Et c'est là, pour un sage, un fort digne souci !

CHRISALE.

Enfin, pour son époux, j'ai fait choix de Clitandre.

PHILAMINTE.

(montrant Trissotin.)

Et moi, pour son époux, voici qui je veux prendre :
Mon choix sera suivi, c'est un point résolu.

CHRISALE.

Ouais ! Vous le prenez-là d'un ton bien absolu.

MARTINE.

Ce n'est point à la femme à prescrire ; et je sommes
Pour céder le dessus en toutes choses aux hommes.

CHRISALE.

C'est bien dit.

MARTINE.

Mon congé cent fois me fût-il hoc,
La poule ne doit point chanter devant le coq.

CHRISALE.

Sans doute.

MARTINE.

Et nous voyons que d'un homme on se gausse,
Quand sa femme, chez lui, porte le haut de chausse.

CHRISALE.

Il est vrai.

MARTINE.

Si j'avois un mari, je le dis,
Je voudrois qu'il se fît le maître du logis ;
Je ne l'aimerois point, s'il faisoit le jocrisse ;
Et, si je contestois contre lui par caprice,
Si je parlois trop haut, je trouverois fort bon
Qu'avec quelque soufflet il rabaissât mon ton.

CHRISALE.

C'est parler comme il faut.

MARTINE.

Monsieur est raisonnable
De vouloir pour sa fille un mari convenable.

CHRISALE.

Oui.

ACTE V. SCÈNE III.

MARTINE.

Par quelle raison, jeune et bien fait qu'il est,
Lui refuser Clitandre ? Et pourquoi, s'il vous plaît,
Lui bailler un savant, qui sans cesse épilogue ?
Il lui faut un mari, non pas un pédagogue ;
Et, ne voulant savoir le grais ni le latin,
Elle n'a pas besoin de monsieur Trissotin.

CHRISALE.

Fort bien.

PHILAMINTE.

Il faut souffrir qu'elle jase à son aise.

MARTINE.

Les savans ne sont bons que pour prêcher en chaise ;
Et pour mon mari, moi, mille fois je l'ai dit,
Je ne voudrois jamais prendre un homme d'esprit.
L'esprit n'est point du tout ce qu'il faut en ménage.
Les livres quadrent mal avec le mariage ;
Et je veux, si jamais on engage ma foi,
Un mari qui n'ait point d'autre livre que moi,
Qui ne sache A ne B, n'en déplaise à madame ;
Et ne soit en un mot docteur que pour sa femme.

PHILAMINTE à *Chrisale*.

Est-ce-fait ? Et sans trouble, ai-je assez écouté
Votre digne interprète ?

CHRISALE.

Elle a dit vérité.

PHILAMINTE.

Et moi pour trancher court toute cette dispute,
Il faut qu'absolument mon desir s'exécute.
(*montrant Trissotin.*)
Henriette et monsieur seront joints de ce pas ;
Je l'ai dit, je le veux : ne me répliquez pas ;
Et si votre parole à Clitandre est donnée,
Offrez-lui le parti d'épouser son aînée.

CHRISALE.

Voilà dans cette affaire un accommodement.
(*à Henriette et à Clitandre.*)
Voyez ; y donnez-vous votre consentement ?

HENRIETTE.

Hé! mon père.

CLITANDRE à Chrisale.

Hé! monsieur.

BELISE.

On pourroit bien lui faire
Des propositions qui pourroient mieux lui plaire ;
Mais nous établissons une espèce d'amour,
Qui doit être épuré comme l'astre du jour ;
La substance qui pense y peut être reçue,
Mais nous en bannissons la substance étendue.

SCÈNE IV.

ARISTE, CHRISALE, PHILAMINTE, BELISE, HENRIETTE, ARMANDE, TRISSOTIN, UN NOTAIRE, CLITANDRE, MARTINE.

ARISTE.

J'ai regret de troubler un mystère joyeux,
Par le chagrin qu'il faut que j'apporte en ces lieux,
Ces deux lettres me font porteur de deux nouvelles
Dont j'ai senti pour vous les atteintes cruelles ;
(à Philaminte.)
L'une, pour vous, me vient de votre procureur;
(à Chrisale.)
L'autre, pour vous, me vient de Lyon.

PHILAMINTE.

Quel malheur,
Digne de nous troubler, pourroit-on nous écrire ?

ARISTE.

Cette lettre en contient un que vous pouvez lire.

PHILAMINTE.

Madame, j'ai prié monsieur votre frère de vous rendre cette lettre, qui vous dira ce que je n'ai osé vous aller dire. La grande négligence que vous avez pour vos affaires, a été cause que le Clerc de votre Rapporteur ne m'a point averti, et vous avez perdu absolument votre procès que vous deviez gagner.

ACTE V. SCÈNE IV.

CHRISALE à Philaminte.

Votre procès perdu !

PHILAMINTE à Chrisale.

Vous vous troublez beaucoup !
Mon cœur n'est point du tout ébranlé de ce coup.
Faites, faites paroître une ame moins commune
A braver, comme moi, les traits de la fortune.
Le peu de soins que vous avez, vous coûte quarante mille écus ;
et c'est à payer cette somme, avec les dépens, que vous êtes
condamnée par arrêt de la Cour.
Condamnée ? Ah ! ce mot est choquant, et n'est fait
Que pour les criminels !

ARISTE.

Il a tort en effet.
Et vous vous êtes-là justement récriée.
Il devoit avoir mis que vous êtes priée,
Par arrêt de la cour, de payer au plutôt
Quarante mille écus, et les dépens qu'il faut.

PHILAMINTE.

Voyons l'autre.

CHRISALE.

Monsieur, l'amitié qui me lie à monsieur votre frère, me fait
prendre intérêt à tout ce qui vous touche. Je sais que vous avez
mis votre bien entre les mains d'Argante et de Damon, et je vous
donne avis qu'en même jour ils ont fait tous deux banqueroute.
O ciel ! tout-à-la-fois, perdre ainsi tout son bien !

PHILAMINTE à Chrisale.

Ah ! quel honteux transport. Fi ! Tout cela n'est rien :
Il n'est pour le vrai sage aucun revers funeste ;
Et, perdant toute chose, à soi-même il se reste.
Achevons notre affaire, et quittez votre ennui.
(montrant Trissotin.)
Son bien nous peut suffire et pour nous et pour lui.

TRISSOTIN.

Non, madame : cessez de presser cette affaire.
Je vois qu'à cet hymen tout le monde est contraire ;
Et mon dessein n'est point de contraindre les gens.

PHILAMINTE.

Cette réflexion vous vient en peu de tems,
Elle suit de bien près, monsieur, notre disgrace.

TRISSOTIN.

De tant de résistance à la fin je me lasse.
J'aime mieux renoncer à tout cet embarras,
Et ne veux point d'un cœur qui ne se donne pas.

PHILAMINTE.

Je vois, je vois de vous, non pas pour votre gloire,
Ce que jusques ici j'ai refusé de croire.

TRISSOTIN.

Vous pouvez voir de moi tout ce que vous voudrez,
Et je regarde peu comment vous le prendrez;
Mais je ne suis pas homme à souffrir l'infamie
Des refus offensans qu'il faut qu'ici j'essuie.
Je vaux bien que de moi l'on fasse plus de cas;
Et je baise les mains à qui ne me veut pas.

SCÈNE V ET DERNIÈRE.

ARISTE, CHRISALE, PHILAMINTE, BELISE, ARMANDE, HENRIETTE, CLITANDRE, UN NOTAIRE, MARTINE.

PHILAMINTE.

Qu'il a bien découvert son ame mercenaire!
Et que peu philosophe est ce qu'il vient de faire!

CLITANDRE.

Je ne me vante point de l'être; mais enfin
Je m'attache, madame, à tout votre destin;
Et j'ose vous offrir avecque ma personne,
Ce qu'on sait que de bien la fortune me donne.

PHILAMINTE.

Vous me charmez, monsieur, par ce trait généreux,
Et je veux couronner vos desirs amoureux.
Oui, j'accorde Henriette à l'ardeur empressée...

HENRIETTE.

Non, ma mère; je change à present de pensée.

ACTE V. SCÈNE V.

Souffrez que je résiste à votre volonté.
CLITANDRE.
Quoi ! vous vous opposez à ma félicité ?
Et lorsqu'à mon amour je vois chacun se rendre...
HENRIETTE.
Je sais le peu de bien que vous avez, Clitandre ;
Et je vous ai toujours souhaité pour époux,
Lorsqu'en satisfaisant à mes vœux les plus doux,
J'ai vu que mon hymen ajustoit vos affaires ;
Mais, lorsque nous avons les destins si contraires,
Je vous chéris assez dans cette extrémité,
Pour ne vous charger point de notre adversité.
CLITANDRE.
Tout destin avec vous me peut être agréable ;
Tout destin me seroit sans vous insupportable.
HENRIETTE.
L'amour, dans son transport, parle toujours ainsi.
Des retours importuns évitons le souci.
Rien n'use tant l'ardeur de ce nœud qui nous lie,
Que les fâcheux besoins des choses de la vie ;
Et l'on en vient souvent à s'accuser tous deux,
De tous les noirs chagrins qui suivent de tels feux.
ARISTE à *Henriette*.
N'est-ce que le motif que nous venons d'entendre,
Qui vous fait résister à l'hymen de Clitandre ?
HENRIETTE.
Sans cela, vous verriez tout mon cœur y courir,
Et je ne fuis sa main, que pour le trop chérir.
ARISTE.
Laissez-vous donc lier par des chaînes si belles.
Je ne vous ai porté que de fausses nouvelles ;
Et c'est un stratagême, un surprenant secours,
Que j'ai voulu tenter pour servir vos amours,
Pour détromper ma sœur, et lui faire connoître
Ce que son philosophe à l'essai pouvoit être.
CHRISALE.
Le ciel en soit loué !
PHILAMINTE.
J'en ai la joie au cœur,

Par le chagrin qu'aura ce lâche déserteur.
Voilà le châtiment de sa basse avarice,
De voir qu'avec éclat cet hymen s'accomplisse.
CHRISALE à Clitandre.
Je le savois bien, moi, que vous l'épouseriez.
ARMANDE à Philaminte.
Ainsi donc à leurs vœux vous me sacrifiez?
PHILAMINTE.
Ce ne sera point vous que je leur sacrifie;
Et vous avez l'appui de la philosophie,
Pour voir d'un œil content couronner leur ardeur.
BELISE.
Qu'il prenne garde au moins que je suis dans son cœur.
Par un prompt désespoir souvent on se marie,
Qu'on s'en repent après, tout le tems de sa vie.
CHRISALE au Notaire.
Allons, monsieur, suivez l'ordre que j'ai prescrit;
Et faites le contrat ainsi que je l'ai dit.

FIN.

LA COMTESSE
D'ESCARBAGNAS,

COMÉDIE.

AVERTISSEMENT
DE L'ÉDITEUR
SUR
LA COMTESSE
D'ESCARBAGNAS.

Cette comédie fut représentée à Saint-Germain-en-Laye au mois de décembre 1671, et sur le théâtre du Palais-Royal dans le mois de juillet 1672. Elle ne paroît donc dans l'édition de Molière, après *les Femmes Savantes*, que par la date de sa représentation à Paris.

On ne peut guères comprendre comment cette pièce, et une *Pastorale* qu'on n'a point retrouvée dans les papiers de Molière, peuvent avoir été partagées en sept actes, coupés par sept intermèdes, tirés de différens ballets représentés devant le Roi depuis quelques années.

La Pastorale précédoit, sans doute, la vingt-unième scène, parce que c'est là que tout le monde est assemblé pour voir le divertissement que la ridicule *comtesse* croit recevoir *du vicomte.* Il falloit qu'elle fût composée de cinq actes ; car, sans cela, il n'est pas aisé d'imaginer que la petite intrigue de la *Comtesse d'Escarbagnas* ait pu s'étendre assez à Saint-Germain pour se prêter aux sept intermèdes dont on nous a conservé la note. La liste des acteurs de *la Pastorale*, où mademoiselle Molière est nommée deux fois, nous apprend que cette actrice y paroissoit tantôt sous la figure d'une bergère, et tantôt sous les habits d'un berger.

Molière ne donna cette comédie à Paris que dans la forme où nous la voyons, et en supprimant *la Pastorale*, dont on ne parle que comme d'un divertissement prêt à être joué, mais qui est interrompu par le dénouement de la pièce.

La comtesse d'Escarbagnas, a-t-on écrit, *n'est qu'une peinture simple des ridicules qui étoient alors répandus dans la province, d'où ils ont été bannis, à mesure que le goût et la politesse s'y sont introduits.* Ne diroit-on pas que cette pièce ne doit aujourd'hui ressembler à rien ? Il n'est cependant pas rare de rencontrer encore dans la province, et même dans la capitale, des femmes presque aussi ridicules et presque aussi extravagantes que *la Comtesse* de Molière. M. le conseiller et M. le receveur des tailles n'y sont pas plus introuvables. M. de Voltaire lui-même, en tirant aussi madame de Croupillac de la ville d'Angoulême, a conservé à cette folle plus d'un des traits de celle de notre auteur. Dancour, le Sage, et plusieurs autres, ont peint, long-tems après, des originaux bien approchans de M. Harpin et de M. Tibaudier. Enfin, le plaisir que fait toujours cette farce de caractère, est une preuve que *le goût de la société et la politesse aisée qui règnent en France*, n'en ont pas fait disparoître entièrement la fade galanterie de la robe, la grossière tendresse de la finance, et la fausse imitation du haut ton chez quelques bégueules de province.

Ce n'est point sans motif que Molière, dans la première scène de cette pièce, fait dire *au vicomte qu'il a été arrêté par un importun nouvelliste, qui lui a fait essuyer une fatigante lecture de toutes les méchantes plaisanteries de la gazette de Hollande. Il tient* (ajoute-t-il) *que la France est battue en ruine par la plume de cet écrivain, et qu'il ne faut que ce bel-esprit pour défaire toutes nos troupes*, etc. Molière, dans un ouvrage destiné à une fête que le roi donnoit à Madame, saisit cette occasion de plaire à son maître, indigné contre le gazetier insolent des Provinces-Unies, qui s'étoit permis des choses injurieuses pour Louis XIV et pour la nation française, depuis la paix signée à Aix-la-Chapelle en 1668.

Le *Martial* qui fait des gants, et dont on parle dans la scène seizième, étoit un valet-de-chambre de Monsieur, marchand-parfumeur à Paris, déjà connu par une fête singulière qu'il avoit donnée en 1652, et dont Loret avoit rendu compte dans une de ses lettres en vers.

AVERTISSEMENT

Quant à la scène dix-neuvième, où *M. Bobinet*, précepteur de *M. le Comte*, fait réciter à son élève sa leçon de la veille, on prétend que Molière avoit eu en vue de peindre ce qui étoit arrivé chez madame de Villarceaux en pareille circonstance; il tenoit cette anecdote de son amie Ninon Lenclos, dans les mémoires de laquelle on trouvera ce fait. On verra que Molière, en cherchant à profiter de cette scène plaisante, l'a rendue moins honnête. Ce qui peut l'excuser un peu, c'est que le rôle de *la Comtesse* étoit alors joué par un homme excellent pour ces sortes de travestissemens. Les rôles de *madame Pernelle*, de *madame Jourdain*, de *madame de Sotenville*, et celui de *la comtesse d'Escarbagnas*, avoient été faits exprès pour lui. Il s'appeloit André Hubert, mort en 1700; il avoit joué aussi *la Devineresse*.

Dans quelques éditions de Molière, on trouve, après la comédie de *la Comtesse d'Escarbagnas*, un sonnet sous le titre de *Bouts-rimés commandés sur le bel air*. Ce sonnet, peu digne de notre auteur, a été retranché des dernières éditions. Il paroît que c'étoit le prince de Condé qui avoit exigé de lui cette complaisance; et tel est le sort des ouvrages de commande, qu'ils sont toujours fort au-dessous du talent de ceux à qui ils sont demandés.

Molière, au reste, en remplissant *les rimes données* avoit fait la critique de cette puérile occupation, alors de mode; et cet objet d'utilité excuse un peu la médiocrité de l'ouvrage. D'ailleurs, comme il se trouve dans l'édition de 1682, faite par deux amis de Molière, on ne peut guères douter qu'il ne soit son ouvrage. Quoi qu'il en soit, le voici :

> Que vous m'embarrassez avec votre *grenouille*
> Qui traîne à ses talons le doux mot d'*hypocras !*
> Je hais des bouts-rimés le puéril *fatras*,
> Et tiens qu'il vaudroit mieux filer une *quenouille*;
>
> La gloire *du bel air* n'a rien qui me *chatouille ?*
> Vous m'assommez l'esprit avec un gros *plâtras*,
> Et je tiens heureux ceux qui sont morts à *Coutras*,
> Voyant tout le papier qu'en sonnet on *barbouille*.
>
> M'accable de rechef la haine du *cagot*,
> Plus méchant mille fois que n'est un vieux *magot*,
> Plutôt qu'un bout-rimé me fasse entrer en *danse*.
>
> Je vous le chante clair comme un *chardonneret ;*
> Au bout de l'univers je suis dans une *manse*,
> Adieu, grand prince, adieu ; tenez vous *guilleret*.

ACTEURS.

LA COMTESSE D'ESCARBAGNAS.
LE COMTE, fils de la comtesse d'Escarbagnas.
LE VICOMTE, amant de Julie.
JULIE, amante du Vicomte.
M. TIBAUDIER, conseiller, amant de la comtesse.
M. HARPIN, receveur des tailles, autre amant de la comtesse.
M. BOBINET, précepteur de M. le comte.
ANDRÉE, suivante de la comtesse.
JEANNOT, valet de M. Tibaudier.
CRIQUET, valet de la comtesse.

La scène est à Angoulême.

LA COMTESSE D'ESGARBAGNAS.

SCÈNE I.

JULIE, LE VICOMTE.

LE VICOMTE.

Hé, quoi! madame, vous êtes déjà ici?

JULIE.

Oui. Vous en devriez rougir de honte, Cléante ; et il n'est guère honnête à un amant de venir le dernier au rendez-vous.

LE VICOMTE.

Je serois ici il y a une heure, s'il n'y avoit point de fâcheux au monde, et j'ai été arrêté en chemin par un vieux importun de qualité, qui m'a demandé tout exprès des nouvelles de la cour, pour trouver moyen de m'en dire des plus extravagantes qu'on puisse débiter ; et c'est-là, comme vous savez, le fléau des petites villes, que ces grands nouvellistes qui cherchent partout où répandre les contes qu'ils ramassent. Celui-ci m'a montré d'abord deux feuilles de papier, pleines jusques aux bords d'un grand fatras de balivernes, qui viennent, m'a-t-il dit, de l'endroit le plus sûr du monde. Ensuite, comme d'une chose fort curieuse, il m'a fait avec grand mystère une fatigante lecture de toutes les méchantes plaisanteries de la gazette de Hollande, dont il épouse les intérêts. Il tient que la France est battue en ruine par la plume de cet écrivain, et qu'il ne faut que ce bel-esprit pour défaire toutes nos troupes ; et de là s'est jeté à corps perdu dans le raisonnement du ministère, dont il remarque tous les défauts, et d'où j'ai cru qu'il ne sortiroit point. A l'entendre parler, il sait les secrets du cabinet mieux que ceux qui les font. La politique de l'état lui laisse voir tous ses desseins ; et elle ne fait pas un pas, dont il ne pénètre les intentions. Il nous apprend les ressorts cachés de tout ce qui se fait, nous découvre les vues de la prudence de nos voisins, et remue à sa fantaisie, toutes les affaires de l'Europe. Ses intelligences même s'étendent jusqu'en Afrique et en Asie : et il est informé de tout ce qui s'agite dans le conseil d'en-haut du prêtre Jean et du grand Mogol.

JULIE.

Vous parez votre excuse du mieux que vous pouvez, afin de la rendre agréable, et faire qu'elle soit plus aisément reçue.

LE VICOMTE.

C'est-là, belle Julie, la véritable cause de mon retardement ; et si je voulois y donner une excuse galante, je n'aurois qu'à vous dire que le rendez-vous que vous voulez prendre, peut autoriser la paresse dont vous me querellez; que m'engager à faire l'amant de la maîtresse du logis, c'est me mettre en état de craindre de me trouver ici le premier ; que cette feinte où je me force n'étant que pour vous plaire, j'ai lieu de ne vouloir en souffrir la contrainte que devant les yeux qui s'en divertissent; que j'évite le tête à tête avec cette comtesse ridicule dont vous m'embarrassez ; et en un mot, que, ne venant ici que pour vous, j'ai toutes les raisons du monde d'attendre que vous y soyez.

JULIE.

Nous savons bien que vous ne manquerez jamais d'esprit pour donner de belles couleurs aux fautes que vous pouvez faire. Cependant, si vous étiez venu une demi-heure plutôt, nous aurions profité de tous ces momens ; car j'ai trouvé en arrivant que la comtesse étoit sortie, et je ne doute point qu'elle ne soit allée par la ville se faire honneur de la comédie que vous me donnez sous son nom.

LE VICOMTE.

Mais tout de bon, madame, quand voulez-vous mettre fin à cette contrainte, et me faire moins acheter le bonheur de vous voir ?

JULIE.

Quand nos parens pourront être d'accord ; ce que je n'ose espérer. Vous savez, comme moi, que les démêlés de nos deux

SCÈNE I.

familles ne nous permettent point de nous voir autre part, et que mes frères, non plus que votre père, ne sont pas assez raisonnables pour souffrir notre attachement.

LE VICOMTE.

Mais pourquoi ne pas mieux jouir du rendez-vous que leur inimitié nous laisse, et me contraindre à perdre en une sotte feinte les momens que j'ai près de vous.

JULIE.

Pour mieux cacher notre amour; et puis, à vous dire la vérité, cette feinte dont vous parlez, m'est une comédie fort agréable; et je ne sais si celle que vous nous donnez aujourd'hui me divertira davantage. Notre comtesse d'Escarbagnas, avec son perpétuel entêtement de qualité, est un aussi bon personnage qu'on en puisse mettre sur le théâtre. Le petit voyage qu'elle a fait à Paris, la ramène dans Angoulême plus achevée qu'elle n'étoit. L'approche de l'air de la cour a donné à son ridicule de nouveaux agrémens, et sa sottise tous les jours ne fait que croître et embellir.

LE VICOMTE.

Oui; mais vous ne considérez pas que le jeu qui vous divertit, tient mon cœur au supplice, et qu'on n'est point capable de se jouer long-tems, lorsqu'on a dans l'esprit une passion aussi sérieuse que celle que je sens pour vous. Il est cruel, belle Julie, que cet amusement dérobe à mon amour un tems qu'il voudroit employer à vous expliquer son ardeur; et cette nuit j'ai fait là-dessus quelques vers que je ne puis m'empêcher de vous réciter, sans que vous me le demandiez, tant la démangeaison de dire ses ouvrages est un vice attaché à la qualité de poëte!

C'est trop long-tems, Iris, me mettre à la torture;

Iris, comme vous le voyez, est mis là pour Julie.

C'est trop long-tems, Iris, me mettre à la torture,
Et si je suis vos loix, je les blâme tout bas,
De me forcer à taire un tourment que j'endure,
Pour déclarer un mal que je ne ressens pas.
Faut-il que vos beaux yeux, à qui je rends les armes,
Veuillent se divertir de mes tristes soupirs?
Et n'est-ce pas assez de souffrir pour vos charmes,
Sans me faire souffrir encor pour vos plaisirs?

C'en est trop à la fois que ce double martyre ;
Et ce qu'il me faut taire, et ce qu'il me faut dire,
Exerce sur mon cœur pareille cruauté.
L'amour le met en feu, la contrainte le tue ;
Et, si par la pitié vous n'êtes combattue,
Je meurs et de la feinte et de la vérité.

JULIE.

Je vois que vous vous faites-là bien plus maltraité que vous n'êtes ; mais c'est une licence que prennent messieurs les poëtes, de mentir de gaîté de cœur, et de donner à leurs maîtresses des cruautés qu'elles n'ont pas, pour s'accommoder aux pensées qui leur peuvent venir. Cependant je serai bien aise que vous me donniez ces vers par écrit.

LE VICOMTE.

C'est assez de vous les avoir dits, et je dois en demeurer là. Il est permis d'être par fois assez fou pour vous faire des vers, mais non pour vouloir qu'ils soient vus.

JULIE.

C'est en vain que vous vous retranchez sur une fausse modestie : on sait dans le monde que vous avez de l'esprit ; et je ne vois pas la raison qui vous oblige à cacher les vôtres.

LE VICOMTE.

Mon Dieu ! madame, marchons là-dessus, s'il vous plaît, avec beaucoup de retenue ; il est dangereux dans le monde de se mêler d'avoir de l'esprit. Il y a là-dedans un certain ridicule qu'il est facile d'attraper, et nous avons de nos amis qui me font craindre leur exemple.

JULIE.

Mon Dieu! Cléante, vous avez beau dire ; je vois avec tout cela que vous mourez d'envie de me les donner ; et je vous embarrasserois si je faisois semblant de ne m'en pas soucier.

LE VICOMTE.

Moi, madame ? Vous vous moquez ; et je ne suis pas si poëte que vous pourriez croire, pour.... Mais voici votre madame la comtesse d'Escarbagnas. Je sors par l'autre porte pour ne la point trouver, et vais disposer tout mon monde au divertissement que je vous ai promis.

SCÈNE II.

LA COMTESSE, JULIE, ANDRÉE et CRIQUET, *dans le fond du théâtre.*

LA COMTESSE.

Ah, mon Dieu! madame, vous voilà toute seule? Quelle pitié est-ce là? Toute seule! Il me semble que mes gens m'avoient dit que le vicomte étoit ici.

JULIE.

Il est vrai qu'il y est venu; mais c'est assez pour lui de savoir que vous n'y étiez pas, pour l'obliger à sortir.

LA COMTESSE.

Comment! il vous a vue?

JULIE.

Oui.

LA COMTESSE.

Et il ne vous a rien dit?

JULIE.

Non, madame; et il a voulu témoigner par là qu'il est tout entier à vos charmes.

LA COMTESSE.

Vraiment, je le veux quereller de cette action. Quelque amour que l'on ait pour moi, j'aime que ceux qui m'aiment rendent ce qu'ils doivent au sexe; et je ne suis point de l'humeur de ces femmes injustes, qui s'applaudissent des incivilités que leurs amans font aux autres belles.

JULIE.

Il ne faut point, madame, que vous soyez surprise de son procédé. L'amour que vous lui donnez éclate dans toutes ses actions, et l'empêche d'avoir des yeux que pour vous.

LA COMTESSE.

Je crois être en état de pouvoir faire naître une passion assez forte, et je me trouve pour cela assez de beauté, de jeunesse, et de qualité, Dieu merci; mais cela n'empêche pas qu'avec ce que j'inspire, on ne puisse garder de l'honnêteté et de la com-
(apercevant Criquet.)
plaisance pour les autres. Que faites-vous donc là, laquais?

Est-ce qu'il n'y a pas une antichambre où se tenir, pour venir quand on vous appelle? Cela est étrange, qu'on ne puisse avoir en province un laquais qui sache son monde? A qui est-ce donc que je parle? Voulez-vous vous en aller là dehors, petit fripon.

SCÈNE III.

LA COMTESSE, JULIE, ANDRÉE.

LA COMTESSE à *Andrée*.

Fille, approchez.

ANDRÉE.

Que vous plaît-il, madame?

LA COMTESSE.

Otez-moi mes coiffes. Doucement donc, mal-adroite : comme vous me saboulez la tête, avec vos mains pesantes!

ANDRÉE.

Je fais, madame, le plus doucement que je puis.

LA COMTESSE.

Oui ; mais le plus doucement que vous pouvez est fort rudement pour ma tête, et vous me l'avez déboîtée. Tenez encore ce manchon ; ne laissez point traîner tout cela, et portez-le dans ma garderobe. Eh bien! où va-t-elle, où va-t-elle? Que veut-elle faire, cet oison bridé?

ANDRÉE.

Je veux, madame, comme vous me l'avez dit, porter cela aux garderobes.

LA COMTESSE.

(*à Julie*.)

Ah, mon Dieu, l'impertinente! Je vous demande pardon,
(*à Andrée*.)
madame. Je vous ai dit ma garderobe, grosse bête, c'est-à-dire, où sont mes habits.

ANDRÉE.

Est-ce, madame, qu'à la cour une armoire s'appelle une garderobe?

LA COMTESSE.

Oui, butorde; on appelle ainsi le lieu où l'on met les habits.

ANDRÉE.
Je m'en ressouviendrai, madame, aussi bien que de votre grenier, qu'il faut appeler gardemeuble.

SCÈNE IV.
LA COMTESSE, JULIE.

LA COMTESSE.
Quelle peine il faut prendre pour instruire ces animaux-là !
JULIE.
Je les trouve bien heureux, madame, d'être sous votre discipline.
LA COMTESSE.
C'est une fille de ma mère nourrice que j'ai mise à la chambre, et elle est toute neuve encore.
JULIE.
Cela est d'une belle ame, madame; et il est glorieux de faire ainsi des créatures.
LA COMTESSE.
Allons, des siéges. Holà! laquais, laquais, laquais. En vérité, voilà qui est violent, de ne pouvoir pas avoir un laquais pour donner des siéges! Filles, laquais, laquais, filles, quelqu'un! Je pense que tous mes gens sont morts, et que nous serons contraintes de nous donner des siéges nous-mêmes.

SCÈNE V.
LA COMTESSE, JULIE, ANDRÉE.

ANDRÉE.
Que voulez-vous, madame?
LA COMTESSE.
Il se faut bien égosiller avec vous autres!
ANDREE.
J'enfermois votre manchon et vos coiffes dans votre armoi... dis-je, dans votre garderobe.
LA COMTESSE.
Appelez-moi ce petit fripon de laquais.

ANDRÉE.

Holà ! Criquet.

LA COMTESSE.

Laissez là votre Criquet, bouvière, et appelez, laquais.

ANDRÉE.

Laquais donc, et non pas Criquet, venez parler à madame. Je pense qu'il est sourd. Criq... laquais, laquais.

SCÈNE VI.

LA COMTESSE, JULIE, ANDRÉE, CRIQUET.

CRIQUET.

Plaît-il ?

LA COMTESSE.

Où étiez-vous donc, petit coquin ?

CRIQUET.

Dans la rue, madame.

LA COMTESSE.

Et pourquoi dans la rue ?

CRIQUET.

Vous m'avez dit d'aller là-dehors.

LA COMTESSE.

Vous êtes un petit impertinent, mon ami, et vous devez savoir que là-dehors, en termes de personnes de qualité, veut dire, l'antichambre. Andrée, ayez soin tantôt de faire donner le fouet à ce petit fripon-là, par mon écuyer ; c'est un petit incorrigible.

ANDRÉE.

Qu'est-ce que c'est, madame, que votre écuyer ? Est-ce maître Charles, que vous appelez comme cela ?

LA COMTESSE.

Taisez-vous, sotte que vous êtes : vous ne sauriez ouvrir la
(à Criquet.)
bouche, que vous ne disiez une impertinence. Des siéges. Et
(à Andrée.)
vous, allumez deux bougies dans mes flambeaux d'argent : il se fait déja tard. Qu'est-ce que c'est donc, que vous me regardez toute effarée ?

SCÈNE VII.

ANDRÉE.

Madame...

LA COMTESSE.

Eh bien ! madame. Qu'y a-t-il ?

ANDRÉE.

C'est que...

LA COMTESSE.

Quoi ?

ANDRÉE.

C'est que je n'ai point de bougie.

LA COMTESSE.

Comment ? vous n'en avez point ?

ANDRÉE.

Non, madame, si ce n'est des bougies de suif.

LA COMTESSE.

La bouvière ! Et où est donc la cire que je fis acheter ces jours passés ?

ANDRÉE.

Je n'en ai point vu depuis que je suis céans.

LA COMTESSE.

Otez-vous de là, insolente. Je vous renverrai chez vos parens. Apportez-moi un verre d'eau.

SCÈNE VII.

LA COMTESSE et JULIE *faisant des cérémonies pour s'asseoir.*

LA COMTESSE.

Madame.

JULIE.

Madame.

LA COMTESSE.

Ah, madame !

JULIE.

Ah, madame !

LA COMTESSE.

Mon Dieu, madame !

JULIE.

Mon Dieu, madame !

LA COMTESSE.

Oh, madame!

JULIE.

Oh, madame!

LA COMTESSE.

Hé, madame!

JULIE.

Hé, madame!

LA COMTESSE.

Hé, allons donc, madame!

JULIE.

Hé, allons donc, madame!

LA COMTESSE.

Je suis chez moi, madame. Nous sommes demeurées d'accord de cela. Me prenez-vous pour une provinciale, madame?

JULIE.

Dieu m'en garde, madame.

SCÈNE VIII.

LA COMTESSE, JULIE, ANDRÉE, *apportant un verre d'eau*, CRIQUET.

LA COMTESSE à *Andrée*.

Allez, impertinente ; je bois avec une soucoupe. Je vous dis que vous m'alliez chercher une soucoupe pour boire.

ANDRÉE.

Criquet, qu'est-ce que c'est qu'une soucoupe?

CRIQUET.

Une soucoupe?

ANDRÉE.

Oui.

CRIQUET.

Je ne sais.

LA COMTESSE à *Andrée*.

Vous ne grouillez pas?

ANDRÉE.

Nous ne savons tous deux, madame, ce que c'est qu'une soucoupe.

LA COMTESSE.
Apprenez que c'est une assiette sur laquelle on met le verre.

SCÈNE IX.

LA COMTESSE, JULIE.

LA COMTESSE.

Vive Paris pour être bien servie ! on vous entend là au moindre coup-d'œil.

SCÈNE X.

LA COMTESSE, JULIE, ANDRÉE *apportant un verre d'eau avec une assiette dessus,* CRIQUET.

LA COMTESSE.

Hé bien ! vous ai-je dit comme cela, tête de bœuf ? C'est dessous qu'il faut mettre l'assiette.

ANDRÉE.

Cela est bien aisé. (*Andrée casse le verre en le posant sur l'assiette.*)

LA COMTESSE.

Hé bien ! ne voilà pas l'étourdie ? En vérité, vous me payerez mon verre.

ANDRÉE.

Hé bien ! oui, madame, je le payerai.

LA COMTESSE.

Mais voyez cette mal-adroite, cette bouvière, cette butorde, cette....

ANDRÉE *en s'en allant.*

Dame, madame, si je le paye, je ne veux point être querellée.

LA COMTESSE.

Otez-vous de devant mes yeux.

SCÈNE XI.

LA COMTESSE, JULIE.

LA COMTESSE.

En vérité, madame, c'est une chose étrange que les petites villes! on n'y sait point du tout son monde; et je viens de faire deux ou trois visites, où ils ont pensé me désespérer, par le peu de respect qu'ils rendent à ma qualité.

JULIE.

Où auroient-ils appris à vivre? ils n'ont point fait de voyage à Paris!

LA COMTESSE.

Ils ne laisseroient pas de l'apprendre s'ils vouloient écouter les personnes; mais le mal que j'y trouve, c'est qu'ils veulent en savoir autant que moi, qui ai été deux mois à Paris, et vu toute la cour.

JULIE.

Les sottes gens que voilà!

LA COMTESSE.

Ils sont insupportables, avec les impertinentes égalités dont ils traitent les gens. Car enfin, il faut qu'il y ait de la subordination dans les choses; et, ce qui me met hors de moi, c'est qu'un gentilhomme de ville de deux jours, ou de deux cents ans, aura l'effronterie de dire qu'il est aussi bien gentilhomme que feu monsieur mon mari, qui demeuroit à la campagne, qui avoit meute de chiens courans, et qui prenoit la qualité de comte dans tous les contrats qu'il passoit.

JULIE.

On sait bien mieux vivre à Paris dans ces hôtels dont la mémoire doit être si chère. Cet hôtel de Mouhy, madame, cet hôtel de Lyon, cet hôtel de Hollande, les agréables demeures que voilà!

LA COMTESSE.

Il est vrai qu'il y a bien de la différence de tous ces lieux-là à tout ceci. On y voit venir du beau monde, qui ne marchande point à vous rendre tous les respects qu'on sauroit souhaiter. On ne se lève pas, si l'on veut, de dessus son siège; et, lorsque l'on

SCÈNE XI.

veut voir la revue, ou le grand ballet de Psiché, on est servi à point nommé.

JULIE.

Je pense, madame, que durant votre séjour à Paris vous avez bien fait des conquêtes de qualité.

LA COMTESSE.

Vous pouvez bien croire, madame, que tout ce qui s'appelle les galans de la cour, n'a pas manqué de venir à ma porte et de m'en conter ; et je garde dans ma cassette de leurs billets qui peuvent faire voir quelles propositions j'ai refusées ; il n'est pas nécessaire de vous dire leurs noms ; on sait ce qu'on veut dire par les galans de la cour.

JULIE.

Je m'étonne, madame, que de tous ces grands noms que je devine, vous ayez pu redescendre à un monsieur Tibaudier le conseiller, et à monsieur Harpin, le receveur des tailles. La chute est grande, je vous l'avoue ; car, pour monsieur votre vicomte, quoique vicomte de province, c'est toujours un vicomte, et il peut faire un voyage à Paris, s'il n'en a point fait ; mais un conseiller et un receveur sont des amans un peu bien minces pour une grande comtesse comme vous.

LA COMTESSE.

Ce sont gens qu'on ménage dans les provinces pour le besoin qu'on en peut avoir ; ils servent au moins à remplir les vides de la galanterie, à faire nombre de soupirans. Il est bon, madame, de ne pas laisser un amant seul maître du terrein ; de peur que, faute de rivaux, son amour ne s'endorme sur trop de confiance.

JULIE.

Je vous avoue, madame, qu'il y a merveilleusement à profiter de tout ce que vous dites ; c'est une école que votre conversation, et j'y viens tous les jours apprendre quelque chose.

SCÈNE XII.

LA COMTESSE, JULIE, ANDRÉE, CRIQUET.

CRIQUET *à la Comtesse.*

Voila Jeannot de monsieur le conseiller qui vous demande, madame.

LA COMTESSE.

Hé bien ! petit coquin, voilà encore une de vos âneries. Un laquais qui sauroit vivre, auroit été parler tout bas à la demoiselle suivante, qui seroit venue dire doucement à l'oreille de sa maîtresse : madame, voilà le laquais de monsieur un tel, qui demande à vous dire un mot ; à quoi la maîtresse auroit répondu : faites-le entrer.

SCÈNE XIII.

LA COMTESSE, JULIE, ANDRÉE, CRIQUET, JEANNOT.

CRIQUET.

Entrez, Jeannot.

LA COMTESSE.

(à Jeannot.)

Autre lourderie. Qu'y a-t-il, laquais ? Que portes-tu là ?

JEANNOT.

C'est monsieur le conseiller, madame, qui vous souhaite le bonjour, et, auparavant que de venir, vous envoie des poires de son jardin, avec ce petit mot d'écrit.

LA COMTESSE.

C'est du bon-chrétien, qui est fort beau. Andrée, faites porter cela à l'office.

SCÈNE XIV.

LA COMTESSE, JULIE, CRIQUET, JEANNOT.

LA COMTESSE *donnant de l'argent à Jeannot.*

Tiens, mon enfant, voilà pour boire.

SCÈNE XV.

JEANNOT.

Oh, non, madame!

LA COMTESSE.

Tiens, te dis-je.

JEANNOT.

Mon maître m'a défendu, madame, de rien prendre de vous.

LA COMTESSE.

Cela ne fait rien.

JEANNOT.

Pardonnez-moi, madame.

CRIQUET.

Hé! prenez, Jeannot. Si vous n'en voulez pas, vous me le baillerez.

LA COMTESSE.

Dis à ton maître que je le remercie.

CRIQUET à Jeannot qui s'en va.

Donne-moi donc cela.

JEANNOT.

Oui? Quelque sot!

CRIQUET.

C'est moi qui te l'ai fait prendre.

JEANNOT.

Je l'aurois bien pris sans toi.

LA COMTESSE.

Ce qui me plaît de ce monsieur Tibaudier, c'est qu'il sait vivre avec les personnes de ma qualité, et qu'il est fort respectueux.

SCÈNE XV.

LE VICOMTE, LA COMTESSE, JULIE, CRIQUET.

LE VICOMTE.

Madame, je viens vous avertir que la comédie sera bientôt prête, et que, dans un quart-d'heure, nous pouvons passer dans la salle.

LA COMTESSE.
(à Criquet.)

Je ne veux point de cohue, au moins. Que l'on dise à mon suisse qu'il ne laisse entrer personne.

LE VICOMTE.

En ce cas, madame, je vous déclare que je renonce à la comédie; et je n'y saurois prendre de plaisir, lorsque la compagnie n'est pas nombreuse. Croyez-moi, si vous voulez vous bien divertir, qu'on dise à vos gens de laisser entrer toute la ville.

LA COMTESSE.
(au Vicomte, après qu'il s'est assis.)

Laquais, un siège. Vous voilà venu à propos pour recevoir un petit sacrifice que je veux bien vous faire. Tenez, c'est un billet de monsieur Tibaudier, qui m'envoie des poires. Je vous donne la liberté de le lire tout haut; je ne l'ai point encore vu.

LE VICOMTE *après avoir lu tout bas le billet.*

Voici un billet du beau style, madame; et qui mérite d'être écouté.

Madame, je n'aurois pas pu vous faire le présent que je vous envoie, si je ne recueillois pas plus de fruit de mon jardin, que j'en recueille de mon amour.

LA COMTESSE.

Cela vous marque clairement qu'il ne se passe rien entre nous.

LE VICOMTE.

Les poires ne sont pas encore bien mûres, mais elles en quadrent mieux avec la dureté de votre âme qui, par ses continuels dédains, ne me promet pas poires molles. Trouvez bon, madame, que sans m'engager dans une énumération de vos perfections et charmes, qui me jetteroit dans un progrès à l'infini, je conclue ce mot, en vous faisant considérer que je suis d'un aussi franc chrétien que les poires que je vous envoie, puisque je rends le bien pour le mal; c'est-à-dire, madame, pour m'expliquer plus intelligiblement, puisque je vous présente des poires de bon-chrétien, pour des poires d'angoisse que vos cruautés me font avaler tous les jours.

TIBAUDIER, *votre esclave indigne.*

Voilà, madame, un billet à garder.

SCÈNE XVI.
LA COMTESSE.
Il y a peut-être quelque mot qui n'est pas de l'académie ; mais j'y remarque un certain respect qui me plaît beaucoup.
JULIE.
Vous avez raison, madame ; et, monsieur le vicomte dût-il s'en offenser, j'aimerois un homme qui m'écriroit comme cela.

SCÈNE XVI.

M. TIBAUDIER, LE VICOMTE, LA COMTESSE, JULIE, CRIQUET.

LA COMTESSE.
Approchez, monsieur Tibaudier ; ne craignez point d'entrer. Votre billet a été bien reçu, aussi bien que vos poires ; et voilà madame qui parle pour vous contre votre rival.
M. TIBAUDIER.
Je lui suis bien obligé, madame ; et, si elle a jamais quelque procès en notre siège, elle verra que je n'oublierai pas l'honneur qu'elle me fait, de se rendre auprès de vos beautés l'avocat de ma flamme.
JULIE.
Vous n'avez pas besoin d'avocat, monsieur, et votre cause est juste.
M. TIBAUDIER.
Ce néanmoins, madame, bon droit a besoin d'aide ; et j'ai sujet d'appréhender de me voir supplanté par un tel rival, et que madame ne soit circonvenue par la qualité de vicomte.
LE VICOMTE.
J'espérois quelque chose, monsieur Tibaudier, avant votre billet ; mais il me fait craindre pour mon amour.
M. TIBAUDIER.
Voici encore, madame, deux petits versets ou couplets que j'ai composés à votre honneur et gloire.
LE VICOMTE.
Ah ! je ne pensois pas que M. Tibaudier fût poëte ; et voilà pour m'achever, que ces deux petits versets-là !

LA COMTESSE.

(à Criquet.)

Il veut dire deux strophes. Laquais, donnez un siège à monsieur Tibaudier.

(bas à Criquet qui apporte une chaise.)

Un pliant, petit animal. Monsieur Tibaudier, mettez-vous là, et nous lisez vos strophes.

M. TIBAUDIER.

Une personne de qualité
   Ravit mon ame :
Elle a de la beauté,
   J'ai de la flamme ;
   Mais je la blâme
D'avoir de la fierté.

LE VICOMTE.

Je suis perdu après cela.

LA COMTESSE.

Le premier vers est beau. Une personne de qualité !

JULIE.

Je crois qu'il est un peu trop long; mais on peut prendre une licence pour dire une belle pensée.

LA COMTESSE à *M. Tibaudier.*

Voyons l'autre strophe.

M. TIBAUDIER.

Je ne sais pas si vous doutez de mon parfait amour,
  Mais je sais bien que mon cœur, à toute heure,
    Veut quitter sa chagrine demeure,
Pour aller, par respect, faire au vôtre sa cour.
Après cela, pourtant, sûre de ma tendresse,
  Et de ma foi, dont unique est l'espèce,
    Vous devriez à votre tour,
    Vous contentant d'être comtesse,
Vous dépouiller en ma faveur d'une peau de tigresse
Qui couvre vos appas la nuit comme le jour.

LE VICOMTE.

Me voilà supplanté, moi, par monsieur Tibaudier.

LA COMTESSE.

Ne pensez pas vous moquer; pour des vers faits dans la province, ces vers-là sont fort beaux.

SCÈNE XVII.

LE VICOMTE.

Comment, madame, me moquer? Quoique son rival, je trouve ses vers admirables, et ne les appelle pas seulement deux strophes, comme vous, mais deux épigrammes aussi bonnes que toutes celles de Martial.

LA COMTESSE.

Quoi? Martial fait-il des vers? Je pensois qu'il ne fît que des gants.

M. TIBAUDIER.

Ce n'est pas ce Martial-là, madame; c'est un auteur qui vivoit il y a trente ou quarante ans.

LE VICOMTE.

Monsieur Tibaudier a lu les auteurs, comme vous le voyez. Mais allons voir, madame, si ma musique et ma comédie, avec mes entrées de ballet, pourront combattre dans votre esprit les progrès des deux strophes et du billet que nous venons de voir.

LA COMTESSE.

Il faut que mon fils le comte soit de la partie; car il est arrivé ce matin de mon château avec son précepteur, que je vois là-dedans.

SCÈNE XVII.

LA COMTESSE, JULIE, LE VICOMTE, M. TIBAUDIER, M. BOBINET, CRIQUET.

LA COMTESSE.

Hola, monsieur Bobinet, monsieur Bobinet, approchez-vous du monde.

M. BOBINET.

Je donne le bon vêpre à toute l'honorable compagnie. Que desire madame la comtesse d'Escarbagnas, de son très-humble serviteur Bobinet?

LA COMTESSE.

A quelle heure, monsieur Bobinet, êtes-vous parti d'Escarbagnas, avec mon fils le comte?

M. BOBINET.

A huit heures trois quarts, madame, comme votre commandement me l'avoit ordonné.

LA COMTESSE.

Comment se portent mes deux autres fils, le marquis et le commandeur ?

M. BOBINET.

Ils sont, Dieu grace, madame, en parfaite santé.

LA COMTESSE.

Où est le comte ?

M. BOBINET.

Dans votre belle chambre à alcove, madame.

LA COMTESSE.

Que fait-il, monsieur Bobinet ?

M. BOBINET.

Il compose un thême, madame, que je viens de lui dicter sur une épître de Cicéron.

LA COMTESSE.

Faites-le venir, monsieur Bobinet.

M. BOBINET.

Soit fait, madame, ainsi que vous le commandez.

SCÈNE XVIII.

LA COMTESSE, JULIE, LE VICOMTE, M. TIBAUDIER.

LE VICOMTE à *la Comtesse*.

Ce monsieur Bobinet, madame, a la mine fort sage ; et je crois qu'il a de l'esprit.

SCÈNE XIX.

LA COMTESSE, JULIE, LE VICOMTE, LE COMTE, M. BOBINET, M. TIBAUDIER.

M. BOBINET.

Allons, monsieur le comte, faites voir que vous profitez des bons documens qu'on vous donne. La révérence à toute l'honnête assemblée.

LA COMTESSE *montrant Julie.*

Comte, saluez madame; faites la révérence à monsieur le vicomte; saluez monsieur le conseiller.

M. TIBAUDIER.

Je suis ravi, madame, que vous me concédiez la grace d'embrasser monsieur le comte votre fils. On ne peut pas aimer le tronc, qu'on n'aime aussi les branches.

LA COMTESSE.

Mon Dieu! monsieur Tibaudier, de quelle comparaison vous servez-vous là?

JULIE.

En vérité, madame, monsieur le comte a tout-à-fait bon air.

LE VICOMTE.

Voilà un jeune gentilhomme qui vient bien dans le monde.

JULIE.

Qui diroit que madame eût un si grand enfant!

LA COMTESSE.

Hélas, quand je le fis, j'étois si jeune, que je me jouois encore avec une poupée!

JULIE.

C'est monsieur votre frère, et non pas monsieur votre fils.

LA COMTESSE.

Monsieur Bobinet, ayez bien soin au moins de son éducation.

M. BOBINET.

Madame, je n'oublierai aucune chose pour cultiver cette jeune plante, dont vos bontés m'ont fait l'honneur de me confier la conduite; et je tâcherai de lui inculquer les semences de la vertu.

LA COMTESSE.

Monsieur Bobinet, faites-lui un peu dire quelque petite galanterie de ce que vous lui apprenez.

M. BOBINET.

Allons, monsieur le comte, récitez votre leçon d'hier au matin.

LE COMTE.

Omne viro soli quod convenit esto virile, omne vi....

LA COMTESSE.

Fi, monsieur Bobinet, quelles sottises est-ce que vous lui apprenez-là?

M. BOBINET.

C'est du latin, madame, et la première règle de Jean Despautère.

LA COMTESSE.

Mon Dieu! ce Jean Despautère-là est un insolent, et je vous prie de lui enseigner du latin plus honnête que celui-là.

M. BOBINET.

Si vous voulez, madame, qu'il achève, la glose expliquera ce que cela veut dire.

LA COMTESSE.

Non, non; cela s'explique assez.

SCÈNE XX.

LA COMTESSE, JULIE, LE VICOMTE, M. TIBAUDIER, LE COMTE, M. BOBINET, CRIQUET.

CRIQUET.

Les comédiens envoyent dire qu'ils sont tous prêts.

SCÈNE XXI.
LA COMTESSE.
(montrant Julie.)

Allons-nous placer. Monsieur Tibaudier, prenez madame.

(*Criquet range tous les sièges sur un des côtés du théâtre; la Comtesse, Julie et le Vicomte s'asseyent, M. Tibaudier s'assied aux pieds de la Comtesse.*)

LE VICOMTE.

Il est nécessaire de dire que cette comédie n'a été faite que pour lier ensemble les différens morceaux de musique et de danse dont on a voulu composer ce divertissement, et que...

LA COMTESSE.

Mon Dieu, voyons l'affaire ! On a assez d'esprit pour comprendre les choses.

LE VICOMTE.

Qu'on commence le plutôt qu'on pourra, et qu'on empêche, s'il se peut, qu'aucun fâcheux ne vienne troubler notre divertissement.

(*Les violons commencent une ouverture.*)

SCÈNE XXI.

LA COMTESSE, JULIE, LE VICOMTE, LE COMTE, M. HARPIN, M. TIBAUDIER, M. BOBINET, CRIQUET.

M. HARPIN.

Parbleu ! la chose est belle, et je me réjouis de voir ce que je vois.

LA COMTESSE.

Holà! monsieur le receveur : que voulez-vous donc dire avec l'action que vous faites ? Vient-on interrompre, comme cela, une comédie ?

M. HARPIN.

Morbleu ! madame, je suis ravi de cette aventure, et ceci me fait voir ce que je dois croire de vous, et l'assurance qu'il y a au don de votre cœur, et aux sermens que vous m'avez faits de sa fidélité.

LA COMTESSE.

Mais, vraiment! on ne vient point ainsi se jeter aux travers d'une comédie, et troubler un acteur qui parle.

M. HARPIN.

Hé, têtebleu! la véritable comédie qui se fait ici, c'est celle que vous jouez; et, si je vous trouble, c'est de quoi je me soucie peu.

LA COMTESSE.

En vérité, vous ne savez ce que vous dites.

M. HARPIN.

Si fait, morbleu! je le sais bien; je le sais bien, morbleu! et....

(*M. Bobinet épouvanté emporte le Comte et s'enfuit; il est suivi par Criquet.*)

LA COMTESSE.

Hé! fi monsieur! que cela est vilain de jurer de la sorte!

M. HARPIN.

Hé, ventrebleu! s'il y a ici quelque chose de vilain, ce ne sont point mes juremens; ce sont vos actions; et il vaudroit bien mieux que vous jurassiez, vous, la tête, la mort et le sang, que de faire ce que vous faites avec monsieur le vicomte.

LE VICOMTE.

Je ne sais pas, monsieur le receveur, de quoi vous vous plaignez; et si....

M. HARPIN *au Vicomte.*

Pour vous, monsieur, je n'ai rien à vous dire : vous faites bien de pousser votre pointe; cela est naturel : je ne le trouve point étrange, et je vous demande pardon, si j'interromps votre comédie; mais vous ne devez point trouver étrange aussi que je me plaigne de son procédé, et nous avons raison tous deux de faire ce que nous faisons.

LE VICOMTE.

Je n'ai rien à dire à cela; et je ne sais point les sujets de

SCÈNE XXI.

plainte que vous pouvez avoir contre madame la comtesse d'Escarbagnas.

LA COMTESSE.

Quand on a des soupçons jaloux, on n'en use point de la sorte; et l'on vient doucement se plaindre à la personne que l'on aime.

M. HARPIN.

Moi, me plaindre doucement!

LA COMTESSE.

Oui. L'on ne vient point crier de dessus un théâtre ce qui se doit dire en particulier.

M. HARPIN.

J'y viens, moi, morbleu! tout exprès; c'est le lieu qu'il me faut, et je souhaiterois que ce fût un théâtre public, pour vous dire, avec plus d'éclat, toutes vos vérités.

LA COMTESSE.

Faut-il faire un si grand vacarme pour une comédie que monsieur le Vicomte me donne? Vous voyez que monsieur Tibaudier, qui m'aime, en use plus respectueusement que vous.

M. HARPIN.

Monsieur Tibaudier en use comme il lui plaît : je ne sais pas de quelle façon monsieur Tibaudier a été avec vous; mais monsieur Tibaudier n'est pas un exemple pour moi, et je ne suis point d'humeur à payer les violons pour faire danser les autres.

LA COMTESSE.

Mais, vraiment, monsieur le receveur, vous ne songez pas à ce que vous dites. On ne traite point de la sorte les femmes de qualité; et ceux qui vous entendent, croiroient qu'il y a quelque chose d'étrange entre vous et moi.

M. HARPIN.

Hé, ventrebleu! madame, quittons la faribole.

LA COMTESSE.

Que voulez-vous donc dire avec votre quittons la faribole?

M. HARPIN.

Je veux dire que je ne trouve point étrange que vous vous rendiez au mérite de monsieur le vicomte ; vous n'êtes pas la première femme qui joue dans le monde de ces sortes de caractères, et qui ait auprès d'elle un monsieur le receveur, dont on lui voit trahir et la passion et la bourse, pour le premier venu qui lui donnera dans la vue. Mais ne trouvez pas étrange aussi que je ne sois point la dupe d'une infidélité si ordinaire aux coquettes du tems, et que je vienne vous assurer, devant bonne compagnie, que je romps commerce avec vous, et que monsieur le receveur ne sera plus pour vous monsieur le donneur.

LA COMTESSE.

Cela est merveilleux, comme les amans emportés deviennent à la mode! on ne voit autre chose de tous côtés. Là, là, monsieur le receveur, quittez votre colère, et venez prendre place pour voir la comédie.

M. HARPIN.

(montrant M. Tibaudier.)

Moi, morbleu, prendre place ! Cherchez vos benêts à vos pieds. Je vous laisse, madame la comtesse, à monsieur le vicomte ; et ce sera à lui que j'enverrai tantôt vos lettres. Voilà ma scène faite, voilà mon rôle joué. Serviteur à la compagnie.

M. TIBAUDIER.

Monsieur le receveur, nous nous verrons autre part qu'ici ; et je vous ferai voir que je suis au poil et à la plume.

M. HARPIN *en sortant*.

Tu as raison, monsieur Tibaudier.

LA COMTESSE.

Pour moi, je suis confuse de cette insolence.

LE VICOMTE.

Les jaloux, madame, sont comme ceux qui perdent leur procès : ils ont permission de tout dire. Prêtons silence à la comédie.

SCÈNE XXII ET DERNIÈRE.

LA COMTESSE, LE VICOMTE, JULIE, M. TIBAUDIER, JEANNOT.

JEANNOT *au Vicomte.*

Voilà un billet, monsieur, qu'on nous a dit de vous donner vîte.

LE VICOMTE *lisant.*

En cas que vous ayez quelque mesure à prendre, je vous envoie promptement un avis. La querelle de vos parens, et de ceux de Julie, vient d'être accommodée; et les conditions de cet accord, c'est le mariage de vous et d'elle. Bonsoir.

(à Julie.)

Ma foi, madame! voilà notre comédie achevée aussi.

(*Le Vicomte, la Comtesse, Julie et M. Tibaudier se lèvent.*)

JULIE.

Ah! Cléante, quel bonheur! Notre amour eût-il osé espérer un si heureux succès?

LA COMTESSE.

Comment donc? qu'est-ce que cela veut dire?

LE VICOMTE.

Cela veut dire, madame, que j'épouse Julie; et, si vous m'en croyez, pour rendre la comédie complette de tout point, vous épouserez monsieur Tibaudier, et donnerez mademoiselle Andrée à son laquais, dont il fera son valet-de-chambre.

LA COMTESSE.

Quoi! jouer de la sorte une personne de ma qualité!

LE VICOMTE.

C'est sans vous offenser, madame; et les comédies veulent de ces sortes de choses.

LA COMTESSE.

Oui, monsieur Tibaudier, je vous épouse pour faire enrager tout le monde.

M. TIBAUDIER.

Ce m'est bien de l'honneur, madame.

LE VICOMTE à *la Comtesse.*

Souffrez, madame, qu'en enrageant, nous puissions voir le reste du spectacle.

FIN.

LE MALADE

IMAGINAIRE,

COMÉDIE-BALLET.

AVERTISSEMENT

DE L'ÉDITEUR

SUR

LE MALADE IMAGINAIRE.

Le *Malade imaginaire*, comédie-ballet en trois actes, en prose, avec un prologue chantant et des intermèdes, fut représenté sur le théâtre du palais Royal le vendredi 10 février 1673.

La musique de cette pièce est de Charpentier (1), auteur de l'opéra de *Médée*. On ignore la raison pour laquelle ce ne fut pas Lulli qui concourut au dernier succès de Molière.

Les conquêtes de Louis XIV en Hollande, où il avoit pris, dans la campagne précédente, 36 villes presque toutes fortifiées, excitoient

---

(1) L'anecdote du pauvre qui rapporta à Molière un louis, qu'il venoit de lui donner par mégarde, doit être de la même année que le *Malade imaginaire*, puisque le musicien Charpentier en fut témoin, et que c'est de lui que nous la tenons, ainsi que la réflexion philosophique de notre auteur : *Où la vertu va-t-elle se loger ?*

tous les talens, animoient tous les arts à célébrer leur protecteur, et Molière ne voulut pas être des derniers à donner à son maître des preuves de son zèle patriotique.

C'est à ce sentiment que nous devons le prologue qui précéda le *Malade imaginaire*, et qui fut entièrement consacré à la louange de Louis-le-Grand.

On lit peu ce prologue aujourd'hui, et nous n'inviterons pas à le lire davantage pour y voir le vainqueur de la Hollande comparé à de la *neige fondue*, dont les *flots écumeux* renversent

Digues, châteaux, villes et bois,
Hommes et troupeaux à la fois.

Loin de nous reprocher cet aveu de la foiblesse du talent de Molière à cet égard, nous aimons à le faire, parce qu'il est peu de véritables génies qui ayent pu se plier avec succès au ton de la louange directe, et à la servitude qu'impose nécessairement la musique. Quinault lui-même, avec son talent prodigieux pour la poésie lyrique, ne s'est pas toujours sauvé de ce double écueil. D'ailleurs, en donnant un nouvel ouvrage comique, notre auteur faisoit bien plus pour la gloire du règne de son prince, que s'il l'eût loué avec plus d'art et de délicatesse.

Il étoit difficile que ce prologue, tel que l'avoit fait Molière, et dont la petite fable mieux conçue qu'exécutée, a servi depuis à quelques auteurs lyriques, ne parût pas un hors d'œuvre, et pût se lier avec le *Malade imaginaire*. Aussi notre auteur ajouta-t-il une scène isolée, qu'il intitula : *Autre prologue*.

Une bergère y venoit chanter que la douleur qui la désespéroit *ne pouvoit se guérir par les médecins ; que leur savoir n'étoit que pure chimière, et ne pouvoit être connu que par un malade imaginaire.* Telle fut la liaison bien peu recherchée qu'il employa pour passer à sa comédie. Heureusement elle n'a pas besoin aujourd'hui de ces bagatelles chantantes qui la précèdent. L'opéra est le seul genre où les éloges d'un prince mort ayent pu se conserver à l'aide de la musique.

Les excursions que Molière avoit faites sur les médecins dans plusieurs de ses comédies, et même par ses bons-mots dans la société, n'étoient rien en comparaison du combat qu'il parut livrer au corps entier dans le *Malade imaginaire*. M. Perrault, dans ses Hommes Illustres, parla de cette dernière attaque comme si sa plume avoit été guidée par l'humeur d'un médecin subalterne. Voici le jugement qu'il en porta :

On peut dire qu'il se méprit un peu dans cette dernière pièce, et qu'il ne se contint pas dans les bornes du pouvoir de la comédie ; car, au lieu de se contenter de blâmer les mauvais médecins, il attaqua la médecine en elle-même, la traita de science frivole, et posa pour principe qu'il est ridicule à un homme d'en vouloir guérir un autre. La comédie s'est toujours moquée des rodomonts et de leurs rodomontades, mais jamais elle n'a raillé ni les vrais braves, ni la vraie bravoure. Elle s'est réjouie des pédans et de la pédanterie, mais elle n'a jamais blâmé ni les savans ni la science. Suivant cette règle, il n'a pu trop maltraiter les charlatans et les ignorans médecins, mais il devoit en demeurer là, et ne pas tourner en ridicule les bons médecins que l'écriture nous enjoint d'honorer (1).

Il est vrai que dans la scène troisième du troisième acte, *Béralde* outré de l'aveugle et funeste confiance de son frère dans un art dont il voit évidemment qu'il n'a pas besoin, et dont il est la dupe, va jusqu'à traiter de *Momerie* l'engagement que prend un homme d'en guérir un autre.

Cette opinion exagérée, sans doute, semble contredire un peu ce ton de sagesse et de raison qui se remarque dans les ouvrages importans de Molière; mais, comme on le disoit de son tems, *les médecins étoient pour lui ce que le vieux poëte avoit été pour Térence;* et l'on sait combien il est difficile d'éviter tout excès dans les sentimens où il entre quelque prévention.

Ami d'un médecin qui faisoit auprès de lui ce qu'avoit fait auprès de Racine, pour sa comédie *des Plaideurs*, M. de Brilhac, conseiller au parlement, en l'instruisant de toutes les expressions du palais et de la chicane; peut-être devoit-il au docteur Mauvilain le scepticisme où il étoit en fait de médecine. Il n'est pas rare de trouver des médecins même qui, mécontens de leur art, par la jalousie qu'excitent en eux les succès de

---

(1) Montaigne observe avec malignité, liv. 2, chap. 37 de ses Essais, qu'à ce passage de l'écriture on en oppose un autre du prophète reprenant le roi Asa d'avoir eu recours au médecin.

leurs confrères, se vengent de leur inutilité, en médisant d'une profession qu'ils n'ont pu se rendre lucrative.

Molière étoit né avec une poitrine délicate (1), et par-là il étoit plus fait qu'un autre pour recourir à la médecine, mais il se rendit la victime du préjugé qu'il avoit contre elle. Il fut plus cruel pour lui-même que Montaigne, qui, malgré tous ses sarcasmes contre cet art, consultoit dans le besoin ceux qui le pratiquoient. Molière eut le malheureux entêtement de ne s'en servir jamais. Il soupçonnoit, sans doute, que le premier remède qu'on auroit eu à lui proposer, étoit le sacrifice de sa profession de comédien, incompatible avec son incommodité ; et l'on sait que rien ne pouvoit lui faire abandonner un état dont il étoit idolâtre.

A l'égard des médecins dont il plaisanta dans le *Malade imaginaire*, il les avoit dessinés de façon à ne point inquiéter un honnête et un habile homme de cet art. Ce qu'il faut même observer, c'est que le personnage de *M. Purgon* seroit au-delà du ridicule, si la législation s'étoit étendue jusqu'au crime dont il se rend coupable, entretenir par les seules vues de son intérêt les visions d'une dupe qui se croit malade, tandis que tout annonce sa santé ; vivre aux dépens de son imbécillité; jouer le

(1) On prétend que les efforts qu'il avoit faits pour modérer sa volubilité naturelle de prononciation, lui avoient causé un hoquet qui avoit considérablement altéré sa poitrine.

jeu barbare d'éteindre journellement, par des remèdes dangereux, lorsqu'ils sont inutiles, une vie qu'un insensé risque de perdre par un excès d'amour pour elle, c'est une infamie faite pour être désavouée par tous les particuliers d'un état qui met au rang de ses succès la considération publique.

La pédante stupidité de *messieurs Diafoirus* père, et fils, n'est pas plus faite pour blesser des gens qui ne peuvent leur ressembler. Les portraits de *Vadius* et de *Trissotin* ne rendirent pas tous les gens de lettres ridicules ; et la censure qu'on feroit aujourd'hui de *l'écrivaillerie* de notre tems, n'atteindroit ni Buffon, ni Voltaire, ni d'Alembert, ni beaucoup d'autres.

Molière, dans cette pièce, ainsi que dans celles où il nous offrit des médecins, fit donc peu de tort à ceux qui étoient vraiment dignes de ce nom. Mais, comme le remarqua Perrault, ce fut l'art même de la médecine qu'il attaqua dans *le Malade imaginaire*. Imitateur de Térence, qui faisoit passer dans ses pièces des morceaux de Platon (1), il suivit l'opinion de Montaigne contre une science fondée comme une autre en principes, mais qui, dans leur application, a trop souvent pour guide l'incertaine conjecture.

Le premier qui saigna et purgea à propos un

(1) Voyez le Commentaire de la Cité de Dieu, par L. Vivès, livre premier, chapitre 8. On y donne à Térence le surnom de Platonique.

homme tombé en apoplexie (dit l'auteur des questions encyclopédiques); le premier qui imagina de plonger un bistouri dans la vessie pour en tirer un caillou, et de refermer la plaie; le premier qui sut prévenir la gangrène dans une partie du corps, étoient, sans doute, des hommes presque divins, et ne ressembloient pas aux médecins de Molière...

Il y a donc un art de la médecine, mais dans tout art il y a des Virgiles et des Mœvius.

Les traits principaux du ridicule tombent, d'ailleurs, dans cet ouvrage, sur la pusillanimité *du Malade imaginaire*, et sur cet amour mal entendu de soi-même qui multiplie les fausses craintes, et qui porte jusqu'à la démence les scrupuleuses attentions qu'on croit devoir à sa santé.

Si Montaigne avoit fourni à Molière quelques traits contre l'art de la médecine, il avoit pu lui inspirer aussi le caractère même *du Malade imaginaire*. J'en ai vu, dit ce philosophe aimable, *prendre la chèvre de ce qu'on leur trouvoit le visage frais et le pouls posé; contraindre leur ris, parce qu'il trahissoit leur guérison, haïr la santé de ce qu'elle n'étoit pas regrettable.*

L'ingénieux Dufresni voulut, sur la fin du siècle de Molière, traiter le même ridicule dans le personnage d'une femme (1). C'est ici qu'il faut voir le bel-esprit aux prises avec le génie, et succomber sous un adversaire aussi redou-

---

(1) *La malade sans maladie*; 1699.

table. Etayé d'une fable peu naturelle et compliquée, Dufresni ne put remplir le vide de son action théâtrale. Au lieu des traits plaisans et forts qui partent de la main de Molière, Dufresni ne lança que les pointes légères de quelques épigrammes, dont la plus grande partie n'a même aucun rapport avec sa fausse malade. Sa finesse habituelle de penser lui fait remplir ses scènes invraisemblables, péniblement liées et peu agissantes, de réflexions ou délicates ou malignes, qui ne vont point au but de l'ouvrage. Ce n'est point une course qu'il fournit ; c'est la promenade incertaine d'un homme qui s'arrête partout, et qui cueille sur sa route les différentes fleurs qu'il voit sous ses pas. Et pour le dire en passant, c'est à cet auteur que commence le déclin de l'art comique. Pour le précipiter, il ne devoit manquer à ses imitateurs que le degré de finesse et d'esprit qu'il avoit ; et cela n'est arrivé que trop aisément et trop fréquemment.

Le second objet plus important encore qu'avoit Molière, étoit de tracer à nos yeux le portrait de ces belles-mères avares qui tournent à leur avantage les foiblesses d'un mari, dont on les voit éteindre ce qu'il peut avoir de sensibilité pour les enfans de son premier mariage. Ce portrait dessiné de main de maître, n'est cependant qu'un accessoire du sujet principal ; et loin de nuire à son effet, il ne sert qu'à l'augmenter. C'est ici qu'il faut apprendre à ne point détruire l'unité de son ouvrage, en doublant avec art son utilité par les effets différens qu'on lui fait produire. L'accord si difficile de ces parties diverses, dépend d'être conçu dans l'ensemble du tableau.

Térence avoit présenté une belle-mère dans son *Hecyre*; mais *Sostrata* est une belle-mère honnête, douce et raisonnable; et le comique résulte moins d'un exemple à suivre que de celui qu'on propose à fuir. De-là vient le peu de succès de tant d'instructions purement morales que l'on divise par scènes, au lieu de les donner par chapitres dans un ouvrage d'un autre genre.

A l'égard de la réception bouffonne du médecin, qui fait le dernier intermède, on sait que ce fut une plaisanterie de société, imaginée dans un souper chez madame de la Sablière, où la fameuse Ninon, La Fontaine et Despréaux étoient avec Molière, et quelques autres personnes dignes de ces délicieux soupers, dont le jeu, la médisance, et les sottises du jour ne faisoient pas alors les délices.

Chacun fournit son mot dans ce cadre plaisant que présenta Molière à remplir, en imitant le jargon burlesque de *Théophile Folengio*, religieux italien du seizième siècle, plus connu sous le nom de *Merlin Coccaie*.

L'ouvrage le plus connu de ce moine plaisant est sa *Macaronée*, ou *Histoire macaronique*, écrite en vers, dans lesquels il associe des mots latins à des mots de sa langue naturelle, qu'il corrompt à sa fantaisie par des terminaisons latines. Il avoit donné à ces vers, par une pasquinade d'assez mauvais genre, le nom de *Maca-*

roni, espèce de petits gâteaux faits chez nous avec de la pâte d'amande et du sucre, mais que l'on composoit en Italie avec de la farine, des œufs et du fromage.

Cette bizarrerie plaisante de *Folengio* servit donc de modèle au dialogue de la réception d'*Argan*, qui ne peut offenser qu'un jeune candidat, plus entêté de la dignité de sa robe que du vrai mérite d'une profession qui sera toujours au-dessus d'une gaîté folle et sans conséquence, lorsqu'elle ne couvrira pas son ignorance du masque risible de la charlatanerie.

L'édition de cette pièce qui a précédé celle de 1682, sur laquelle se sont réglées toutes les subséquentes, à l'exception d'une faite en Hollande, qui, 16 ans après, s'est conformée à la première, et dont nous parlerons aussi, a des différences avec celles-ci, qui ne consistent pas seulement dans la coupure et le nombre des scènes, dans l'intervertissement du dialogue, mais encore dans les choses ajoutées, qui ne paroissent pas être de Molière. En voici un exemple dans le portrait que *Beralde* fait de *M. Purgon*, acte 3, scène 3.

Edition de 1681.	Editions de 1682 et suiv.
BERALDE.	BERALDE.
Il y en a entre eux qui sont dans l'erreur aussi bien que les autres, d'autres qui en profitent sans y être. Votre *M. Purgon* y est plus que personne. C'est un homme	C'est qu'il y en a parmi eux qui sont eux-mêmes dans l'erreur populaire dont ils profitent, et d'autres qui en profitent sans y être. Votre *M. Purgon*, par exemple, n'y sait

tout médecin depuis la tête jusqu'aux pieds, qui croit plus aux règles de son art qu'à toutes les démonstrations de mathématique, et qui donne à travers les purgations et les saignées sans y rien connoître, et qui, lorsqu'il vous tuera, ne fera, dans cette occasion, que ce qu'il a fait à sa femme et à ses enfans, et ce qu'en un besoin il feroit à lui-même.

point de finesse ; c'est un homme tout médecin depuis la tête jusqu'aux pieds ; un homme qui croit à ses règles plus qu'à toutes les démonstrations des mathématiques, et qui croiroit du crime à les vouloir examiner ; qui ne voit rien d'obscur dans la médecine, rien de douteux, rien de difficile, et qui, *avec une impétuosité de prévention, une roideur de confiance, une brutalité de sens commun et de raison,* donne à travers des purgations et des saignées, et ne balance aucune chose. Il ne lui faut pas vouloir du mal de tout ce qu'il pourra vous faire ; c'est de la meilleur foi du monde qu'il vous expédiera, et il ne fera, en vous tuant, que ce qu'il fait à sa femme, etc.

Si l'édition de 1681, qui se trouve abandonnée, étoit faite d'après le manuscrit de Molière, pourquoi les sieurs Vinot et la Grange, qui donnèrent celle de 1682, ne la suivirent-ils pas ? La Grange, ami de notre auteur, et son successeur dans l'emploi d'orateur de la troupe, osa-t-il altérer le texte d'un homme aussi respectable pour lui que Molière ?

Les éditeurs qui nous ont précedés avoient déjà observé que l'édition du sieur la Grange différoit des anciennes à la première scène du troisième acte de l'*Avare*, et à la quatrième scène du cinquième acte du *Tartufe*, et ils avoient rétabli ces différences ; mais ils n'ont rien dit de celles du *Malade imaginaire*, beaucoup plus considérables ; il se sont même trompés à l'égard de cette pièce, en la comprenant au nombre des sept, que les éditeurs de 1682 faisoient paroître pour la première fois, puisque nous la trouvons imprimée en 1681 dans un recueil en 5 volumes, où ne sont point encore admises les six autres (1), qu'on ne put lire en effet qu'en 1682, et sur lesquelles peut-être les sieurs la Grange et Vinot prirent les mêmes libertés que sur *le Malade imaginaire*. Il est vrai qu'elles nous seroient plus indifférentes, puisque de ces six pièces, il n'y a que *la comtesse d'Escarbagnas* qui se joue encore.

Toutes les éditions de Molière s'étant conformées jusqu'ici à celle de 1682, nous sommes obligés de la suivre, mais après avoir averti que la scène septième du premier acte, et la scène troisième du troisième acte de l'édition de 1681, contiennent les principaux changemens. Ceux de nos lecteurs qui les verront, seront peut-être de l'opinion que le style de Molière, simple et vrai généralement, se reconnoît davantage au texte de la vieille édition ; mais l'usage où sont nos acteurs de jouer cette pièce conformément à l'édition de 1682, est encore une des raisons qui nous l'ont fait préférer.

(1) *Don Garcie de Navarre, l'Impromptu de Versailles, le Festin de Pierre, Mélicerte, les Amans magnifiques, et la Comtesse d'Escarbagnas.*

A l'égard de l'édition de Hollande en 1698, chez Henry Wetstein, en 4 vol., nous observerons que, quoiqu'elle emprunte de l'édition de 1682 les six pièces que Molière avoit gardées dans son porte-feuille, elle se conforme, par le texte *du Malade imaginaire*, aux éditions antérieures, et que c'est la seule qui ait eu ce respect pour elles ; mais il s'y trouve, relativement à la même pièce, quelques différences particulières à cette édition, et dont nous ferons connoître les deux principales.

1.º Le duo impromptu d'*Angélique et de Cléante* dans la scène sixième du second acte, y est augmenté, corrigé, non pas d'après les anciennes éditions qui, sur ce point, sont conformes à la nôtre, mais, sans doute, d'après l'étonnement de l'éditeur d'avoir trouvé dans Molière des vers incorrects, quelquefois sans rimes et sans mesure.

Plus de goût et de connoissance de l'art auroit averti l'éditeur que les négligences de Molière en cet endroit étoient précieuses à conserver ; qu'elles rendoient la scène rimée et chantée à l'impromptu par les deux amans, beaucoup plus naturelle, et que ce n'étoit, comme il le fait dire à *Cléante*, que *de la prose cadencée ou des manières de vers libres, tels que la passion et la nécessité peuvent faire trouver à deux personnes qui disent les choses d'elles-mêmes, et parlent sur-le-champ.* Plus d'un écrivain de nos jours, en pensant comme l'éditeur hollandois, auroient craint de compromettre leurs talens par un dialogue aussi défectueux ; mais Molière ne redoutoit que d'offenser la vérité. Comment, lorsqu'on croit découvrir une faute dans Molière, un sentiment secret ne fait-il pas appréhender que la faute ne soit que dans la tête de l'observateur ?

2.º Dans la réception bouffonne du médecin, l'éditeur d'Amsterdam a fort augmenté les interrogations en style macaronique faites au récipiendaire, et par conséquent les réponses de ce dernier ; celles qui seroient décentes à rapporter, sont au moins inutiles, et ne font que longueur. Nous n'en grossirons point cet avertissement. Nous l'avons dit, et nous ne pouvons trop le répéter, car nous avons quelquefois vu imiter l'éditeur hollandois : il est possible de retrancher quelque chose à Molière, mais bien ridicule d'y vouloir ajouter.

Avec un peu d'amour pour le génie étonnant du père de la scène comique, qu'il est douloureux d'avoir à se rappeler que ce fut à l'époque *du Malade imaginaire* que la France perdit celui de ses grands hommes que l'Europe lui envie le plus, et dont elle a le moins réparé la perte !

Il suivoit depuis quelques années un régime nécessaire à sa délicatesse ; mais, toujours disposé à se raccommoder avec sa femme, dont il n'avoit pu vaincre, et dont il excusoit quelquefois lui-même le penchant à la coquetterie, il oublia sa situation, il quitta l'usage du lait, et reprit son ancienne façon de vivre, qui contribua, sans doute, à l'inflammation toujours prochaine de sa poitrine.

SUR LE MALADE IMAGINAIRE.

Le jour de la quatrième représentation *du Malade imaginaire*, dont il remplissoit le rôle d'*Argan*, il se sentit plus incommodé qu'à l'ordinaire ; et sans vouloir se rendre aux prières de ses camarades, qui lui demandèrent de se tranquilliser, il exigea seulement d'eux qu'ils fussent prêts à commencer à quatre heures précises.

Les efforts qu'il fut obligé de faire pour arriver à la fin de la pièce, augmentèrent si consirablement l'oppression, qu'en prononçant le mot *juro* de la réception, il tomba dans une convulsion qu'il voulut en vain cacher aux spectateurs effrayés. A peine fut-il transporté chez lui, que le danger augmenta avec la toux, et qu'enfin il fut suffoqué par un vomissement de sang le vendredi 17 février 1673, dans un âge où l'on pouvoit se promettre d'autres prodiges de sa part, puisqu'il n'avoit que 53 ans.

Les représentations *du Malade imaginaire*, interrompues par cette mort fatale, ne furent reprises que le 4 mai suivant, et elles furent portées jusqu'à 38, sans compter les quatre premières. Molière n'existoit plus que dans ses chefs-d'œuvre, et tout Paris courut à son théâtre l'admirer. Lui seul put arrêter les larmes des gens de goût, en les forçant de rire à son dernier ouvrage.

C'est ici le lieu de féliciter la nation de l'ivresse avec laquelle elle a partagé, après cent ans expirés depuis la mort de ce grand homme, le zèle de deux auteurs qui se sont disputé la gloire de consacrer cette époque par deux pièces également précieuses par leur objet. La première, quoiqu'ingénieusement imaginée (1), a paru céder le pas à celle de M. Artaud (2) sans doute par l'heureuse invention de ce dernier, de n'avoir célébré Molière que par Molière lui-même.

Sa comédie à scènes épisodiques est en effet une espèce de centon, où il nous rappelle les traits les plus marqués de notre auteur, qu'il a fondus avec esprit et avec art dans le dialogue des personnages même de Molière, ramenés adroitement sur la scène le même jour où Thalie est descendue sur la terre pour y élever un monument à son époux.

C'est ainsi qu'à Londres, en 1716, pour célébrer la centenaire de Shakespear, on fit passer en revue sur le théâtre les plus beaux morceaux des pièces du Sophocle anglais. Quels traits l'imagination, l'éloquence et l'esprit réunis pourroient-ils fournir, qui fissent d'un homme de génie un plus vif éloge que les choses même qui lui ont mérité ce titre?

Nous n'oublierons pas avec quelle joie fut reçue du public l'assurance intéressante et noble que vinrent lui faire les comédiens à l'annonce de la pièce de l'*Assemblée*, qu'ils en consacroient le produit à l'honneur d'élever à leur ancien camarade, à leur père, une statue en marbre. Si M. de Saint-Foix redonne quelque

---

(1) *L'Assemblée.*

(2) *Le Centenaire.*

SUR LE MALADE IMAGINAIRE.

jour une nouvelle édition de ses ingénieux Essais sur Paris, il ne demandera plus où est la statue de Molière. Elle est décernée dans un moment de transport et d'amour par un acte public qui le rend digne de ce grand homme (1).

(1) Ce qu'on a dit, dans l'avertissement sur cette pièce, que l'anecdote du pauvre fut révélée par le musicien Charpentier, n'est qu'une conjecture sur ce que ce musicien ne travailla pour Molière que dans le Malade imaginaire, et que sans doute ce fut-là l'époque de leur connoissance. Ce musicien, célèbre dans son tems, disoit aux gens de sa profession : *Allez en Italie, c'est la véritable école ; cependant je ne désespère pas que, quelque jour, les Italiens ne viennent apprendre chez nous, mais je n'y serai plus.*

Dans le même avertissement, on a mis *la Malade sans maladie* de Dufresny fort au-dessous du Malade imaginaire de Molière, et cela est juste. On se reprochera cependant de n'avoir pas avoué qu'il se trouve dans la pièce du premier auteur des traits d'un vrai comique et d'un sel ignoré de notre tems ; tel est celui-ci : *Je dors, je dors, et puis je ne dors plus ; je mange, je mange, et puis je ne mange plus.* Il est vrai que Molière avoit dit : *Il ne s'est jamais si mal porté, il marche, dort, mange et boit comme les autres ; mais cela n'empêche pas qu'il ne soit fort malade.* Voilà sans doute où Dufresny a puisé son idée ; mais il la rend neuve par la tournure qu'il lui donne. On doit tout à soi-même, en empruntant de cette manière ; c'est ainsi que Molière empruntoit quelquefois, et c'est ce que les gens, qui ont recueilli ses imitations, n'ont pas assez observé. Je rapporterai ici un mot excellent et profond de M. de Rheulière, sur ces prétendus plagiats; *le vol littéraire n'est rien*, disoit-il, *lorsqu'on assassine son homme.* Dufresny ne pouvoit faire oublier l'auteur du Malade imaginaire ; mais le trait qu'on vient de citer de lui est plus piquant que celui auquel il doit la naissance.

POST-SCRIPTUM.

Chargés du commentaire du plus grand auteur comique qui ait existé dans tous les tems, nous avons eu pour objet de le rendre utile au véritable art de la comédie, à nos jeunes artistes, et aux étrangers, aussi idolâtres de cet auteur que nous-mêmes; parce qu'il n'y a que le talent qui soit national, et que le génie est commun à tous les lieux où l'on pense. Heureux si nos efforts ont répondu à nos intentions!

Nous nous rappelons que dans le cours de nos remarques nous avons été forcés de défendre Molière contre des opinions modernes qui nous ont paru hasardées; si le zèle dont nous étions remplis pour notre auteur nous avoit portés au-delà des égards dont les gens de lettres devroient rougir de s'écarter les uns envers les autres, nous en désavouerions la chaleur; mais nous croyons nous être tenus à cet égard dans les bornes d'une défense permise, et qui entroit dans les obligations que nous avoit fait contracter notre qualité de commentateur.

ACTEURS.

ACTEURS DE LA COMÉDIE.

ARGAN, malade imaginaire.
BELINE, seconde femme d'Argan.
ANGÉLIQUE, fille d'Argan.
LOUISON, petite fille, sœur d'Angélique.
BÉRALDE, frère d'Argan.
CLÉANTE, amant d'Angélique.
M. DIAFOIRUS, médecin.
THOMAS DIAFOIRUS, fils de M. Diafoirus.
M. PURGON, médecin.
M. FLEURANT, apothicaire.
M. DE BONNEFOI, notaire.
TOINETTE, servante d'Argan.

ACTEURS DU PROLOGUE.

FLORE.
DEUX ZÉPHIRS, dansans.
CLIMÈNE.
DAPHNÉ.
TIRCIS, amant de Climène, chef d'une troupe de bergers.
DORILAS, amant de Daphné, chef d'une troupe de bergers.
BERGERS et BERGÈRES de la suite de Tircis, chantans et dansans.

BERGERS et BERGÈRES de la suite de Dorilas, chantans et dansans.
PAN.
FAUNES, dansans.

ACTEURS DES INTERMÈDES.

DANS LE PREMIER INTERMÈDE.
POLICHINELLE.
UNE VIEILLE.
VIOLONS.
ARCHERS, chantans et dansans.

DANS LE SECOND ACTE.
UNE ÉGYPTIENNE, chantante.
UN ÉGYPTIEN, chantant.
ÉGYPTIENS et ÉGYPTIENNES, chantans et dansans.

DANS LE TROISIÈME ACTE.
TAPISSIERS, dansans.
LE PRÉSIDENT de la faculté de médecine.
DOCTEURS.
ARGAN, bachelier.
APOTHICAIRES, avec leurs mortiers et leurs pilons.
PORTE-SERINGUES.
CHIRURGIENS.

La scène est à Paris.

LE MALADE IMAGINAIRE.

PROLOGUE.

Le Théâtre représente un lieu champêtre.

SCENE I.

FLORE, DEUX ZÉPHIRS *dansans.*

FLORE.

Quittez, quittez vos troupeaux;
Venez, bergers, venez, bergères;
Accourez, accourez sous ces tendres ormeaux,
Je viens vous annoncer des nouvelles bien chères,
Et réjouir tous ces hameaux.
Quittez, quittez vos troupeaux;
Venez, bergers, venez, bergères;
Accourez, accourez sous ces tendres ormeaux.

SCÈNE II.

FLORE, DEUX ZÉPHIRS *dansans,* **CLIMÈNE, DAPHNÉ, TIRCIS, DORILAS.**

CLIMÈNE à *Tircis*, DAPNHÉ à *Dorilas.*

Berger, laissons-là tes feux:
Voilà Flore qui nous appelle.

TIRCIS à *Climène*, et DORILAS à *Daphné*.
Mais au moins, dis-moi, cruelle,
TIRCIS.
Si d'un peu d'amitié tu payeras mes vœux.
DORILAS.
Si tu seras sensible à mon ardeur fidelle.
CLIMÈNE ET DAPHNÉ.
Voilà Flore qui nous appelle.
TIRCIS ET DORILAS.
Ce n'est qu'un mot, un mot, un seul mot que je veux.
TIRCIS.
Languirai-je toujours dans ma peine mortelle ?
DORILAS.
Puis-je espérer qu'un jour tu me rendras heureux ?
CLIMÈNE ET DAPHÉ.
Voilà Flore qui nous appelle.

SCÈNE III.

FLORE, DEUX ZÉPHIRS *dansans*, CLIMENE, DAPHNÉ, TIRCIS, DORILAS, BERGERS et BERGERES *de la suite de Tircis et de Dorilas, chantans et dansans.*

PREMIÈRE ENTRÉE DE BALLET.

Les Bergers et les Bergères vont se placer en cadence autour de Flore.

CLIMÈNE.
Quelle nouvelle parmi nous,
Déesse, doit jeter tant de réjouissance ?
DAPHNÉ.
Nous brûlons d'apprendre de vous
Cette nouvelle d'importance.
DORILAS.
D'ardeur nous en soupirons tous.
CLIMÈNE, DAPHNÉ, TIRCIS, DORILAS.
Nous en mourons d'impatience.

PROLOGUE.
FLORE.
La voici ; silence, silence !
Vos vœux sont exaucés, LOUIS est de retour,
Il ramène en ces lieux les plaisirs et l'amour.
Et vous voyez finir vos mortelles alarmes.
Par ses vastes exploits son bras voit tout soumis.
   Il quitte les armes
   Faute d'ennemis.

CHŒUR.
Ah ! quelle douce nouvelle !
Qu'elle est grande ! Qu'elle est belle !
Que de plaisirs ! Que de ris ! Que de jeux !
  Que de succès heureux !
Et que le ciel a bien rempli nos vœux !
  Ah ! quelle douce nouvelle !
Qu'elle est grande ! Qu'elle est belle !

DEUXIÈME ENTRÉE DE BALLET.

Les bergers et les bergères expriment, par leurs danses, les transports de leur joie.

FLORE.
De vos flûtes bocagères
Réveillez les plus beaux sons ;
LOUIS offre à vos chansons
La plus belle des matières.
  Après cent combats
  Où cueille son bras
  Une ample victoire,
  Formez, entre vous,
  Cent combats plus doux,
  Pour chanter sa gloire.

CHŒUR.
  Formons, entre nous,
  Cent combats plus doux,
  Pour chanter sa gloire.

FLORE.

Mon jeune amant, dans ce bois,
Des présens de mon empire,
Prépare un prix à la voix
Qui saura le mieux nous dire
Les vertus et les exploits
Du plus auguste des rois.

CLIMÈNE.

Si Tircis à l'avantage.

DAPHNÉ.

Si Dorilas est vainqueur,

CLIMÈNE.

A le chérir je m'engage.

DAPHNÉ.

Je me donne à son ardeur.

TIRCIS.

O trop chère espérance !

DORILAS.

O mot plein de douceur !

TIRCIS ET DORILAS.

Plus beau sujet, plus belle récompense
Peuvent-ils animer un cœur ?

Tandis que les violons jouent un air pour animer les deux Bergers au combat, Flore, comme juge, va se placer au pied d'un arbre qui est au milieu du theâtre ; les deux troupes de Bergers et de Bergères se placent chacune du côté de leur chef.

TIRCIS.

Quand la neige fondue enfle un torrent fameux,
Contre l'effort soudain de ses flots écumeux
    Il n'est rien d'assez solide ;
    Digues, châteaux, villes et bois,
    Hommes et troupeaux à la fois,
    Tout cède au courant qui le guide.
    Tel, et plus fier et plus rapide,
    Marche LOUIS dans ses exploits.

PROLOGUE.

TROISIÈME ENTRÉE DE BALLET.

Les Bergers et les Bergères de la suite de Tircis, dansent autour de lui pour exprimer leurs applaudissemens.

DORILAS.

Le foudre menaçant qui perce avec fureur
L'affreuse obscurité de la nue enflammée,
  Fait, d'épouvante et d'horreur,
  Trembler le plus ferme cœur;
  Mais à la tête d'une armée,
  LOUIS jette plus de terreur.

QUATRIÈME ENTRÉE DE BALLET.

Les Bergers et les Bergères de la suite de Dorilas applaudissent à ses chants en dansant autour de lui.

TIRCIS.

Des fabuleux exploits que la Grèce a chantés,
Par un brillant amas de belles vérités
  Nous voyons la gloire effacée;
  Et tous ces fameux demi-dieux
  Que vante l'histoire passée,
  Ne sont point à notre pensée,
  Ce que LOUIS est à nos yeux.

CINQUIÈME ENTRÉE DE BALLET.

Les Bergers et les Bergères du côté de Tircis recommencent leurs danses.

DORILAS.

LOUIS fait à nos tems, par ses faits inouis,
Croire tous les beaux faits que nous chante l'histoire
  Des siècles évanouis;
  Mais nos neveux, dans leur gloire,
  N'auront rien qui fasse croire
  Tous les beaux faits de LOUIS

SIXIÈME ENTRÉE DE BALLET.

Les Bergers et Bergères du côté de Dorilas recommencent aussi leurs danses.

SEPTIÈME ENTRÉE DE BALLET.

Les Bergers et les Bergères de la suite de Tircis et de Dorilas, se mêlent et dansent ensemble.

SCÈNE IV.

FLORE, PAN, DEUX ZÉPHIRS *dansans*, **CLIMENE, DAPHNÉ, TIRCIS, DORILAS, FAUNES** *dansans*, **BERGERS** et **BERGÈRES** *chantans et dansans*.

PAN.

Laissez, laissez, bergers, ce dessein téméraire :
 Hé ! que voulez-vous faire ?
 Chanter sur vos chalumeaux,
 Ce qu'Apollon sur la lyre,
 Avec ses chants les plus beaux,
 N'entreprendroit pas de dire ;
C'est donner trop d'essor au feu qui vous inspire ;
C'est monter vers les cieux sur des ailes de cire,
 Pour tomber dans le fond des eaux.
Pour chanter de LOUIS l'intrépide courage,
 Il n'est point d'assez docte voix,
Point de mots assez grands pour en tracer l'image ;
 Le silence est le langage
 Qui doit louer ses exploits.
Consacrez d'autres soins à sa pleine victoire ;
Vos louanges n'ont rien qui flatte ses desirs :
 Laissez, laissez-là sa gloire ;
 Ne songez qu'à ses plaisirs.

CHŒUR.

 Laissons, laissons-là sa gloire ;
 Ne songeons qu'à ses plaisirs.

PROLOGUE.

FLORE à *Tircis et à Dorilas.*

Bien que pour étaler ses vertus immortelles,
La force manque à vos esprits,
Ne laissez pas tous deux d'en recevoir le prix.
Dans les choses grandes et belles,
Il suffit d'avoir entrepris.

HUITIÈME ENTRÉE DE BALLET.

Les deux Zéphirs dansent avec deux couronnes de fleurs à la main, qu'ils viennent donner ensuite à Tircis et à Dorilas.

CLIMÈNE ET DAPHNÉ *donnant la main à leurs amans.*

Dans les choses grandes et belles,
Il suffit d'avoir entrepris.

TIRCIS ET DORILAS.

Ah! que d'un doux succès notre audace est suivie!

FLORE ET PAN.

Ce qu'on fait pour LOUIS, on ne le perd jamais.

CLIMÈNE, DAPHNÉ, TIRCIS, DORILAS.

Au soin de ses plaisirs donnons-nous désormais.

FLORE ET PAN.

Heureux, heureux qui peut lui consacrer sa vie!

CHOEUR.

Joignons tous dans ces bois
Nos flûtes et nos voix :
Ce jour nous y convie ;
Et faisons aux échos redire mille fois,
LOUIS est le plus grand des rois ;
Heureux, heureux qui peut lui consacrer sa vie!

DERNIÈRE ENTRÉE DE BALLET.

Les Faunes, les Bergers et Bergères se mêlent ensemble ; il se fait entr'eux des jeux de danse, après quoi ils se vont préparer pour la comédie.

AUTRE PROLOGUE.

UNE BERGERE *chantante*.

Votre plus haut savoir n'est que pure chimère,
Vains et peu sages médecins ;
Vous ne pouvez guérir, par vos grands mots latins,
La douleur qui me désespère.
Votre plus haut savoir n'est que pure chimère.

Hélas, hélas ! je n'ose découvrir
Mon amoureux martyre
Au berger pour qui je soupire
Et qui seul peut me secourir.
Ne prétendez pas le finir,
Ignorans médecins ; vous ne sauriez le faire ;
Votre plus haut savoir n'est que pure chimère.

Ces remèdes peu surs, dont le simple vulgaire
Croit que vous connoissez l'admirable vertu,
Pour les maux que je sens n'ont rien de salutaire ;
Et tout votre caquet ne peut être reçu
Que d'un malade imaginaire ;
Votre plus haut savoir n'est que pure chimère.

LE MALADE
IMAGINAIRE.

ACTE PREMIER.

Le théâtre représente la chambre d'Argan.

SCÈNE I.

ARGAN *assis, ayant une table devant lui, comptant avec des jetons les parties de son apothicaire.*

Trois et deux font cinq, et cinq font dix, et dix font vingt. Trois et deux font cinq. *Plus, du vingt-quatrième, un petit clystère insinuatif, préparatif, et rémolliant, pour amollir, humecter et rafraîchir les entrailles de monsieur.* Ce qui me plaît de monsieur Fleurant mon apothicaire, c'est que ses parties sont toujours fort civiles. *Les entrailles de monsieur, trente sols.* Oui, mais, monsieur Fleurant, ce n'est pas tout que d'être civil, il faut être aussi raisonnable, et ne pas écorcher les malades. Trente sols un lavement! Je suis votre serviteur; je vous l'ai déjà dit; vous ne me les avez mis dans les autres parties qu'à vingt sols; et vingt sols en langage d'apothicaire, c'est-à-dire dix sols; les voilà, dix sols. *Plus, dudit jour, un bon clystère détersif, composé avec catholicon double, rhubarbe, miel rosat, et autres, suivant l'ordonnance, pour balayer, laver et nettoyer le bas-ventre de monsieur, trente sols.* Avec votre permission, dix sols. *Plus, dudit jour, le soir, un julep hépatique,* soporatif, somnifère, composé pour faire dormir monsieur, trente-cinq sols. Je ne me plains pas de celui-là, car il me fit bien dormir. Dix, quinze, seize et dix-sept sols six deniers. *Plus, du vingt-cinquième, une bonne médecine purgative et corroborative, composée de casse récente avec séné levantin, et autres, suivant l'ordonnance de M. Purgon, pour expulser et évacuer la bile de monsieur, quatre livres.* Ah, M. Fleurant! c'est se moquer. Il faut vivre avec les malades. M. Purgon ne vous a pas ordonné de mettre quatre francs. Mettez, mettez trois livres, s'il vous plaît. Vingt et trente sols. *Plus, dudit jour, une potion anodine et astringente, pour faire reposer monsieur, trente sols.* Bon, dix et quinze sols. *Plus, du vingt-sixième, un clystère carminatif, pour chasser les vents de monsieur, trente sols.* Dix sols, M. Fleurant. *Plus, le clystère de monsieur, réitéré le soir, comme dessus, trente sols.* M. Fleurant, dix sols. *Plus, du vingt-septième, une bonne médecine, composée pour hâter d'aller, et chasser dehors les mauvaises humeurs de monsieur, trois livres.* Bon, vingt et trente sols. Je suis bien-aise que vous soyez raisonnable. *Plus, du vingt-huitième, une prise de petit-lait clarifié et dulcoré, pour adoucir, lénifier, tempérer et rafraîchir le sang de monsieur, vingt sols.* Bon, dix sols. *Plus, une potion cordiale et préservative, composée avec douze grains de bezoard, sirop de limon et grenades, et autres, suivant l'ordonnance, cinq livres.* Ah, monsieur Fleurant! tout doux, s'il vous plaît; si vous en usez comme cela, on ne voudra plus être malade : contentez-vous de quatre francs, et vingt et quarante sols. Trois et deux font cinq, et cinq font dix, et dix font vingt. Soixante et trois livres quatre sols six deniers. Si bien donc que, de ce mois, j'ai pris une, deux, trois, quatre, cinq, six, sept et huit médecines; et un, deux, trois, quatre, cinq, six, sept, huit, neuf, dix, onze et douze lavemens; et l'autre mois, il y avoit douze médecines, et vingt lavemens. Je ne m'étonne pas, si je ne me porte pas si bien ce mois-ci que l'autre. Je le dirai à monsieur Purgon, afin qu'il mette ordre à cela. Allons, qu'on m'ôte tout ceci. (*voyant que personne ne vient, et qu'il n'y a aucun de ses gens dans sa chambre.*) Il n'y a personne. J'ai beau dire, on me laisse toujours seul; il n'y a pas moyen de les arrêter ici. (*après avoir sonné une sonnette qui est sur sa table.*)

ACTE I. SCÈNE II.

Ils n'entendent point, et ma sonnette ne fait pas assez de bruit. (*après avoir sonné pour la deuxième fois.*) Point d'affaire. (*après avoir sonné encore.*) Ils sont sourds. Toinette ! (*après avoir fait le plus de bruit qu'il peut avec sa sonnette.*) Tout comme si je ne sonnois point. Chienne ! coquine ! (*voyant qu'il sonne encore inutilement.*) J'enrage. Drelin, drelin, drelin. Carogne, à tous les diables ! Est-il possible qu'on laisse comme cela un pauvre malade ! Drelin, drelin, drelin. Voilà qui est pitoyable ! Drelin, drelin, drelin. Ah, mon Dieu ! ils me laisseront ici mourir. Drelin, drelin, drelin *.

SCÈNE II.

ARGAN, TOINETTE.

TOINETTE *en entrant*.

On y va.

ARGAN.

Ah, chienne ! Ah, carogne !...

TOINETTE *faisant semblant de s'être cogné la tête*.

Diantre soit de votre impatience ! Vous pressez si fort les personnes **, que je me suis donné un grand coup à la tête contre la carne d'un volet.

ARGAN *en colère*.

Ah, traîtresse !...

---

* Le début du *Misanthrope* et celui du *Malade imaginaire*, sont deux chefs-d'œuvre de l'art comique. Aucune conversation traînante n'amène les fils de l'intrigue ; l'action s'y présente d'elle-même et sans le secours des confidences ou des causeries domestiques ; introduction parasite du plus grand nombre de nos comédies.

Le monologue d'*Argan*, quelque long qu'il soit, ne le paroît point, parce qu'il est de la meilleure plaisanterie. Son impatience, ses cris d'un homme robuste et sain, *quoiqu'on le laisse mourir seul*, à ce qu'il dit, annoncent, de la façon la plus heureuse, la plus simple et la plus gaie, le caractère singulier que Molière se propose de peindre.

** *Vous pressez si fort les personnes.* On diroit aujourd'hui *les gens*.

TOINETTE *interompant Argan.*

Ah !

ARGAN.

Il y a...

TOINETTE.

Ah !

ARGAN.

Il y a une heure...

TOINETTE.

Ah !

ARGAN.

Tu m'as laissé...

TOINETTE.

Ah !

ARGAN.

Tais-toi donc, coquine, que je te querelle.

TOINETTE.

Ça-mon * ma foi, j'en suis d'avis, après ce que je me suis fait.

ARGAN.

Tu m'as fait égosiller, carogne.

TOINETTE.

Et vous m'avez fait, vous, casser la tête : l'un vaut bien l'autre. Quitte à quitte, si vous voulez.

ARGAN.

Quoi ! coquine...

TOINETTE.

Si vous querellez, je pleurerai.

ARGAN.

Me laisser, traîtresse !...

---

* *Ça-mon, ma foi, j'en suis d'avis.* Cette vieille expression ne se trouve plus dans nos vocabulaires. *Vraiment, c'est mon,* dit Montaigne, l. 2, chap. 37 de ses Essais. Il y a grande apparence que le *c'est mon* du philosophe est la même chose que le *ça-mon* de *Toinette,* espèce de particule explétive et surabondante, telle qu'en admet encore le dialogue familier. Le dernier éditeur de Montaigne dit que le *c'est mon* sert à affirmer plus fortement, mais qu'à présent il est tout-à-fait barbare.

ACTE I. SCENE II.

TOINETTE *interrompant encore Argan.*

Ah!

ARGAN.

Chienne, tu veux...

TOINETTE.

Ah!

ARGAN.

Quoi ! il faudra encore que je n'aye pas le plaisir de la quereller ?

TOINETTE.

Querellez tout votre saoul, je le veux bien.

ARGAN.

Tu m'en empêches, chienne, en m'interrompant à tous coups.

TOINETTE.

Si vous avez le plaisir de quereller, il faut bien que de mon côté j'aye le plaisir de pleurer : chacun le sien, ce n'est pas trop. Ah.

ARGAN.

Allons, il en faut passer par là. Ote-moi ceci, coquine, ôte-moi ceci. (*après s'être levé.*) Mon lavement d'aujourd'hui a-t-il bien opéré ?

TOINETTE.

Votre lavement ?

ARGAN.

Oui. Ai-je bien fait de la bile ?

TOINETTE.

Ma foi, je ne me mêle point de ces affaires-là : c'est à monsieur Fleurant à y mettre le nez, puisqu'il en a le profit.

ARGAN.

Qu'on ait soin de me tenir un bouillon prêt, pour l'autre que je dois tantôt prendre.

TOINETTE.

Ce monsieur Fleurant-là et ce monsieur Purgon s'égayent bien sur votre corps : il ont en vous une bonne vache à lait ; et je voudrois bien leur demander quel mal vous avez pour vous faire tant de remèdes ?

ARGAN.

Taisez-vous, ignorante; ce n'est pas à vous à contrôler les ordonnances de la médecine. Qu'on me fasse venir ma fille Angélique; j'ai à lui dire quelque chose.

TOINETTE.

La voici qui vient d'elle-même; elle a deviné votre pensée.

SCÈNE III.

ARGAN, ANGÉLIQUE, TOINETTE.

ARGAN.

Approchez, Angélique : vous venez à propos; je voulois vous parler.

ANGÉLIQUE.

Me voilà prête à vous ouïr.

ARGAN.

(*à Toinette.*)

Attendez. Donnez-moi mon bâton; je vais revenir tout-à-l'heure.

TOINETTE.

Allez vîte, monsieur, allez. Monsieur Fleurant nous donne des affaires.

SCÈNE IV.

ANGÉLIQE, TOINETTE.

ANGÉLIQUE.

Toinette !

TOINETTE.

Quoi ?

ANGÉLIQUE.

Regarde-moi un peu.

TOINETTE.

Hé bien ! je vous regarde.

ANGÉLIQUE.

Toinette.

ACTE I. SCENE IV.

TOINETTE.

Hé bien! quoi, Toinette?

ANGÉLIQUE.

Ne devines-tu point de quoi je veux parler?

TOINETTE.

Je m'en doute assez; de notre jeune amant? Car c'est sur lui depuis six jours que roulent tous nos entretiens; et vous n'êtes point bien, si vous n'en parlez à toute heure.

ANGÉLIQUE.

Puisque tu connois cela, que n'es-tu donc la première à m'en entretenir? et que ne m'épargnes-tu la peine de te jeter sur ce discours?

TOINETTE.

Vous ne m'en donnez pas le tems; et vous avez des soins là-dessus, qu'il est difficile de prévenir.

ANGÉLIQUE.

Je t'avoue que je ne saurois me lasser de te parler de lui, et que mon cœur profite avec chaleur de tous les momens de s'ouvrir à toi. Mais, dis-moi, condamnes-tu, Toinette, les sentimens que j'ai pour lui?

TOINETTE.

Je n'ai garde.

ANGÉLIQUE.

Ai-je tort de m'abandonner à ces douces impressions?

TOINETTE.

Je ne dis pas cela.

ANGÉLIQUE.

Et voudrois-tu que je fusse insensible aux tendres protestations de cette passion ardente qu'il témoigne pour moi?

TOINETTE.

A dieu ne plaise!

ANGÉLIQUE.

Dis-moi un peu; ne trouves-tu pas, comme moi, quelque chose du ciel, quelque effet du destin, dans l'aventure inopinée de notre connoissance?

TOINETTE.

Oui.

ANGÉLIQUE.

Ne trouve-tu pas que cette action d'embrasser ma défense, sans me connoître, est tout-à-fait d'un honnête homme ?

TOINETTE.

Oui.

ANGÉLIQUE.

Que l'on ne peut pas en user plus généreusement ?

TOINETTE.

D'accord.

ANGÉLIQUE.

Et qu'il fit tout cela de la meilleure grace du monde ?

TOINETTE.

Oh ! oui.

ANGÉLIQUE.

Ne trouves-tu pas, Toinette, qu'il est bien fait de sa personne ?

TOINETTE.

Assurément.

ANGÉLIQUE.

Qu'il a le meilleur air du monde ?

TOINETTE.

Sans doute.

ANGÉLIQUE.

Que ses discours, comme ses actions, ont quelque chose de noble ?

TOINETTE.

Cela est sûr.

ANGÉLIQUE.

Qu'on ne peut rien entendre de plus passionné que tout ce qu'il me dit ?

TOINETTE.

Il est vrai.

ANGÉLIQUE.

Et qu'il n'est rien de plus fâcheux que la contrainte où l'on me tient, qui bouche tout commerce * aux doux empressemens de cette mutuelle ardeur que le ciel nous inspire ?

---

* *Qui bouche tout commerce.* Il seroit mieux de dire *qui interdit*.

ACTE I. SCÈNE V.

TOINETTE.

Vous avez raison.

ANGÉLIQUE.

Mais, ma pauvre Toinette, crois-tu qu'il m'aime autant qu'il me le dit ?

TOINETTE.

Hé, hé! ces choses-là par fois sont un peu sujettes à caution. Les grimaces d'amour ressemblent fort à la vérité : et j'ai vu de grands comédiens là-dessus.

ANGÉLIQUE.

Ah ! Toinette, que dis-tu là ? Hélas! de la façon qu'il parle, seroit-il bien possible qu'il ne me dît pas vrai ?

TOINETTE.

En tout cas, vous en serez bientôt éclaircie ; et la résolution où il vous écrivit hier qu'il étoit de vous faire demander en mariage, est une prompte voie à vous faire connoître s'il vous dit vrai ou non. C'en sera la bonne preuve.

ANGÉLIQUE.

Ah, Toinette ! si celui-là me trompe, je ne croirai de ma vie aucun homme !

TOINETTE.

Voilà votre père qui revient.

SCÈNE V.

ARGAN, ANGÉLIQUE, TOINETTE.

ARGAN.

Or ça, ma fille, je vais vous dire une nouvelle où peut-être ne vous attendez-vous pas. On vous demande en mariage. Qu'est-ce que cela ? Vous riez ? Cela est plaisant, oui, ce mot de mariage ! Il n'est rien de plus drôle pour les jeunes filles. Ah, nature, nature ! A ce que je puis voir, ma fille, je n'ai que faire de vous demander si vous voulez bien vous marier.

ANGÉLIQUE.

Je dois faire, mon père, tout ce qu'il vous plaira de m'ordonner.

ARGAN.

Je suis bien aise d'avoir une fille si obéissante : la chose est donc conclue : et je vous ai promise.

ANGÉLIQUE.

C'est à moi, mon père, de suivre aveuglément toutes vos volontés.

ARGAN.

Ma femme, votre belle-mère, avoit envie que je vous fisse religieuse, et votre petite sœur Louison aussi ; et de tout tems elle a été aheurtée à cela *.

TOINETTE à part.

La bonne bête a ses raisons.

ARGAN.

Elle ne vouloit point consentir à ce mariage ; mais je l'ai emporté, et ma parole est donnée.

ANGÉLIQUE.

Ah, mon père, que je vous suis obligée de toutes vos bontés.

TOINETTE à Argan.

En vérité, je vous sais bon gré de cela ; et voilà l'action la plus sage que vous ayez faite de votre vie.

ARGAN.

Je n'ai point encore vu la personne ; mais on m'a dit que j'en serois content, et toi aussi.

ANGÉLIQUE.

Assurément, mon père.

ARGAN.

Comment, l'as-tu vue ?

ANGÉLIQUE.

Puisque votre consentement m'autorise à vous pouvoir ouvrir mon cœur, je ne feindrai point de vous dire que le hasard nous a fait connoître il y a six jours, et que la demande qu'on

---

* C'est dans cette scène que le caractère de la belle-mère est exquissé par *Argan*, lorsqu'en proposant un mari à sa fille, il lui dit naïvement que sa femme avoit envie qu'elle fût religieuse, ainsi que sa petite sœur *Louison*. Ce n'est point un portrait à prétention, à tirades, que fait Moliere. *Beline* est connue par un simple trait, et voilà la bonne manière de peindre au théâtre.

ACTE I. SCENE V.

vous a faite, est un effet de l'inclination que, dès cette première vue, nous avons prise l'un pour l'autre.

ARGAN.

Ils ne m'ont pas dit cela, mais j'en suis bien aise; et c'est tant mieux que les choses soient de la sorte. Ils disent que c'est un grand jeune garçon bien fait.

ANGÉLIQUE.

Oui, mon père.

ARGAN.

De belle taille.

ANGÉLIQUE.

Sans doute.

ARGAN.

Agréable de sa personne.

ANGÉLIQUE.

Assurément.

ARGAN.

De bonne physionomie.

ANGÉLIQUE.

Très-bonne.

ARGAN.

Sage et bien né.

ANGÉLIQUE.

Tout-à-fait.

ARGAN.

Fort honnête.

ANGÉLIQUE.

Le plus honnête homme du monde.

ARGAN.

Qui parle bien latin et grec.

ANGÉLIQUE.

C'est ce que je ne sais pas.

ARGAN.

Et qui sera reçu médecin dans trois jours.

ANGÉLIQUE.

Lui, mon père?

ARGAN.

Oui. Est-ce qu'il ne te l'a pas dit?

ANGÉLIQUE.

Non, vraiment. Qui vous l'a dit, à vous?

ARGAN.

Monsieur Purgon.

ANGÉLIQUE.

Est-ce que monsieur Purgon le connoît?

ARGAN.

La belle demande! Il faut bien qu'il le connoisse, puisque c'est son neveu.

ANGÉLIQUE.

Cléante, neveu de monsieur Purgon!

ARGAN.

Quel Cléante? Nous parlons de celui pour qui l'on t'a demandée en mariage.

ANGÉLIQUE.

Hé, oui.

ARGAN.

Hé bien! c'est le neveu de monsieur Purgon, qui est le fils de son beau-frère le médecin, monsieur Diafoirus; et ce fils s'appelle Thomas Diafoirus, et non pas Cléante; et nous avons conclu ce mariage-là ce matin, monsieur Purgon, monsieur Fleurant et moi; et demain ce gendre prétendu me doit être amené par son père. Qu'est-ce, vous voilà toute ébaubie?

ANGÉLIQUE.

C'est, mon père, que je connois que vous avez parlé d'une personne, et que j'ai entendu une autre.

TOINETTE.

Quoi! monsieur, vous auriez fait ce dessein burlesque? Et, avec tout le bien que vous avez, vous voudriez marier votre fille avec un médecin?

ARGAN.

Oui. De quoi te mêles-tu, coquine, impudente que tu es?

TOINETTE.

Mon Dieu! tout doux. Vous allez d'abord aux invectives. Est-ce que nous ne pouvons pas raisonner ensemble, sans nous emporter? Là, parlons de sang-froid. Quelle est votre raison, s'il vous plaît pour un tel mariage?

ARGAN.

Ma raison est que, me voyant infirme et malade comme je

ACTE I. SCÈNE V.

suis, je veux me faire un gendre et des alliés médecins, afin de m'appuyer de bons secours contre ma maladie, d'avoir dans ma famille les sources des remèdes qui me sont nécessaires, et d'être à même des consultations et des ordonnances.

TOINETTE.

Hé bien ! voilà dire une raison ; et il y a plaisir à se répondre doucement les uns aux autres. Mais, monsieur, mettez la main à la conscience : est-ce que vous êtes malade ?

ARGAN.

Comment, coquine ! si je suis malade ? Si je suis malade, impudente ?

TOINETTE.

Hé bien ! oui, monsieur, vous êtes malade ; n'ayons point de querelle là-dessus. Oui, vous êtes fort malade ; j'en demeure d'accord, et plus malade que vous ne pensez : voilà qui est fait. Mais votre fille doit épouser un mari pour elle ; et, n'étant point malade, il n'est pas nécessaire de lui donner un médecin.

ARGAN.

C'est pour moi que je lui donne ce médecin ; et une fille de bon naturel doit être ravie d'épouser ce qui est utile à la santé de son père.

TOINETTE.

Ma foi, monsieur, voulez-vous qu'en amie je vous donne un conseil ?

ARGAN.

Quel est-il, ce conseil ?

TOINETTE.

De ne point songer à ce mariage-là.

ARGAN.

Et la raison ?

TOINETTE.

C'est que votre fille n'y consentira point.

ARGAN.

Elle n'y consentira point ?

TOINETTE.

Non.

ARGAN.

Ma fille ?

TOINETTE.

Votre fille. Elle vous dira qu'elle n'a que faire de monsieur Diafoirus, ni de son fils Thomas Diafoirus, ni de tous les Diafoirus du monde *.

ARGAN.

J'en ai affaire, moi. Outre que le parti est plus avantageux qu'on ne pense, monsieur Diafoirus n'a que ce fils-là pour tout héritier; et, de plus, monsieur Purgon qui n'a ni femme, ni enfans, lui donne tout son bien en faveur de ce mariage; et monsieur Purgon est un homme qui a huit mille bonnes livres de rente.

TOINETTE.

Il faut qu'il ait tué bien des gens, pour s'être fait si riche!

ARGAN.

Huit mille livres de rente sont quelque chose, sans compter le bien du père.

---

* La scène seconde de l'acte second du *Tartufe*, où *Dorine* tient tête au bonhomme *Orgon*, au sujet du gendre qu'il propose à sa fille, a quelque rapport avec celle-ci. *Toinette* y joue à peu près le même personnage avec *Argan*, à qui elle démontre, en présence de sa jeune maîtresse, tout le ridicule du choix qu'il a fait de *M. Diafoirus* le fils, pour être le mari de sa fille. Ce qui peut justifier un peu l'extrême licence que prennent avec leurs maîtres et *Dorine* et *Toinette*, c'est l'imbécillité bien prononcée de l'un et de l'autre. Cela est devenu insoutenable dans plus d'une imitation qu'on en a faite, parce qu'il n'y a que de vrais sots qui ayent pu laisser prendre chez eux ce ton insolent à leurs domestiques.

Il faut observer que la résistance personnelle d'*Elise* à *Harpagon* dans la scène sixième du premier acte de l'*Avare*, semble être moins dans la bienséance, que le silence respectueux d'*Angélique*, qui n'ose avoir un sentiment que vis-à-vis sa belle-mère, dans la scène septième du second acte; mais, comme nous l'avons dit, il falloit, dans cette scène de l'*Avare*, plus morale qu'on ne l'a pensé, qu'*Harpagon* fût avili dans sa propre maison, jusqu'au point d'avoir écarté ses enfans du respect qu'ils auroient, sans doute, pour un autre père, au lieu qu'ici le ridicule d'*Argan* n'est pas de l'espèce de ceux qui indignent, et n'est point assez grave pour autoriser autant la liberté chez *Angélique*. C'est dans l'observation délicate et réfléchie de ces nuances diverses, que Molière est le plus philosophe de nos poètes.

TOINETTE.

Monsieur, tout cela est bel et bon; mais j'en reviens toujours là : je vous conseille, entre nous, de lui choisir un autre mari, elle n'est point faite pour être madame Diafoirus.

ARGAN.

Et je veux, moi, que cela soit.

TOINETTE.

Hé, fi! ne dites pas cela.

ARGAN.

Comment! que je ne dise pas cela?

TOINETTE.

Hé, non.

ARGAN.

Et pourquoi ne le dirai-je pas?

TOINETTE.

On dira que vous ne songez pas à ce que vous dites.

ARGAN.

On dira ce qu'on voudra; mais je vous dis que je veux qu'elle exécute la parole que j'ai donnée.

TOINETTE.

Non, je suis sûre qu'elle ne le fera pas.

ARGAN.

Je l'y forcerai bien.

TOINETTE.

Elle ne le fera pas, vous dis-je.

ARGAN.

Elle le fera, ou je la mettrai dans un couvent.

TOINETTE.

Vous?

ARGAN.

Moi.

TOINETTE.

Bon!

ARGAN.

Comment! bon?

TOINETTE.

Vous ne la mettrez point dans un couvent.

ARGAN.

Je ne la mettrai pas dans un couvent ?

TOINETTE.

Non.

ARGAN.

Non ?

TOINETTE.

Non.

ARGAN.

Ouais ! voici qui est plaisant ! je ne mettrai pas ma fille dans un couvent, si je veux ?

TOINETTE.

Non, vous dis-je.

ARGAN.

Qui m'en empêchera ?

TOINETTE.

Vous-même.

ARGAN.

Moi ?

TOINETTE.

Oui. Vous n'aurez pas ce cœur-là.

ARGAN.

Je l'aurai.

TOINETTE.

Vous vous moquez.

ARGAN.

Je ne me moque point.

TOINETTE.

La tendresse paternelle vous prendra.

ARGAN.

Elle ne me prendra point.

TOINETTE.

Une petite larme ou deux, des bras jetés au cou, un mon petit papa mignon, prononcé tendrement, sera assez pour vous toucher.

ARGAN.

Tout cela ne fera rien.

ACTE I. SCÈNE V.

TOINETTE.

Oui, oui.

ARGAN.

Je vous dis que je n'en démordrai point.

TOINETTE.

Bagatelles.

ARGAN.

Il ne faut point dire, bagatelles.

TOINETTE.

Mon Dieu ! je vous connois : vous êtes bon naturellement.

ARGAN *avec emportement.*

Je ne suis point bon, et je suis méchant quand je veux.

TOINETTE.

Doucement, monsieur. Vous ne songez pas que vous êtes malade.

ARGAN.

Je lui commande absolument de se préparer à prendre le mari que je dis.

TOINETTE.

Et moi, je lui défends absolument d'en faire rien.

ARGAN.

Où est-ce donc que nous sommes ? Et quelle audace est-ce là, à une coquine de servante, de parler de la sorte devant son maître ?

TOINETTE.

Quand un maître ne songe pas à ce qu'il fait, une servante bien sensée est en droit de le redresser.

ARGAN *courant après Toinette.*

Ah, insolente, il faut que je t'assomme !

TOINETTE *évitant Argan, et mettant la chaise entre elle et lui.*

Il est de mon devoir de m'opposer aux choses qui vous peuvent déshonorer.

ARGAN *courant après Toinette autour de la chaise, avec son bâton.*

Viens, viens que je t'apprenne à parler.

TOINETTE *se sauvant du côté où n'est point Argan.*

Je m'intéresse, comme je dois, à ne vous point laisser faire de folie.

ARGAN *de même.*

Chienne.

TOINETTE *de même.*

Non, je ne consentirai jamais à ce mariage.

ARGAN *de même.*

Pendarde.

TOINETTE *de même.*

Je ne veux point qu'elle épouse votre Thomas Diafoirus.

ARGAN *de même.*

Carogne.

TOINETTE *de même.*

Et elle m'obéira plutôt qu'à vous.

ARGAN *s'arrêtant.*

Angélique, tu ne veux pas m'arrêter cette coquine-là?

ANGÉLIQUE.

Hé! mon père, ne vous faites point malade.

ARGAN *à Angélique.*

Si tu ne me l'arrêtes, je te donnerai ma malédiction.

TOINETTE *en s'en allant.*

Et moi, je la déshériterai si elle vous obéit.

ARGAN *se jettant dans sa chaise.*

Ah, ah! je n'en puis plus. Voilà pour me faire mourir.

SCÈNE VI.

BELINE, ARGAN.

ARGAN.

Ah, ma femme, approchez!

BELINE.

Qu'avez-vous, mon pauvre mari * ?

---

* *Beline*, en appelant son mari *mon petit-fils, mon cœur, mon pauvre petit mari,* se découvre au spectateur pour ce qu'elle est, pour une marâtre adroite, qui feint un amour qu'elle ne sent pas, afin de parvenir à des vues intéressées et ruineuses pour les enfans de son mari. Tout ce manège est d'un naturel et d'une vérité dont il faut que nos jeunes auteurs dramatiques fassent leur première étude. Nous sommes à mille lieues de ce dialogue simple et précis.

Dufresny place aussi auprès de sa malade une femme inté-

ARGAN.
Venez-vous-en ici à mon secours.
BELINE.
Qu'est-ce que c'est donc qu'il y a, mon petit-fils?
ARGAN.
Ma mie.
BELINE.
Mon ami.
ARGAN.
On vient de me mettre en colère.
BELINE.
Hélas, mon pauvre petit mari! comment donc, mon ami?
ARGAN.
Votre coquine de Toinette est devenue plus insolente que jamais.
BELINE.
Ne vous passionnez donc point.
ARGAN.
Elle m'a fait enrager, ma mie.
BELINE.
Doucement, mon fils.
ARGAN.
Elle a contrecarré, une heure durant, les choses que je veux faire.
BELINE.
Là, là, tout doux.
ARGAN.
Elle a eu l'effronterie de me dire que je ne suis point malade.
BELINE.
C'est une impertinente.

ressée, qui travaille à se faire nommer l'héritière de son amie, dont elle nourrit aussi la foiblesse qu'elle a de se croire malade. Elle a sacrifié auprès d'elle, dit *Lisette*, sa jeunesse et son âge nubile, et *l'âge nubile est le patrimoine des filles qui n'en ont point*. Voilà Dufresny; il court à l'esprit, et Molière à la nature.

ARGAN.
Vous savez, mon cœur, ce qui en est.
BELINE.
Oui, mon cœur ; elle a tort.
ARGAN.
Mamour, cette coquine-là me fera mourir.
BELINE.
Hé là, hé là.
ARGAN.
Elle est cause de toute la bile que je fais.
BELINE.
Ne vous fâchez point tant.
ARGAN.
Et il y a je ne sais combien que je vous dis de me la chasser.
BELINE.
Mon Dieu ! mon fils, il n'y a point de serviteurs et de servantes qui n'ayent leurs défauts. On est contraint par fois de souffrir leurs mauvaises qualités à cause des bonnes. Celle-ci est adroite, soigneuse, diligente, et surtout fidèle ; et vous savez qu'il faut maintenant de grandes précautions pour les gens que l'on prend. Holà, Toinette.

SCÈNE VII.
ARGAN, BELINE, TOINETTE.
TOINETTE.
Madame.
BELINE.
Pourquoi donc est-ce que vous mettez mon mari en colère ?
TOINETTE *d'un ton doucereux.*
Moi, madame ? Hélas ! je ne sais pas ce que vous me voulez dire, et je ne songe qu'à complaire à monsieur en toutes choses.
ARGAN.
Ah, la traîtresse !
TOINETTE.
Il nous a dit qu'il vouloit donner sa fille en mariage au fils de monsieur Diafoirus ; je lui ai répondu que je trouvois le

ACTE I. SCÈNE VII.

parti avantageux pour elle, mais que je croyois qu'il feroit mieux de la mettre dans un couvent.

BELINE.

Il n'y a pas si grand mal à cela, et je trouve qu'elle a raison.

ARGAN.

Ah! mamour, vous la croyez? C'est une scélérate: elle m'a dit cent insolences.

BELINE.

Hé bien! je vous crois, mon ami. Là, remettez-vous. Écoutez, Toinette: si vous fâchez jamais mon mari, je vous mettrai dehors. Çà, donnez-moi son manteau fourré, et des oreillers, que je l'accommode dans sa chaise. Vous voilà, je ne sais comment. Enfoncez bien votre bonnet jusques sur vos oreilles; il n'y a rien qui enrhume tant que de prendre l'air par les oreilles.

ARGAN.

Ah! ma mie, que je vous suis obligé de tous les soins que vous prenez de moi!

BELINE *accommodant les oreillers qu'elle met autour d'Argan.*

Levez-vous que je mette ceci sous vous. Mettons celui-ci pour vous appuyer, et celui-là de l'autre côté. Mettons celui-ci derrière votre dos, et cet autre-là pour soutenir votre tête.

TOINETTE *lui mettant rudement un oreiller sur la tête.*

Et celui-ci pour vous garder du serein.

ARGAN *se levant en colère, et jetant les oreillers à Toinette qui s'enfuit.*

Ah! coquine, tu veux m'étouffer.

SCÈNE VIII.

ARGAN, BELINE.

BELINE.

Hé là, hé là. Qu'est-ce que c'est donc?

ARGAN *se jetant dans sa chaise.*

Ah, ah, ah! Je n'en puis plus.

BELINE.

Pourquoi vous emporter ainsi? elle a cru faire bien.

ARGAN.

Vous ne connoissez pas, mamour, la malice de la pendarde. Ah! elle m'a mis tout hors de moi; et il faudra plus de huit médecines et de douze lavemens pour réparer tout ceci.

BELINE.

Là, là, mon petit, apaisez-vous un peu.

ARGAN.

Ma mie, vous êtes toute ma consolation.

BELINE.

Pauvre petit-fils!

ARGAN.

Pour tâcher de reconnoître l'amour que vous me portez, je veux, mon cœur, comme je vous ai dit, faire mon testament*.

BELINE.

Ah! mon ami, ne parlons point de cela, je vous prie: je ne saurois souffrir cette pensée; et le seul mot de testament me fait tressaillir de douleur.

ARGAN.

Je vous avois dit de parler pour cela à votre notaire.

BELINE.

Le voilà là-dedans, que j'ai amené avec moi.

ARGAN.

Faites-le donc entrer, mamour.

BELINE.

Hélas! mon ami, quand on aime bien un mari, on n'est guère en état de songer à tout cela.

SCÈNE IX.

M. DE BONNEFOI, BELINE, ARGAN.

ARGAN.

Approchez, monsieur de Bonnefoi, approchez. Prenez un

---

* *Argan* parle du testament qu'il veut faire en faveur de sa femme, qui *tressaillit de douleur*, à ce qu'elle dit, au seul mot de testament, et cependant le notaire est déjà dans la chambre voisine. Voyez la Contre-Épreuve de Dufresny, scène cinquième, acte quatrième. C'est la fausse amie de la malade qui parle de testament la première, ce qui est moins dans la vraisemblance.

ACTE I. SCÈNE IX.

siège, s'il vous plaît. Ma femme m'a dit que vous étiez fort honnête homme, et tout-à-fait de ses amis; et je l'ai chargée de vous parler pour un testament.

BELINE.

Hélas! je ne suis point capable de parler de ces choses-là.

M. DE BONNEFOI.

Elle m'a, monsieur, expliqué vos intentions, et le dessein où vous êtes pour elle; et j'ai à vous dire là-dessus, que vous ne sauriez rien donner à votre femme par votre testament.

ARGAN.

Mais pourquoi?

M. DE BONNEFOI.

La coutume y résiste. Si vous étiez en pays de droit écrit, cela se pourroit faire; mais, à Paris, et dans les pays coutumiers, au moins dans la plupart, c'est ce qui ne se peut; et la disposition seroit nulle. Tout l'avantage qu'homme et femme conjoints par mariage se peuvent faire l'un à l'autre, c'est un don mutuel entre vifs; encore faut-il qu'il n'y ait enfans, soit des deux conjoints, ou de l'un d'eux, lors du décès du premier mourant.

ARGAN.

Voilà une coutume bien impertinente; qu'un mari ne puisse rien laisser à une femme dont il est aimé tendrement, et qui prend de lui tant de soins! J'aurois envie de consulter mon avocat, pour voir comment je pourrois faire.

M. DE BONNEFOI.

Ce n'est point à des avocats qu'il faut aller; car ils sont d'ordinaire sévères là-dessus, et s'imaginent que c'est un grand crime que de disposer en fraude de la loi*. Ce sont des

---

* Comme il peut se trouver parmi les notaires un homme peu délicat, qui sache, comme *M. de Bonnefoi*, *disposer en fraude de la loi*, cela suffit au poëte comique pour en introduire un de cette espèce. Ce n'est point blesser un corps que d'y supposer un particulier qui en viole les règles. *Beline* a dû se choisir l'homme le plus propre à consommer l'iniquité qu'elle a méditée.

Nous observerons que cette scène, qui n'est que la septième dans l'édition de 1681, y est plus courte de moitié, et que l'expression *s'il vient faute de vous, mon fils*, adoptée cepen-

gens de difficultés, et qui sont ignorans des détours de la conscience. Il y a d'autres personnes à consulter, qui sont bien plus accommodantes, qui ont des expédiens pour passer doucement par-dessus la loi, et rendre juste ce qui n'est pas permis; qui savent applanir les difficultés d'une affaire, et trouver des moyens d'éluder la coutume par quelque avantage indirect. Sans cela, où en serions-nous tous les jours? Il faut de la facilité dans les choses, autrement nous ne ferions rien; et je ne donnerois pas un sol de notre métier.

ARGAN.

Ma femme m'avoit bien dit, monsieur, que vous étiez fort habile et fort honnête homme. Comment puis-je faire, s'il vous plaît, pour lui donner mon bien et en frustrer mes enfans?

M. DE BONNEFOI.

Comment vous pouvez faire? Vous pouvez choisir doucement un ami intime de votre femme, auquel vous donnerez en bonne forme, par votre testament, tout ce que vous pouvez; et cet ami ensuite lui rendra tout. Vous pouvez encore contracter un grand nombre d'obligations non suspectes, au profit de divers créanciers qui prêteront leur nom à votre femme, et entre les mains de laquelle ils mettront leur déclaration que ce qu'ils en ont fait n'a été que pour lui faire plaisir. Vous pouvez aussi, pendant que vous êtes en vie, mettre entre ses mains de l'argent comptant, ou des billets que vous pouvez avoir payables au porteur.

BELINE.

Mon Dieu, il ne faut point vous tourmenter de tout cela! S'il vient faute de vous, mon fils, je ne veux plus rester au monde.

dant par le dictionnaire de l'académie, ne s'y trouve point, et que *Beline* dit tout naturellement, *vous mort, je ne veux plus rester au monde.*

Le conseil du *fidéi-commis* n'est point dans le texte ancien.

Comme les changemens qu'a faits dans cette pièce l'édition de 1682, ne sont pas dans le cas de ceux qui avoient été faits du vivant de Molière, nous avons été plus d'une fois tentés de la donner telle qu'elle avoit paru d'abord; mais un long usage, qui n'est souvent qu'un long abus, nous en a imposé ici, et nous n'avons pas osé faire ce que la belle édition in-4.° n'avoit pas fait à cet égard.

ACTE I, SCÈNE IX.

ARGAN.

Ma mie.

BELINE.

Oui, mon ami, si je suis assez malheureuse pour vous perdre....

ARGAN.

Ma chère femme.

BELINE.

La vie ne me sera plus de rien.

ARGAN.

Mamour.

BELINE.

Et je suivrai vos pas pour vous faire connoître la tendresse que j'ai pour vous.

ARGAN.

Ma mie, vous me fendez le cœur; consolez-vous, je vous en prie.

M. DE BONNEFOI *à Beline.*

Ces larmes sont hors de saison, et les choses n'en sont point encore là.

BELINE.

Ah! monsieur, vous ne savez pas ce que c'est qu'un mari qu'on aime tendrement.

ARGAN.

Tout le regret que j'aurai, si je meurs, ma mie, c'est de n'avoir point un enfant de vous. Monsieur Purgon m'avoit dit qu'il m'en feroit faire un.

M. DE BONNEFOI.

Cela pourroit venir encore.

ARGAN.

Il faut faire mon testament, mamour, de la façon que monsieur dit; mais, par précaution, je veux vous mettre entre les mains vingt mille francs en or, que j'ai dans le lambris de mon alcove, et deux billets payables au porteur, qui me sont dus, l'un par monsieur Damon, et l'autre par monsieur Géronte.

BELINE.

Non, non, je ne veux point de tout cela. Ah!... Combien dites-vous qu'il y a dans votre alcove?

ARGAN.

Vingt mille francs, mamour.

BELINE.

Ne me parlez point de bien ; je vous prie. Ah !... De combien sont les deux billets ?

ARGAN.

Ils sont, ma mie, l'un de quatre mille livres, et l'autre de six.

BELINE.

Tous les biens du monde, mon ami ne me sont rien au prix de vous.

M. DE BONNEFOI à *Argan.*

Voulez-vous que nous procédions au testament ?

ARGAN.

Oui, monsieur ; mais nous serions mieux dans mon petit cabinet. Mamour, conduisez-moi, je vous prie.

BELINE.

Allons, mon pauvre petit fils.

SCÈNE X*.

ANGÉLIQUE, TOINETTE.

TOINETTE.

Les voilà avec un notaire, et j'ai ouï parler de testament. Votre belle-mère ne s'endort point ; et c'est sans doute quelque conspiration contre vos intérêts, où elle pousse votre père.

ANGÉLIQUE.

Qu'il dispose de son bien à sa fantaisie, pourvu qu'il ne dispose point de mon cœur. Tu vois, Toinette, les desseins violens que l'on fait sur lui. Ne m'abandonne point, je te prie, dans l'extrémité où je suis.

TOINETTE.

Moi, vous abandonner ? J'aimerois mieux mourir. Votre

---

* Cette scène a aussi quelques changemens, mais de peu d'importance. Molière attache ici son premier intermède avec assez peu d'invention, pour qu'il fût aisé de l'en séparer aux représentations de la ville.

ACTE I. SCÈNE X.

belle-mère a beau me faire sa confidente, et me vouloir jeter dans ses intérêts : je n'ai jamais pu avoir d'inclination pour elle ; et j'ai toujours été de votre parti. Laissez-moi faire, j'employerai toute chose pour vous servir ; mais pour vous servir avec plus d'effet, je veux changer de batterie, couvrir le zèle que j'ai pour vous, et feindre d'entrer dans les sentimens de votre père et de votre belle-mère.

ANGÉLIQUE.

Tâche, je t'en conjure, de faire donner avis à Cléante du mariage qu'on a conclu.

TOINETTE.

Je n'ai personne à employer à cet office, que le vieux usurier de Polichinelle mon amant, et il m'en coûtera pour cela quelques paroles de douceur, que je veux bien dépenser pour vous. Pour aujourd'hui il est trop tard ; mais, demain, de grand matin, je l'enverrai querir, et il sera ravi de....

SCÈNE XI.

BELINE *dans la maison*, **ANGÉLIQUE, TOINETTE.**

BELINE.

Toinette.

TOINETTE *à Angélique*.

Voilà qu'on m'appelle. Bon soir. Reposez-vous sur moi.

PREMIER INTERMEDE.

Le théâtre représente une place publique.

SCÈNE I.

POLICHINELLE.

O amour, amour, amour, amour ! Pauvre Polichinelle, quelle diable de fantaisie t'es-tu allé mettre dans la cervelle ?

A quoi t'amuses-tu, misérable insensé que tu es? Tu quittes le soin de ton négoce, et tu laisses aller tes affaires à l'abandon ; tu ne manges plus, tu ne bois presque plus, tu perds le repos de la nuit ; et tout cela, pour qui? Pour une dragone, franche dragone ; une diablesse qui te rembarre, et se moque de tout ce que tu peux lui dire. Mais il n'y a point à raisonner là-dessus. Tu le veux, Amour ; il faut être fou comme beaucoup d'autres. Cela n'est pas le mieux du monde à un homme de mon âge ; mais qu'y faire ? On n'est pas sage quand on veut ; et les vieilles cervelles se démontent comme les jeunes.

Je viens voir si je ne pourrai point adoucir ma tigresse par une sérénade. Il n'y a rien, parfois, qui soit si touchant qu'un amant qui vient chanter ses doléances aux gonds et aux verroux de la porte de sa maîtresse.

(*Après avoir pris son luth.*)

Voici de quoi accompagner ma voix. O nuit, ô chère nuit, porte mes plaintes amoureuses jusques dans le lit de mon inflexible.

> Nott'e di v'am e v'adoro.
> Cerc' un si per mio ristoro,
> Ma se voi dite di nò,
> Bell' ingrata, io moriro.

> Frà la speranza.
> S'afflige il cuore,
> Il lontananza
> Consum' a l'hore ;
> Si dolce inganno,
> Che mi figura
> Breve l'affanno?
> Ahi troppo dura!
> Cosi per tropp' amar languisco e muore.

> Nott' e di v'am e v'adoro.
> Cerc' un si per mio ristoro,
> Ma se voi dite di nò,
> Bell' ingrata, io moriro.

> Se non dormite,
> Almen pensate

PREMIER INTERMÈDE.

Alle ferite
Ch'al cuor mi fate,
D'almen finge te
Per mio conforto,
Se m'uccidete,
D'haver il torto :
Vostra pietà mi scemerà il martiro.

Nott' e di v'am e v'adoro,
Cerc' un si per mio ristoro,
Ma se voi dite di nò,
Bell' ingrata, io morirô.

SCÈNE II.
POLICHINELLE, UNE VIEILLE à la fenêtre.

LA VIEILLE *Chante.*

Zerbinetti, ch' ogn' hor con finti sguardi,
Mentiti desiri,
Fallaci sospiri,
Accenti buggiardi,
Di fede vi preggiate,
Ah ! che non m'ingannate.
Che gia sò per prova,
Ch' in voi non si trova
Costanza ne fede ;
Oh! quanto è pazza colei che vi crede.
Quei sguardi languidi
Non m'innamorano,
Quei sospir, fervidi
Più non m'infiammano,
Vel' giuro à fe.
Zerbino misero,
Del vostro piangere
Il mio cuor libero
Vuol sempre ridere ;
Credet' à me
Che gia sò per prova,

Ch' in voi non si trova
Costanza ne fede ;
Oh ! Quanto è pazza colei che vi crede.

SCÈNE III.

POLICHINELLE, VIOLONS *derrière le théâtre.*

LES VIOLONS *commencent un air.*
POLICHINELLE.

Quelle impertinente harmonie vient interrompre ici ma voix !

LES VIOLONS *continuant à jouer.*
POLICHINELLE.

Paix là ! taisez-vous, violons. Laissez-moi me plaindre à mon aise des cruautés de mon inexorable.

LES VIOLONS *de même.*
POLICHINELLE.

Taisez-vous, vous dis-je : c'est moi qui veux chanter.

LES VIOLONS.
POLICHINELLE.

Paix donc.

LES VIOLONS.
POLICHINELLE.

Ouais !

LES VIOLONS.
POLICHINELLE.

Ah !

LES VIOLONS.
POLICHINELLE.

Est-ce pour rire ?

LES VIOLONS.
POLICHINELLE.

Ah ! que de bruit !

LES VIOLONS.
POLICHINELLE.

Le diable vous emporte !

PREMIER INTERMÈDE.

LES VIOLONS.
POLICHINELLE.

J'enrage.

LES VIOLONS.
POLICHINELLE.

Vous ne vous tairez pas ? Ah ! Dieu soit loué !

LES VIOLONS.
POLICHINELLE.

Encore?

LES VIOLONS.
POLICHINELLE.

Peste des violons !

LES VIOLONS.
POLICHINELLE.

La sotte musique que voilà !

LES VIOLONS.

POLICHINELLE *chantant pour se moquer des violons.*

La, la, la, la, la, la,

LES VIOLONS.
POLICHINELLE, *de même.*

La, la, la, la la, la.

LES VIOLONS.
POLICHINELLE *de même.*

La, la, la, la, la, la.

LES VIOLONS.
POLICHINELLE *de même.*

La, la, la, la, la, la.

LES VIOLONS.
POLICHINELLE *de même.*

La, la, la, la, la, la.

LES VIOLONS.
POLICHINELLE.

Par ma foi, cela me divertit. Poursuivez, messieurs les
(*n'entendant plus rien.*)
violons; vous me ferez plaisir. Allons donc, continuez. Je vous
en prie.

SCÈNE IV.

POLICHINELLE seul.

Voilà le moyen de les faire taire. La musique est accoutumée à ne point faire ce qu'on veut. Or sus! à nous. Avant que de chanter, il faut que je prélude un peu, et joue quelque pièce, afin de mieux prendre mon ton.
(*Il prend son luth, dont il fait semblant de jouer, en imitant avec les lèvres et la langue le son de cet instrument.*)

Plan, plan, plan. Plin, plin, plin. Voilà un tems fâcheux pour mettre un luth d'accord. Plin, plin, plin. Plin, tan, plan. Plin, plin. Les cordes ne tiennent point par ce tems-là. Plin, plan. J'entends du bruit. Mettons mon luth contre la porte.

SCÈNE V.

POLICHINELLE, ARCHERS *chantans et dansans.*

UN ARCHER *chantant.*

Qui va-là? Qui va-là?

POLICHINELLE *bas.*

Qui diable est-ce là? Est-ce la mode de parler en musique?

L'ARCHER.

Qui va-là? qui va-là? qui va-là?

POLICHINELLE *épouvanté.*

Moi, moi, moi.

L'ARCHER.

Qui va-là, qui va-là, vous dis-je?

POLICHINELLE.

Moi, moi, vous dis-je.

L'ARCHER.

Et qui toi, et qui toi?

POLICHINELLE.

Moi, moi, moi, moi, moi, moi.

L'ARCHER.

Dis ton nom, dis ton nom, sans davantage attendre.

PREMIER INTERMÈDE.

POLICHINELLE *feignant d'être bien hardi.*
Mon nom est, va te faire pendre.
L'ARCHER.
Ici, camarades, ici.
Saisissons l'insolent qui nous répond ainsi.

PREMIÈRE ENTRÉE DE BALLET.

Des Archers dansans, cherchent Polichinelle dans l'obscurité, pour le saisir.

POLICHINELLE.

Qui va-là ?

(*entendant encore du bruit autour de lui.*)

Qui sont les coquins que j'entends ?

Eh !... Holà, mes laquais, mes gens...

Par la mort !... Par le sang !... J'en jeterai par terre...

Champagne, Poitevin, Picard, Basque, Breton....

Donnez-moi mon mousqueton...

(*Pendant les intervalles qui sont marqués avec les points, les Archers dansent au son de la symphonie, en cherchant Polichinelle.*)

POLICHINELLE (*faisant semblant de tirer un coup de pistolet.*)

Poue.

(*Les Archers tombent tous et s'enfuient.*)

SCENE VI.

POLICHINELLE *seul.*

Ah, ah, ah, ah ! Comment ! je leur ai donné l'épouvante ? Voilà de sottes gens, d'avoir peur de moi, qui ai peur des autres. Ma foi, il n'est que de jouer d'adresse en ce monde. Si je n'avois tranché du grand seigneur, et n'avois fait le brave, ils n'auroient pas manqué de me happer. Ah, ah, ah !

(*Pendant que Polichinelle croit être seul, des Archers reviennent sans faire de bruit, pour entendre ce qu'il dit.*)

SCENE VII.

POLICHINELLE, DEUX ARCHERS
chantans.

LES DEUX ARCHERS *saisissant Polichinelle.*
Nous le tenons. A nous, camarades, à nous ;
Dépêchez, de la lumière.

SCENE VIII.

POLICHINELLE, LES DEUX ARCHERS
chantans, ARCHERS *chantans et dansans,
venant avec des lanternes.*

QUATRE ARCHERS *chantans, ensemble.*
Ah, traître ! ah ! fripon ! C'est donc vous,
Faquin, maraud, pendard, impudent, téméraire,
Insolent, effronté, coquin, filou, voleur,
Vous osez nous faire peur.

POLICHINELLE.
Messieurs, c'est que j'étois ivre.

LES QUATRE ARCHERS.
Non, non, point de raison,
Il faut vous apprendre à vivre.
En prison, vite, en prison.

POLICHINELLE.
Messieurs, je ne suis point voleur.

LES QUATRE ARCHERS.
En prison.

POLICHINELLE.
Je suis un bourgeois de la ville.

LES QUATRE ARCHERS.
En prison.

POLICHINELLE.
Qu'ai-je fait ?

LES QUATRE ARCHERS.
En prison, vite en prison.

PREMIER INTERMÈDE.

POLICHINELLE.
Messieurs, laissez-moi aller.
LES QUATRE ARCHERS.
Non.
POLICHINELLE.
Je vous prie.
LES QUATRE ARCHERS.
Non.
POLICHINELLE.
Hé !
LES QUATRE ARCHERS.
Non.
POLICHINELLE.
De grace.
LES QUATRE ARCHERS.
Non, non.
POLICHINELLE.
Messieurs.
LES QUATRE ARCHERS.
Non, non, non.
POLICHINELLE.
S'il vous plaît.
LES QUATRE ARCHERS.
Non, non.
POLICHINELLE.
Par charité.
LES QUATRE ARCHERS.
Non, non.
POLICHINELLE.
Au nom du ciel.
LES QUATRE ARCHERS.
Non, non.
POLICHINELLE.
Miséricorde.
LES QUATRE ARCHERS.
Non, non ! point de raison ;
Il faut vous apprendre à vivre.
En prison, vîte, en prison.

POLICHINELLE.

Hé, n'est-il rien, messieurs, qui soit capable d'attendrir vos ames.

LES QUATRE ARCHERS.

Il est aisé de nous toucher ;
Et nous sommes humains plus qu'on ne sauroit croire.
Donnez-nous seulement six pistoles pour boire,
Nous allons vous lâcher.

POLICHINELLE.

Hélas ! messieurs, je vous assure que je n'ai pas un sou sur moi.

LES QUATRE ARCHERS.

Au défaut de six pistoles,
Choisissez donc, sans façon,
D'avoir trente croquignoles,
Ou douze coups de bâton.

POLICHINELLE.

Si c'est une nécessité, et qu'il faille en passer par-là, je choisis les croquignoles.

LES QUATRE ARCHERS.

Allons, préparez-vous,
Et comptez bien les coups.

DEUXIÈME ENTRÉE DE BALLET.

Les Archers dansans, donnent en cadence des croquignoles à Polichinelle.

POLICHINELLE *pendant qu'on lui donne des croquignoles.*

Une et deux, trois et quatre, cinq et six, sept et huit, neuf et dix, onze et douze, quatorze et quinze.

LES QUATRE ARCHERS.

Ah, ah ! vous en voulez passer !
Allons, c'est à recommencer.

POLICHINELLE.

Ah, messieurs, ma pauvre tête n'en peut plus ; et vous venez de me la rendre comme une pomme cuite. J'aime mieux encore les coups de bâton, que de recommencer.

PREMIER INTERMÈDE.
LES QUATRE ARCHERS.
Soit. Puisque le bâton est pour vous plus charmant,
Vous aurez contentement.

TROISIÈME ENTRÉE DE BALLET.

Les Archers donnent en cadence des coups de bâton à Polichinelle.

POLICHINELLE *comptant les coups de bâton.*

Un, deux, trois, quatre, cinq, six. Ah! ah! ah! Je n'y saurois plus résister. Tenez, messieurs, voilà six pistoles que je vous donne.

LES QUATRES ARCHERS.
Ah, l'honnête homme! Ah, l'ame noble et belle!
Adieu, seigneur; adieu, seigneur Polichinelle.
POLICHINELLE.
Messieurs, je vous donne le bon soir.
LES QUATRE ARCHERS.
Adieu, seigneur; adieu, seigneur Polichinelle.
POLICHINELLE.
Votre serviteur.
LES QUATRE ARCHERS.
Adieu, seigneur; adieu, seigneur Polichinelle.
POLICHINELLE.
Très-humble valet.
LES QUATRE ARCHERS.
Adieu, seigneur; adieu, seigneur Polichinelle.
POLICHINELLE.
Jusqu'au revoir.

QUATRIÈME ENTRÉE DE BALLET.

Les Archers dansent en réjouissance de l'argent qu'ils ont reçu.

ACTE II.

Le théâtre représente la chambre d'Argan.

SCÈNE I.

CLÉANTE, TOINETTE.

TOINETTE *ne reconnoissant pas Cléante.*

Que demandez-vous, Monsieur.

CLÉANTE.

Ce que je demande ?

TOINETTE.

Ah, ah! c'est vous! Quelle surprise! Que venez-vous faire céans ?

CLÉANTE.

Savoir ma destinée, parler à l'aimable Angélique, consulter les sentimens de son cœur, et lui demander ses résolutions sur ce mariage fatal dont on m'a averti.

TOINETTE.

Oui ; mais on ne parle pas comme cela de but en blanc à Angélique ; il y faut des mystères, et l'on vous a dit l'étroite garde où elle est retenue; qu'on ne la laisse ni sortir, ni parler à personne; et que ce ne fut que la curiosité d'une vieille tante, qui nous fit accorder la liberté d'aller à cette comédie, qui donna lieu à la naissance de votre passion ; et nous nous sommes bien gardées de parler de cette aventure.

CLÉANTE.

Aussi ne viens-je pas ici comme Cléante, et sous l'apparence de son amant, mais comme ami de son maître de musique, dont j'ai obtenu le pouvoir de dire qu'il m'envoie à sa place.

ACTE II. SCÈNE II.

TOINETTE.

Voici son père. Retirez-vous un peu, et me laissez lui dire que vous êtes-là.

SCÈNE II.

ARGAN, TOINETTE.

ARGAN *se croyant seul, et sans voir Toinette.*

Monsieur Purgon m'a dit de me promener le matin dans ma chambre douze allées et douze venues; mais j'ai oublié de lui demander si c'est en long ou en large.

TOINETTE.

Monsieur, voilà un...

ARGAN.

Parle bas, pendarde. Tu viens m'ébranler tout le cerveau; et tu ne songes pas qu'il ne faut point parler si haut à des malades.

TOINETTE.

Je voudrois vous dire, monsieur....

ARGAN.

Parle bas, te dis-je.

TOINETTE.

Monsieur...

(*Elle fait semblant de parler.*)

ARGAN.

Hé?

TOINETTE.

Je vous dis que...

(*Elle fait encore semblant de parler.*)

ARGAN.

Qu'est-ce que tu dis?

TOINETTE *haut.*

Je dis que voilà un homme qui veut parler à vous.

ARGAN.

Qu'il vienne.

(*Toinette fait signe à Cléante d'avancer.*)

SCÈNE III.
ARGAN, CLÉANTE, TOINETTE.

CLÉANTE.

Monsieur....

TOINETTE *à Cléante*.

Ne parlez pas si haut, de peur d'ébranler le cerveau de monsieur.

CLÉANTE.

Monsieur, je suis ravi de vous trouver debout, et de voir que vous vous portez mieux *.

TOINETTE *feignant d'être en colère*.

Comment ! qu'il se porte mieux. Cela est faux. Monsieur se porte toujours mal.

CLÉANTE.

J'ai ouï dire que monsieur étoit mieux, et je lui trouve bon visage.

TOINETTE.

Que voulez-vous dire, avec votre bon visage ? Monsieur l'a fort mauvais ; et ce sont des impertinens qui vous ont dit qu'il étoit mieux. Il ne s'est jamais si mal porté.

ARGAN.

Elle a raison.

TOINETTE.

Il marche, dort, mange et boit tout comme les autres ; mais cela n'empêche pas qu'il ne soit fort malade.

ARGAN.

Cela est vrai.

---

* *Cléante* qui s'introduit chez *Argan* comme un homme envoyé par le maître de musique de sa fille, pour lui donner leçon en son absence, croit flatter le Malade imaginaire en lui disant qu'il *lui trouve un bon visage. Il ne s'est jamais si mal porté*, répond *Toinette* ; *il marche, dort, mange et boit comme les autres, mais cela n'empêche pas qu'il ne soit fort malade* ; à quoi *Argan* répond naïvement *cela est vrai*. Le comique ne peut aller plus loin, et voilà de ces traits où Molière, fort au-dessus de tous les auteurs de son genre, ne peut plus se mesurer avec aucun d'eux.

ACTE II. SCÈNE IV.

CLÉANTE.

Monsieur, j'en suis au désespoir. Je viens de la part du maître à chanter de mademoiselle votre fille ; il s'est vu obligé d'aller à la campagne pour quelques jours, et, comme son ami intime, il m'envoie à sa place pour lui continuer ses leçons, de peur qu'en les interrompant, elle ne vînt à oublier ce qu'elle sait déjà.

ARGAN.

(*à Toinette*.)

Fort bien. Appelez Angélique.

TOINETTE.

Je crois, monsieur, qu'il sera mieux de mener monsieur à sa chambre.

ARGAN.

Non. Faites-la venir.

TOINETTE.

Il ne pourra lui donner leçon comme il faut, s'ils ne sont en particulier.

ARGAN.

Si fait, si fait.

TOINETTE.

Monsieur, cela ne fera que vous étourdir, et il ne faut rien pour vous émouvoir en l'état où vous êtes, et vous ébranler le cerveau.

ARGAN.

Point, point : j'aime la musique ; et je serai bien aise de... Ah! la voici. (*à Toinette*.) Allez-vous-en voir, vous, si ma femme est habillée.

SCÈNE IV.

ARGAN, ANGÉLIQUE, CLÉANTE.

ARGAN.

Venez, ma fille, votre maître de musique est allé aux champs, et voilà une personne qu'il envoie à sa place pour vous montrer.

ANGÉLIQUE *reconnoissant Cléante*.

Ah, ciel!

ARGAN.

Qu'est-ce ? D'où vient cette surprise ?

ANGÉLIQUE.

C'est...

ARGAN.

Quoi ? Qui vous émeut de la sorte ?

ANGÉLIQUE.

C'est, mon père, une aventure surprenante qui se rencontre ici.

ARGAN.

Comment ?

ANGÉLIQUE.

J'ai songé cette nuit que j'étois dans le plus grand embarras du monde, et qu'une personne faite tout comme monsieur, s'est présentée à moi ; à qui j'ai demandé du secours, et qui m'est venu tirer de la peine où j'étois ; et ma surprise a été grande de voir inopinément, en arrivant ici, ce que j'ai eu dans l'idée toute la nuit.

CLÉANTE.

Ce n'est pas être malheureux que d'occuper votre pensée, soit en dormant, soit en veillant ; et mon bonheur seroit grand sans doute, si vous étiez dans quelque peine dont vous me jugeassiez digne de vous tirer. Il n'y a rien que je ne fisse pour....

SCÈNE V.

ARGAN, ANGÉLIQUE, CLÉANTE, TOINETTE.

TOINETTE à *Argan*.

MA foi, monsieur, je suis pour vous maintenant ; et je me dédis de tout ce que je disois hier. Voici monsieur Diafoirus le père, et monsieur Diafoirus le fils, qui viennent vous rendre visite. Que vous serez bien engendré* ! Vous allez voir le garçon

---

* *Que vous serez bien engendré !* Cette expression n'est point reçue dans la langue ; mais, dans la bouche de *Toinette*, elle est aussi plaisante que celle de *Dorine*, *vous serez, ma foi, tartufiée*. Molière avoit déjà dit dans l'*Étourdi*, acte second, scène sixième ; *ma foi, je m'engendrois d'une belle manière.*

ACTE II. SCÈNE V.

le mieux fait du monde, et le plus spirituel. Il n'a dit que deux mots qui m'ont ravie, et votre fille va être charmée de lui.

ARGAN à *Cléante qui feint de vouloir s'en aller.*

Ne vous en allez point, monsieur. C'est que je marie ma fille; et voilà qu'on lui amène son prétendu mari*, qu'elle n'a point encore vu.

CLÉANTE.

C'est m'honorer beaucoup, monsieur, de vouloir que je sois témoin d'une entrevue si agréable.

ARGAN.

C'est le fils d'un habile médecin; et le mariage se fera dans quatre jours.

CLÉANTE.

Fort bien.

ARGAN.

Mandez-le un peu à son maître de musique, afin qu'il se trouve à la noce.

CLÉANTE.

Je n'y manquerai pas.

ARGAN.

Je vous y prie aussi.

CLÉANTE.

Vous me faites beaucoup d'honneur.

TOINETTE.

Allons, qu'on se range: les voici.

SCÈNE VI.

M. DIAFOIRUS, THOMAS DIAFOIRUS, ARGAN, ANGÉLIQUE, CLÉANTE, TOINETTE, LAQUAIS.

ARGAN *mettant la main à son bonnet sans l'ôter.*

Monsieur Purgon, monsieur, m'a défendu de découvrir ma tête. Vous êtes du métier: vous savez les conséquences.

Richelet a donc eu tort de dire dans son dictionnaire, au mot *engendré*, que ce mot factice et burlesque ne se trouvoit que dans *le Malade imaginaire*.

* *Son prétendu mari.* On auroit mieux aimé *son prétendu* tout court.

LE MALADE IMAGINAIRE.

M. DIAFOIRUS.

Nous sommes dans toutes nos visites pour porter secours aux malades, et non pour leur porter de l'incommodité.

(*Argan et M. Diafoirus parlent en même tems.*)

ARGAN.

Je reçois, monsieur,

M. DIAFOIRUS.

Nous venons, ici monsieur,

ARGAN.

Avec beaucoup de joie,

M. DIAFOIRUS.

Mon fils Thomas, et moi,

ARGAN.

L'honneur que vous me faites;

M. DIAFOIRUS.

Vous témoigner, monsieur,

ARGAN.

Et j'aurois souhaité

M. DIAFOIRUS.

Le ravissement où nous sommes,

ARGAN.

De pouvoir aller chez vous,

M. DIAFOIRUS.

De la grâce que vous nous faites,

ARGAN.

Pour vous en assurer.

M. DIAFOIRUS.

De vouloir bien nous recevoir

ARGAN.

Mais vous savez, monsieur,

M. DIAFOIRUS.

Dans l'honneur, monsieur,

ARGAN.

Ce que c'est qu'un pauvre malade,

M. DIAFOIRUS.

De votre alliance ;

ARGAN.

Qui ne peut faire autre chose,

ACTE II. SCÈNE VI.

M. DIAFOIRUS.

Et vous assurer,

ARGAN.

Que de vous dire ici,

M. DIAFOIRUS.

Que dans les choses qui dépendront de notre métier,

ARGAN.

Qu'il cherchera toutes les occasions.

M. DIAFOIRUS.

De même qu'en toute autre,

ARGAN.

De vous faire connoître, monsieur,

M. DIAFOIRUS.

Nous serons toujours prêts, monsieur,

ARGAN.

Qu'il est tout à votre service.

M. DIAFOIRUS.

A vous témoigner notre zèle. (*à son fils.*) Allons, Thomas, avancez. Faites vos complimens.

THOMAS DIAFOIRUS à *M. Diafoirus.*

N'est-ce pas par le père qu'il convient commencer ?

M. DIAFOIRUS.

Oui.

THOMAS DIAFOIRUS à *Argan.*

Monsieur, je viens saluer, reconnoître, chérir et révérer en vous un second père, mais un second père auquel j'ose dire que je me trouve plus redevable qu'au premier. Le premier m'a engendré ; mais vous m'avez choisi. Il m'a reçu par nécessité ; mais vous m'avez accepté par grace. Ce que je tiens de lui, est un ouvrage de son corps ; mais ce que je tiens de vous, est un ouvrage de votre volonté ; et d'autant plus que les facultés spirituelles sont au-dessus des corporelles, d'autant plus je vous dois, et d'autant plus je tiens précieuse cette future filiation, dont je viens aujourd'hui vous rendre, par avance, les très-humbles et très-respectueux hommages.

TOINETTE.

Vivent les colléges d'où l'on sort si habile homme !

THOMAS DIAFOIRUS à *M. Diafoirus.*

Cela a-t-il bien été, mon père ?

M. DIAFOIRUS.

Optimè.

ARGAN à *Angélique.*

Allons, saluez monsieur.

THOMAS DIAFOIRUS à *M. Diafoirus.*

Baiserai-je * ?

M. DIAFOIRUS.

Oui, oui.

THOMAS DIAFOIRUS à *Angélique.*

Madame, c'est avec justice que le ciel vous a concédé le nom de belle-mère, puisque l'on...

ARGAN à *Thomas Diafoirus.*

Ce n'est pas ma femme, c'est ma fille à qui vous parlez.

THOMAS DIAFOIRUS.

Où donc est-elle ?

ARGAN.

Elle va venir.

THOMAS DIAFOIRUS.

Attendrai-je, mon père, qu'elle soit venue ?

M. DIAFOIRUS.

Faites toujours le compliment à mademoiselle.

---

* Les auteurs de l'Histoire du théâtre français ont trouvé dans deux registres de Molière, de 1663 jusqu'en 1665, les titres de différentes farces qu'ils conjecturent être de Molière. *Le grand Benêt de fils*, joué en 1664, leur paroît être le modèle d'après lequel il a fait son rôle de *Diafoirus* le fils. Et en effet le *baiserai-je, mon père ?* et quelques autres traits, ont bien l'air d'avoir appartenu au *Grand Benêt de fils*.

Un nommé Beauval joua ce rôle supérieurement, et nous rapporterons ici un fait qui regarde le jeu de cet acteur, et la scrupuleuse attention qu'apportoit Molière aux répétitions de ses ouvrages. Peu content de la demoiselle Beauval, pour laquelle il avoit fait l'excellent rôle de *Toinette*, il se plaignit plus d'une fois d'elle et de quelques autres acteurs, sans dire un mot à Beauval. La femme de ce dernier, naturellement un peu aigre, murmura des avis qu'on lui donnoit, tandis qu'on laissoit répéter son mari sans lui dire un mot : *je serois bien fâché de lui rien dire*, reprit notre auteur, *je lui gâterois son jeu, la nature lui a donné de meilleures leçons que les miennes, pour ce rôle.*

THOMAS DIAFOIRUS.

Mademoiselle, ne plus ne moins que la statue de Memnon rendoit un son harmonieux, lorsqu'elle venoit à être éclairée des rayons du soleil, tout de même me sens-je animé d'un doux transport à l'apparition du soleil de vos beautés; et comme les naturalistes remarquent que la fleur nommée héliotrope tourne sans cesse vers cet astre du jour, aussi mon cœur dores-en-avant tournera-t-il toujours vers les astres resplendissans de vos yeux adorables, ainsi que vers son pôle unique. Souffrez donc, mademoiselle, que j'appende aujourd'hui à l'autel de vos charmes l'offrande de ce cœur qui ne respire et n'ambitionne autre gloire que d'être toute sa vie, mademoiselle, votre très-humble, très-obéissant, et très-fidèle serviteur et mari*.

TOINETTE.

Voilà ce que c'est que d'étudier! on apprend à dire de belles choses.

ARGAN à *Cléante*.

Hé! que dites-vous de cela?

CLEANTE.

Que monsieur fait merveilles, et que s'il est aussi bon médecin qu'il est bon orateur, il y aura plaisir à être de ses malades.

TOINETTE.

Assurément. Ce sera quelque chose d'admirable, s'il fait d'aussi belles cures qu'il fait de beaux discours.

ARGAN.

Allons, vîte, ma chaise, et des sièges à tout le monde. (*Des laquais donnent des sièges.*)   (*à M. Diafoirus.*) Mettez-vous là, ma fille. Vous voyez, monsieur, que tout le monde admire monsieur votre fils; et je vous trouve bienheureux de vous voir un garçon comme cela.

---

* Les complimens bizarres, pédantesques, et dans le style de l'école, que font *messieurs Diafoirus* dans cette scène, sont une preuve que M. de la Bruyère avoit décidé légèrement que *Tartufe* ne devoit point parler de son amour d'une façon qui le rendît ridicule. *Diafoirus* s'explique ici dans le jargon que sa pédanterie lui a rendu familier, et ne soupçonne pas même qu'il puisse le faire paroître moins aimable.

M. DIAFOIRUS.

Monsieur, ce n'est pas parce que je suis son père; mais je puis dire que j'ai sujet d'être content de lui, et que tous ceux qui le voyent, en parlent comme d'un garçon qui n'a point de méchanceté. Il n'a jamais eu l'imagination bien vive, ni ce feu d'esprit qu'on remarque dans quelques-uns; mais c'est par-là que j'ai toujours bien auguré de sa judiciaire, qualité requise pour l'exercice de notre art. Lorsqu'il étoit petit, il n'a jamais été, ce qu'on appelle mièvre et éveillé. On le voyoit toujours doux, paisible et taciturne, ne disant jamais mot, et ne jouant jamais à tous ces petits jeux que l'on nomme enfantins. On eut toutes les peines du monde à lui apprendre à lire; et il avoit neuf ans, qu'il ne connoissoit pas encore ses lettres. Bon, disois-je en moi-même: les arbres tardifs sont ceux qui portent les meilleurs fruits. On grave sur le marbre bien plus malaisément que sur le sable; mais les choses y sont conservées bien plus long-tems, et cette lenteur à comprendre, cette pesanteur d'imagination est la marque d'un bon jugement à venir. Lorsque je l'envoyai au collége, il trouva de la peine; mais il se roidissoit contre les difficultés; et ses régens se louoient toujours à moi de son assiduité et de son travail. Enfin, à force de battre le fer, il en est venu glorieusement à avoir ses licences; et je puis dire, sans vanité, que, depuis deux ans qu'il est sur les bancs, il n'y a point de candidat qui ait fait plus de bruit que lui dans toutes les disputes de notre école. Il s'y est rendu redoutable; et il ne s'y passe point d'acte où il n'aille argumenter à outrance pour la proposition contraire. Il est ferme dans la dispute, fort comme un turc sur ses principes, ne démord jamais de son opinion, et poursuit un raisonnement jusques dans les derniers recoins de la logique. Mais, sur toute chose, ce qui me plaît en lui, et en quoi il suit mon exemple, c'est qu'il s'attache aveuglément aux opinions de nos anciens, et que jamais il n'a voulu comprendre ni écouter les raisons et les expériences des prétendues découvertes de notre siècle touchant la circulation du sang *, et autres opinions de même farine.

* *Jamais il n'a voulu comprendre les raisons et les expériences des prétendues découvertes de notre siècle, touchant la circula-*

ACTE II. SCÈNE VI. 225

THOMAS DIAFOIRUS *tirant de sa poche une grande thèse roulée, qu'il présente à Angélique.*

J'ai, contre les circulateurs, soutenu une thèse, qu'avec la
(*saluant Argan.*)
permission de monsieur, j'ose présenter à mademoiselle, comme un hommage que je lui dois des prémices de mon esprit.

ANGÉLIQUE.

Monsieur, c'est pour moi un meuble inutile, et je ne me connois pas à ces choses-là.

TOINETTE *prenant la thèse.*

Donnez, donnez. Elle est toujours bonne à prendre pour l'image : cela servira à parer notre chambre.

THOMAS DIAFOIRUS *saluant encore Argan.*

Avec la permission aussi de monsieur, je vous invite à venir voir, l'un de ces jours, pour vous divertir, la dissection d'une femme, sur quoi je dois raisonner *.

TOINETTE.

Le divertissement sera agréable. Il y en a qui donnent la comédie à leurs maîtresses, mais donner une dissection, est quelque chose de plus galant.

M. DIAFOIRUS.

Au reste, pour ce qui est des qualités requises pour le mariage et la propagation, je vous assure que, selon les règles de nos docteurs, il est tel qu'on le peut souhaiter, qu'il possède

---

tion du sang. Guillaume Harvée, médecin de Jacques I.er et de Charles I.er, est celui à qui l'importante découverte de la circulation du sang est due. Il l'avoit d'abord enseignée dans ses leçons au collège des médecins de Londres, et il la publia dans son *Exercitatio anatomica de motu corporis et sanguinis.* Molière peint ici gaîment le sort des découvertes les plus heureuses. La génération où elles se présentent ne *veut*, comme *Diafoirus*, ni comprendre ni écouter les raisons. La jeunesse seule qui s'instruit de bonne foi, se laisse persuader et rectifie les anciennes connoissances par les nouvelles. Ce fut le destin de la philosophie de Newton parmi nous.

* *Je vous invite à venir voir, pour vous divertir, la dissection d'une femme*, etc. Cette plaisanterie est évidemment imitée des *Plaideurs* de Racine, où *Dandin* propose de faire passer une heure ou deux à voir donner la question.

en un degré louable la vertu prolifique ; et qu'il est du tempérament qu'il faut pour engendrer, et procréer des enfans bien conditionnés.

ARGAN.

N'est-ce pas votre intention, monsieur, de le pousser à la cour, et d'y ménager pour lui une charge de médecin ?

M. DIAFOIRUS.

A vous en parler franchement, notre métier auprès des grands ne m'a jamais paru agréable, et j'ai toujours trouvé qu'il valoit mieux, pour nous autres, demeurer au public. Le public est commode. Vous n'avez à répondre de vos actions à personne ; et, pourvu que l'on suive le courant des règles de l'art, on ne se met point en peine de tout ce qui peut arriver. Mais ce qu'il y a de fâcheux auprès des grands, c'est que, quand ils viennent à être malades, ils veulent absolument que leurs médecins les guérissent.

TOINETTE.

Cela est plaisant, et ils sont bien impertinens de vouloir que, vous autres messieurs, vous les guérissiez ! Vous n'êtes point auprès d'eux pour cela ; vous n'y êtes que pour recevoir vos pensions, et leur ordonner des remèdes : c'est à eux à guérir s'ils peuvent.

M. DIAFOIRUS.

Cela est vrai. On n'est obligé qu'à traiter les gens dans les formes.

ARGAN à *Cléante.*

Monsieur, faites un peu chanter ma fille devant la compagnie.

CLÉANTE.

J'attendois vos ordres, monsieur ; et il m'est venu en pensée, pour divertir la compagnie, de chanter, avec mademoiselle, une scène d'un petit opéra qu'on a fait depuis peu.
(*à Angélique, lui donnant un papier.*)
Tenez, voilà votre partie.

ANGÉLIQUE.

Moi ?

CLÉANTE *bas à Angélique.*

Ne vous défendez point, s'il vous plaît, et me laissez vous faire comprendre ce que c'est que la scène que nous devons chanter ; (*haut.*) Je n'ai pas une voix à chanter ; mais ici i

ACTE II. SCENE VI.

suffit que je me fasse entendre, et l'on aura la bonté de m'excuser, par la nécessité où je me trouve de faire chanter mademoiselle.

ARGAN.

Les vers en sont-ils beaux ?

CLÉANTE.

C'est proprement ici un petit opéra impromptu ; et vous n'allez entendre chanter que de la prose cadencée, ou des manières de vers libres, tels que la passion et la nécessité peuvent faire trouver * à deux personnes qui disent les choses d'eux-mêmes, et parlent sur-le-champ.

ARGAN.

Fort bien. Ecoutons.

CLÉANTE.

Voici le sujet de la scène **. Un berger étoit attentif aux beautés d'un spectacle qui ne faisoit que commencer, lorsqu'il fut tiré de son attention par un bruit qu'il entendit à ses côtés. Il se retourne, et voit un brutal qui, de paroles insolentes, maltraitoit une bergère. D'abord il prend les intérêts d'un sexe

---

* *Peuvent faire trouver.* Plusieurs auroient voulu *peuvent en faire trouver.*

** Les remarques grammaticales qui décorent cette édition, ont observé que le récit de *Cléante*, dans cette scène, avoit paru long, et écrit sans élégance ; ce qui est vrai, surtout à la lecture ; mais lorsque ce récit est fait par un acteur vif et animé, il perd de sa longueur. C'est un récit en situation, et qui demanderoit d'être un peu abrégé et rajeuni pour le style, ce qui est très-facile à un acteur intelligent, pour lequel il ne peut être dangereux que de vouloir ajouter.

Dans la scène quatorzième, acte second de l'*Etourdi*, et dans la scène sixième du second acte de l'*Ecole des Maris*, deux amans s'entretiennent, comme ici, de leur amour, en présence de ceux à qui ils ont intérêt de le tenir caché ; mais qu'on observe combien dans une situation presque égale Molière est différent ; il sait varier sa manière ; il ne se copie point ; il ne se répète jamais. Térence y regardoit de moins près ; dans la même situation, ses acteurs redisoient la même chose. Voyez dans l'*Adrienne*, scène première, acte troisième, *Juno lucina, fer opem, serva me, obsecro.* et dans la cinquième scène du troisième acte des *Adelphes*, *Juno lucina, fer opem, serva me, obsecro.*

à qui tous les hommes doivent hommage; et, après avoir donné au brutal le châtiment de son insolence, il vient à la bergère, et voit une jeune personne qui, des plus beaux yeux qu'il eût jamais vus, versoit des larmes qu'il trouva les plus belles du monde. Hélas, dit-il en lui-même! est-on capable d'outrager une personne si aimable; et quel inhumain, quel barbare ne seroit touché par de telles larmes? Il prend soin de les arrêter, ces larmes qu'il trouve si belles; et l'aimable bergère prend soin en même tems de le remercier de son léger service, mais d'une manière si charmante, si tendre et si passionnée, que le berger n'y peut résister; et chaque mot, chaque regard, est un trait plein de flamme, dont son cœur se sent pénétré. Est-il, disoit-il, quelque chose qui puisse mériter les aimables paroles d'un tel remerciement? Et que ne voudroit-on pas faire; à quels services, à quels dangers ne seroit-on pas ravi de courir, pour s'attirer un seul moment des touchantes douceurs d'une ame si reconnoissante? Tout le spectacle passe, sans qu'il y donne aucune attention; mais il se plaint qu'il est trop court, parce qu'en finissant, il le sépare de son adorable bergère; et, de cette première vue, de ce premier moment, il emporte chez lui tout ce qu'un amour de plusieurs années peut avoir de plus violent. Le voilà aussitôt à sentir tous les maux de l'absence; et il est tourmenté de ne plus voir ce qu'il a si peu vu. Il fait tout ce qu'il peut pour se redonner cette vue, dont il conserve nuit et jour une si chère idée; mais la grande contrainte où l'on tient sa bergère, lui en ôte tous les moyens. La violence de sa passion le fait résoudre à demander en mariage l'adorable beauté sans laquelle il ne peut plus vivre; et il en obtient d'elle la permission, par un billet qu'il a l'adresse de lui faire tenir. Mais, dans le même tems, on l'avertit que le père de cette belle a conclu son mariage avec un autre, et que tout se dispose pour en célébrer la cérémonie. Jugez quelle atteinte cruelle au cœur de ce triste berger! Le voilà accablé d'une mortelle douleur; il ne peut souffrir l'effroyable idée de voir tout ce qu'il aime entre les bras d'un autre; et son amour au désespoir lui fait trouver le moyen de s'introduire dans la maison de sa bergère pour apprendre ses sentimens, et savoir d'elle la destinée à laquelle il doit se résoudre. Il y rencontre les apprêts de tout ce qu'il craint, il

ACTE II. SCÈNE VI.

y voit venir l'indigne rival que le caprice d'un père oppose aux tendresses de son amour ; il le voit triomphant, ce rival ridicule, auprès de l'aimable bergère, ainsi qu'auprès d'une conquête qui lui est assurée ; et cette vue le remplit d'une colère dont il a peine à se rendre le maître. Il jette de douloureux regards sur celle qu'il adore ; et son respect et la présence de son père l'empêchent de lui rien dire que des yeux. Mais, enfin, il force toute contrainte, et le transport de son amour l'oblige à lui parler ainsi :

(*Il chante.*)

Belle Philis, c'est trop, c'est trop souffrir ;
Rompons ce dur silence, et m'ouvrez vos pensées.
Apprenez-moi ma destinée :
Faut-il vivre ? Faut-il mourir ?

ANGÉLIQUE *en chantant.*

Vous me voyez, Tircis, triste et mélancolique,
Aux apprêts de l'hymen dont vous vous alarmez.
Je lève au ciel les yeux, je vous regarde, je soupire.
C'est vous en dire assez.

ARGAN.

Ouais, je ne croyois pas que ma fille fût si habile, que de chanter ainsi à livre ouvert, sans hésiter !

CLÉANTE.

Hélas, belle Philis !
Se pourroit-il que l'amoureux Tircis
Eût assez de bonheur,
Pour avoir quelque place dans votre cœur ?

ANGÉLIQUE.

Je ne m'en défends point, dans cette peine extrême,
Oui, Tircis, je vous aime.

CLÉANTE.

O parole pleine d'appas !
Ai-je bien entendu ? Hélas !
Redites-la, Philis, que je n'en doute pas.

ANGÉLIQUE.

Oui, Tircis, je vous aime.

CLÉANTE.

De grace, encor, Philis.

ANGÉLIQUE.

Je vous aime.

CLÉANTE.

Recommencez cent fois ; ne vous en lassez pas.

ANGÉLIQUE.

Je vous aime, je vous aime,
Oui, Tircis, je vous aime.

CLÉANTE.

Dieux, rois, qui sous vos pieds regardez tout le monde,
Pouvez-vous comparer votre bonheur au mien ?
Mais, Philis, une pensée
Vient troubler ce doux transport,
Un rival, un rival....

ANGÉLIQUE.

Ah, je le hais plus que la mort !
Et sa présence, ainsi qu'à vous,
M'est un cruel supplice.

CLÉANTE.

Mais un père à ses vœux vous veut assujettir.

ANGÉLIQUE.

Plutôt, plutôt mourir,
Que de jamais y consentir ;
Plutôt, plutôt mourir, plutôt mourir.

ARGAN.

Et que dit le père à tout cela ?

CLÉANTE.

Il ne dit rien.

ARGAN.

Voilà un sot père que ce père-là, de souffrir toutes ces sottises-là sans rien dire !

CLÉANTE *voulant continuer à chanter*.

Ah, mon amour !....

ARGAN.

Non, non : en voilà assez. Cette comédie-là est de fort mauvais exemple. Le berger Tircis est un impertinent, et la bergère Philis une impudente de parler de la sorte devant son père. (*à Angélique.*) Montrez-moi ce papier. Ah, ah ! où sont donc les paroles que vous dites ? il n'y a là que de la musique écrite.

ACTE II. SCÈNE VII.

CLÉANTE.

Est-ce que vous ne savez pas, monsieur, qu'on a trouvé, depuis peu, l'invention d'écrire les paroles avec les notes mêmes ?

ARGAN.

Fort bien. Je suis votre serviteur, monsieur; jusqu'au revoir. Nous nous serions bien passés de votre impertinent opéra.

CLÉANTE.

J'ai cru vous divertir.

ARGAN.

Les sottises ne divertissent point. Ah, voici ma femme !

SCÈNE VII.

BÉLINE, ARGAN, ANGÉLIQUE, M. DIAFOIRUS, THOMAS DIAFOIRUS, TOINETTE.

ARGAN.

Mamour, voilà le fils de monsieur Diafoirus.

THOMAS DIAFOIRUS.

Madame, c'est avec justice que le ciel vous a concédé le nom de belle-mère, puisque l'on voit sur votre visage...

BÉLINE.

Monsieur, je suis ravie d'être ici venue à propos, pour avoir l'honneur de vous voir.

THOMAS DIAFOIRUS.

Puisque l'on voit sur votre visage... Puisque l'on voit sur votre visage... Madame, vous m'avez interrompu dans le milieu de ma période, et cela m'a troublé la mémoire.

M. DIAFOIRUS.

Thomas, réservez cela pour une autre fois.

ARGAN.

Je voudrois, ma mie, que vous eussiez été ici tantôt.

TOINETTE.

Ah, madame! vous avez bien perdu de n'avoir point été au second père, à la statue de Memnon, et à la fleur nommée Héliotrope.

ARGAN.

Allons, ma fille, touchez dans la main de monsieur, et lui donnez votre foi, comme à votre mari.

ANGÉLIQUE.

Mon père *.

ARGAN.

Hé bien, mon père ! Qu'est-ce que cela veut dire ?

ANGÉLIQUE.

De grace, ne précipitez pas les choses. Donnez-nous au moins le tems de nous connoître, et de voir naître en nous, l'un par l'autre, cette inclination si nécessaire à composer ** une union parfaite.

THOMAS DIAFOIRUS.

Quant à moi, mademoiselle, elle est déjà toute née en moi ; et je n'ai pas besoin d'attendre davantage.

ANGÉLIQUE.

Si vous êtes si prompt, monsieur, il n'en est pas de même de moi ; et je vous avoue que votre mérite n'a pas encore assez fait d'impression dans mon ame.

ARGAN.

Oh, bien, bien, cela aura tout le loisir de se faire, quand vous serez mariés ensemble.

ANGÉLIQUE.

Hé, mon père ! donnez-moi du tems, je vous prie. Le mariage est une chaîne où l'on ne doit jamais soumettre un cœur

---

* Dans cette scène où *Beline* est survenue, *Angélique* se trouve forcée de résister à son père avec plus de courage qu'elle n'en a montré dans la scène cinquième du premier acte, parce qu'il la presse de donner sa main au *grand Benêt de fils*. La belle-mère profite habilement de cette résistance pour indisposer son mari contre sa fille, et cela produit une scène d'aigreur entre *Beline et Angélique*, où cette dernière se défend de rien laisser échapper de trop fort contre sa belle-mère, quelque injure que celle-ci se permette contre elle. On ne peut mieux soutenir le caractère décent d'une fille bien élevée, et dessiner plus fortement celui d'une marâtre.

** *Nécessaire à composer.* Il faudroit *nécessaire pour composer.*

ACTE II, SCÈNE VII.

par force ; et si monsieur est honnête homme, il ne doit point vouloir accepter une personne qui seroit à lui par contrainte.

THOMAS DIAFOIRUS.

Nego consequentiam, mademoiselle ; et je puis être honnête homme, et vouloir bien vous accepter des mains de monsieur votre père.

ANGÉLIQUE.

C'est un méchant moyen de se faire aimer de quelqu'un, que de lui faire violence.

THOMAS DIAFOIRUS.

Nous lisons des anciens, mademoiselle, que leur coutume étoit d'enlever par force de la maison des pères les filles qu'on menoit marier, afin qu'il ne semblât pas que ce fût de leur consentement qu'elles convoloient dans les bras d'un homme.

ANGÉLIQUE.

Les anciens, monsieur, sont les anciens, et nous sommes les gens de maintenant. Les grimaces ne sont point nécessaires dans notre siècle ; et quand un mariage nous plaît, nous savons fort bien y aller, sans qu'on nous y traîne. Donnez-vous patience ; si vous m'aimez, monsieur, vous devez vouloir tout ce que je veux.

THOMAS DIAFOIRUS.

Oui, mademoiselle, jusqu'aux intérêts de mon amour exclusivement.

ANGÉLIQUE.

Mais la grande marque d'amour, c'est d'être soumis aux volontés de celle qu'on aime.

THOMAS DIAFOIRUS.

Distinguo, mademoiselle. Dans ce qui ne regarde point sa possession, *concedo* ; mais dans ce qui la regarde, *nego*.

TOINETTE à *Angélique*.

Vous avez beau raisonner. Monsieur est frais émoulu du collége ; et il vous donnera toujours votre reste. Pourquoi tant résister, et refuser la gloire d'être attachée au corps de la faculté ?

BELINE.

Elle a peut-être quelque inclination en tête.

ANGÉLIQUE.

Si j'en avois, madame, elle seroit telle que la raison et l'honnêteté pourroient me la permettre.

ARGAN.
Ouais ! je joue ici un plaisant personnage !
BELINE.
Si j'étois que de vous, mon fils, je ne la forcerois point à se marier, et je sais bien ce que je ferois.
ANGÉLIQUE.
Je sais, madame, ce que vous voulez dire, et les bontés que vous avez pour moi ; mais peut-être que vos conseils ne seront pas assez heureux pour être exécutés.
BELINE.
C'est que les filles bien sages et bien honnêtes, comme vous, se moquent d'être obéissantes et soumises aux volontés de leurs pères. Cela étoit bon autrefois.
ANGÉLIQUE.
Le devoir d'une fille a des bornes, madame; et la raison et les lois ne l'étendent point à toutes sortes de choses.
BELINE.
C'est-à-dire, que vos pensées ne sont que pour le mariage ; mais vous voulez choisir un époux à votre fantaisie.
ANGELIQUE.
Si mon père ne veut pas me donner un mari qui me plaise, je le conjurerai, au moins, de ne me point forcer à en épouser un que je ne puisse pas aimer.
ARGAN.
Messieurs, je vous demande pardon de tout ceci.
ANGÉLIQUE.
Chacun a son but en se mariant. Pour moi, qui ne veux un mari que pour l'aimer véritablement, et qui prétends en faire tout l'attachement de ma vie, je vous avoue que j'y cherche quelque précaution *. Il y en a d'aucunes **, qui prennent des maris seulement pour se tirer de la contrainte de leurs parens, et se mettre en état de faire tout ce qu'elles voudront. Il y en a d'autres, madame, qui font du mariage un commerce de

* *J'y cherche quelque précaution.* Quelques-uns ont trouvé ce tour peu en usage.

** *Il y en a d'aucunes,* ne se dit plus.

ACTE II. SCÈNE VIII.

pur intérêt, qui ne se marient que pour gagner des douaires, que pour s'enrichir par la mort de ceux qu'elles épousent, et courent sans scrupule de mari en mari, pour s'approprier leurs dépouilles. Ces personnes-là, à la vérité, n'y cherchent pas tant de façons, et regardent peu la personne.

BELINE.
Je vous trouve aujourd'hui bien raisonnante, et je voudrois bien savoir ce que vous voulez dire par-là.

ANGÉLIQUE.
Moi, madame? Que voudrois-je dire que ce que je dis?

BELINE.
Vous êtes si sotte, ma mie, qu'on ne sauroit plus vous souffrir.

ANGÉLIQUE.
Vous voudriez bien, madame, m'obliger à vous répondre quelque impertinence; mais je vous avertis que vous n'aurez pas cet avantage.

BELINE.
Il n'est rien d'égal à votre insolence.

ANGÉLIQUE.
Non, madame, vous avez beau dire.

BELINE.
Et vous avez un ridicule orgueil, une impertinente présomption, qui fait hausser les épaules à tout le monde.

ANGÉLIQUE.
Tout cela, madame, ne servira de rien. Je serai sage en dépit de vous; et, pour vous ôter l'espérance de pouvoir réussir dans ce que vous voulez, je vais m'ôter de votre vue.

SCÈNE VIII.

ARGAN, BELINE, M. DIAFOIRUS, THOMAS DIAFOIRUS, TOINETTE.

ARGAN à *Angélique qui sort.*
Écoute, il n'y a point de milieu à cela : choisis d'épouser dans quatre jours ou monsieur, ou un couvent. (*à Beline.*) Ne vous mettez pas en peine, je la rangerai bien.

BELINE.

Je suis fâchée de vous quitter, mon fils ; mais j'ai une affaire en ville, dont je ne puis me dispenser. Je reviendrai bientôt.

ARGAN.

Allez, mamour ; et passez chez votre notaire, afin qu'il expédie ce que vous savez.

BELINE.

Adieu, mon petit ami.

ARGAN.

Adieu, ma mie.

SCÈNE IX.

ARGAN, M. DIAFOIRUS, THOMAS DIAFOIRUS, TOINETTE.

ARGAN.

Voilà une femme qui m'aime.... Cela n'est pas croyable.

M. DIAFOIRUS.

Nous allons, monsieur, prendre congé de vous.

ARGAN.

Je vous prie, monsieur, de me dire un peu comment je suis.

M. DIAFOIRUS *tâtant le pouls d'Argan.*

Allons, Thomas, prenez l'autre bras de monsieur, pour voir si vous saurez porter un bon jugement de son pouls. *Quid dicis ?*

THOMAS DIAFOIRUS.

Dico que le pouls de monsieur est le pouls d'un homme qui ne se porte point bien.

M. DIAFOIRUS.

Bon.

THOMAS DIAFOIRUS.

Qu'il est duriuscule, pour ne pas dire dur.

M. DIAFOIRUS.

Fort bien.

THOMAS DIAFOIRUS.

Repoussant.

M. DIAFOIRUS.

Bene.

ACTE II. SCÈNE X.

THOMAS DIAFOIRUS.

Et même un peu capricant.

M. DIAFOIRUS.

Optimè.

THOMAS DIAFOIRUS.

Ce qui marque une intempérie dans le *parenchyme splénique*, c'est-à-dire, la rate.

M. DIAFOIRUS.

Fort bien.

ARGAN.

Non : monsieur Purgon dit que c'est mon foie qui est malade.

M. DIAFOIRUS.

Et oui : qui dit *parenchyme*, dit l'un et l'autre, à cause de l'étroite sympathie qu'ils ont ensemble par le moyen du *vas breve* du *pylore*, et souvent des *meats cholidoques*. Il vous ordonne sans doute de manger force rôti ?

ARGAN.

Non : rien que du bouilli.

M. DIAFOIRUS.

Et oui : rôti, bouilli, même chose. Il vous ordonne fort prudemment, et vous ne pouvez être en de meilleures mains.

ARGAN.

Monsieur, combien est-ce qu'il faut mettre de grains de sel dans un œuf ?

M. DIAFOIRUS.

Six, huit, dix, par les nombres pairs ; comme dans les médicamens, par les nombres impairs.

ARGAN.

Jusqu'au revoir, monsieur.

SCÈNE X.

BELINE, ARGAN.

BELINE.

Je viens, mon fils, avant que de sortir, vous donner avis d'une chose à laquelle il faut que vous preniez garde. En passant pardevant la chambre d'Angélique, j'ai vu un jeune homme avec elle, qui s'est sauvé d'abord qu'il m'a vue.

ARGAN.

Un jeune homme avec ma fille !

BELINE.

Oui. Votre petite fille Louison étoit avec eux, qui pourra vous en dire des nouvelles.

ARGAN.

Envoyez-la ici, mamour; envoyez-la ici. Ah! l'effrontée ! (*seul.*)
Je ne m'étonne plus de sa résistance.

SCÈNE XI*.

ARGAN, LOUISON.

LOUISON.

Qu'est-ce que vous me voulez, mon papa? Ma belle maman m'a dit que vous me demandez.

* *Argan* averti par *Beline* qu'un homme a été aperçu dans la chambre d'*Angélique*, fait venir sa petite fille *Louison* pour savoir la vérité de ce fait. Cette scène, où un père, les verges à la main, veut corriger un enfant de six à sept ans, parce qu'elle s'obstine à se taire sur ce qu'il lui demande, la petite ruse de l'enfant qui contrefait la morte, le petit doigt qui dit tout au dernier, tout cela paroît à nos délicats d'aujourd'hui d'une petitesse misérable. Nous avons mis à nos amusemens, je ne sais quelle dignité, qui en écarte le naturel, et qui va jusqu'à en bannir la gaieté. *Le ton, le bon ton, le ton de la bonne compagnie*, voilà les monstres qui effrayent et nos écrivains, et nos acteurs; parce qu'il n'y a plus que le sourire qui soit décent dans nos cercles, il faut se borner à cette froide expression dans nos comédies. Servitude barbare qu'impose cette bonne compagnie, et qui a nécessité nos auteurs à devenir aussi maniérés, aussi apprêtés qu'elle, et à ne montrer, comme elle, qu'une prétention à l'esprit, et qui n'en est que l'ombre tout au plus. Molière eut le bonheur de vivre dans un tems où la compagnie étoit vraiment bonne, puisque le ton de la nature et celui de la vérité simple et naïve avoient des charmes pour elle.

M. de Voltaire, en parlant du *Malade imaginaire*, dit que *la naïveté, peut-être poussée trop loin, en fait le principal ca-*

ACTE II, SCÈNE XI.

ARGAN.

Oui. Venez-çà. Avancez-là. Tournez-vous. Levez les yeux. Regardez-moi. Hé ?

LOUISON.

Quoi, mon papa ?

ARGAN.

Là ?

LOUISON.

Quoi !

ARGAN.

N'avez-vous rien à me dire ?

LOUISON.

Je vous dirai, si vous voulez, pour vous désennuyer, le conte de peau-d'âne, ou bien la fable du corbeau et du renard, qu'on m'a apprise depuis peu.

ARGAN.

Ce n'est pas cela que je demande.

LOUISON.

Quoi donc ?

ARGAN.

Ah ! rusée, vous savez bien ce que je veux dire !

LOUISON.

Pardonnez-moi, mon papa.

ARGAN.

Est-ce là comme vous m'obéissez ?

LOUISON.

Quoi ?

ARGAN.

Ne vous ai-je pas recommandé de me venir dire d'abord tout ce que vous voyez ?

---

ractère. Cette remarque ne peut guère être applicable qu'à la scène de la petite *Louison* ; mais observons que M. de Voltaire ne se décide pas absolument contre cette naïveté, qui fut toujours le partage des grands hommes. Homère et Corneille eurent la naïveté du sublime, Molière, et La Fontaine surtout, la naïveté proprement dite, qui n'est autre chose que l'expression la plus assortie à une idée simple et vraie. Le bas est au naïf ce que le gracieux est au bel-esprit. Le passage n'est sensible qu'avec un goût fin et exercé. On ne peut pas choisir là-dessus un meilleur guide que Molière.

LOUISON.

Oui, mon papa.

ARGAN.

L'avez-vous fait ?

LOUISON.

Oui, mon papa. Je vous suis venue dire tout ce que j'ai vu.

ARGAN.

Et n'avez-vous rien vu aujourd'hui ?

LOUISON.

Non, mon papa.

ARGAN.

Non ?

LOUISON.

Non, mon papa.

ARGAN.

Assurément ?

LOUISON.

Assurément.

ARGAN.

Oh çà, je m'en vais vous faire voir quelque chose, moi.

LOUISON *voyant une poignée de verges qu'Argan a été prendre.*

Ah, mon papa !

ARGAN.

Ah, ah ! petite masque, vous ne me dites pas que vous avez vu un homme dans la chambre de votre sœur !

LOUISON *pleurant.*

Mon papa.

ARGAN *prenant Louison par le bras.*

Voici qui vous apprendra à mentir.

LOUISON *se jetant à genoux.*

Ah, mon papa, je vous demande pardon ! C'est que ma sœur m'avoit dit de ne pas vous le dire ; mais je m'en vais vous dire tout.

ARGAN.

Il faut premièrement que vous ayez le fouet pour avoir menti. Puis après nous verrons au reste.

LOUISON.

Pardon, mon papa.

ACTE II. SCENE XI.

ARGAN.
Non, non.
LOUISON.
Mon pauvre papa, ne me donnez pas le fouet.
ARGAN.
Vous l'aurez.
LOUISON.
Au nom de Dieu, mon papa, que je ne l'aye pas.
ARGAN *voulant la fouetter.*
Allons, allons.
LOUISON.
Ah! mon papa, vous m'avez blessée. Attendez: je suis morte.

(Elle contrefait la morte.)
ARGAN.
Holà, qu'est-ce-là? Louison, Louison! Ah, mon Dieu! Louison. Ah, ma fille! Ah, malheureux! ma pauvre fille est morte! qu'ai-je fait, misérable? Ah, chiennes de verges! La peste soit des verges. Ah, ma pauvre fille, ma pauvre fille, ma pauvre petite Louison!
LOUISON.
Là, là, mon papa, ne pleurez point tant: je ne suis pas morte tout-à-fait.
ARGAN.
Voyez-vous la petite rusée? Oh çà, ça, je vous pardonne pour cette fois-ci, pourvu que vous me disiez bien tout.
LOUISON.
Oh, oui, mon papa!
ARGAN.
Prenez-y bien garde au moins; car voilà un petit doigt qui sait tout, qui me dira si vous mentez.
LOUISON.
Mais, mon papa, ne dites pas à ma sœur que je vous l'ai dit.
ARGAN.
Non, non.
LOUISON *après avoir regardé si personne n'écoute.*
C'est, mon papa, qu'il est venu un homme dans la chambre de ma sœur comme j'y étois.

ARGAN.

Hé bien ?

LOUISON.

Je lui ai demandé ce qu'il demandoit, et il m'a dit qu'il étoit son maître à chanter.

ARGAN à part.
(à Louison.)

Hom, hom, voilà l'affaire ! Hé bien ?

LOUISON.

Ma sœur est venue après.

ARGAN.

Hé bien ?

LOUISON.

Elle lui a dit : sortez, sortez, sortez ; mon Dieu, sortez ! vous me mettez au désespoir.

ARGAN.

Hé bien ?

LOUISON.

Et lui ne vouloit pas sortir.

ARGAN.

Qu'est-ce qu'il lui disoit ?

LOUISON.

Il lui disoit je ne sais combien de choses.

ARGAN.

Et quoi encore ?

LOUISON.

Il lui disoit tout-ci, tout-çà, qu'il l'aimoit bien, et qu'elle étoit la plus belle du monde.

ARGAN.

Et puis après ?

LOUISON.

Et puis après, il se mettoit à genoux devant elle.

ARGAN.

Et puis après ?

LOUISON.

Et puis après il lui baisoit les mains.

ARGAN.

Et puis après ?

ACTE II. SCÈNE XII.

LOUISON.

Et puis après, ma belle maman est venue à la porte, et il s'est enfui.

ARGAN.

Il n'y a point autre chose?

LOUISON.

Non, mon papa.

ARGAN.

Voilà mon petit doigt pourtant qui gronde quelque chose. *(mettant son doigt à son oreille.)* Attendez. Hé! Ah, ah! Oui? Oh, oh! Voilà mon petit doigt qui me dit quelque chose que vous avez vu, et que vous ne m'avez pas dit.

LOUISON.

Ah, mon papa, votre petit doigt est un menteur.

ARGAN.

Prenez garde.

LOUISON.

Non, mon papa; ne le croyez pas : il ment, je vous assure.

ARGAN.

Oh bien, bien, nous verrons cela. Allez-vous-en, et prenez *(seul.)* bien garde à tout : allez. Ah, il n'y a plus d'enfans! Ah, que d'affaires! Je n'ai pas seulement le loisir de songer à ma maladie. En vérité, je n'en puis plus.
(Il se laisse tomber dans sa chaise.)

SCÈNE XII.

BÉRALDE, ARGAN.

BERALDE.

Hé bien, mon frère! qu'est-ce? Comment vous portez-vous?

ARGAN.

Ah, mon frère, fort mal!

BERALDE.

Comment! fort mal?

ARGAN.

Oui. Je suis dans une foiblesse si grande, que cela n'est pas croyable.

BERALDE.

Voilà qui est fâcheux.

ARGAN.

Je n'ai pas seulement la force de pouvoir parler.

BERALDE.

J'étois venu ici, mon frère, vous proposer un parti pour ma nièce Angélique.

ARGAN *parlant avec emportement, et se levant de sa chaise.*

Mon frère, ne me parlez point de cette coquine-là. C'est une friponne, une impertinente, une effrontée, que je mettrai dans un couvent avant qu'il soit deux jours.

BERALDE.

Ah, voilà qui est bien! je suis bien aise que la force vous revienne un peu, et que ma visite vous fasse du bien. Oh ça, nous parlerons d'affaires tantôt. Je vous amène ici un divertissement que j'ai rencontré, qui dissipera votre chagrin, et vous rendra l'ame mieux disposée aux choses que nous avons à dire. Ce sont des Egyptiens vêtus en Maures, qui font des danses mêlées de chansons, où je suis sûr que vous prendrez plaisir; et cela vaudra bien une ordonnance de monsieur Purgon. Allons.

SECOND INTERMÈDE.

UNE ÉGYPTIENNE *chantante*, UN ÉGYPTIEN *chantant*, ÉGYPTIENS *et* ÉGYPTIENNES *dansans, vêtus en Maures, et portant des singes.*

UNE ÉGYPTIENNE.

Profitez du printems
  De vos beaux ans,
  Aimable jeunesse;

SECOND INTERMÈDE.

Profitez du printems
De vos beaux ans ;
Donnez-vous à la tendresse.

Les plaisirs les plus charmans,
Sans l'amoureuse flamme,
Pour contenter une ame
N'ont point d'attraits assez puissans.

Profitez du printems
De vos beaux ans,
Aimable jeunesse ;
Profitez du printems
De vos beaux ans ;
Donnez-vous à la tendresse.

Ne perdez point ces précieux momens,
La beauté passe,
Le tems l'efface,
L'âge de glace
Vient à sa place,
Qui nous ôte le goût de ces doux passe-tems.

Profitez du printems
De vos beaux ans,
Aimable jeunesse :
Profitez du printems
De vos beaux ans ;
Donnez-vous à la tendresse.

PREMIÈRE ENTRÉE DE BALLET.

Danse des Egyptiens et des Egyptiennes.

UN EGYPTIEN.

Quand d'aimer on nous presse,
A quoi songez-vous ?
Nos cœurs, dans la jeunesse,
N'ont vers la tendresse
Qu'un penchant trop doux.
L'amour a pour nous prendre,

De si doux attraits,
Que de soi, sans attendre,
On voudroit se rendre
A ses premiers traits ;
Mais tout ce qu'on écoute,
Des vives douleurs
Et des pleurs qu'il nous coûte,
Fait qu'on en redoute
Toutes les douceurs.

(à l'Égyptienne.)

Il est doux, à votre âge,
D'aimer tendrement
Un amant
Qui s'engage ;
Mais, s'il est volage,
Hélas, quel tourment !

L'EGYPTIENNE.

L'amant qui se dégage
N'est pas le malheur ;
La douleur
Et la rage,
C'est que le volage
Garde notre cœur.

L'EGYPTIEN.

Quel parti faut-il prendre
Pour nos jeunes cœurs ?

L'EGYPTIENNE.

Faut-il nous en défendre,
Et fuir ses douceurs ?

L'EGYPTIEN.

Devons-nous nous y rendre,
Malgré ses rigueurs.

TOUS DEUX ENSEMBLE.

Oui, suivons ses caprices,
Ses douces langueurs ;
S'il a quelques supplices,
Il a cent délices
Qui charment les cœurs.

DERNIÈRE ENTRÉE DE BALLET.

Les Égyptiens et Égyptiennes dansent, et font sauter des singes qu'ils ont amenés avec eux.

ACTE III.

SCÈNE I.
BÉRALDE, ARGAN, TOINETTE.

BÉRALDE.

Hé bien! mon frère, qu'en dites-vous? Cela ne vaut-il pas bien une prise de casse * ?

TOINETTE.

Hom! de bonne casse est bonne!

BÉRALDE.

Oh çà, voulez-vous que nous parlions un peu ensemble?

ARGAN.

Un peu de patience, mon frère, je vais revenir.

TOINETTE.

Tenez, monsieur, vous ne songez pas que vous ne sauriez marcher sans bâton.

ARGAN.

Tu as raison.

* *Béralde*, *Argan* et *Toinette* restent sur le théâtre pendant l'intermède, puisque *Béralde* commence le troisième acte en disant: Hé bien, mon frère, qu'en dites-vous? Cela ne vaut-il pas bien une prise de casse? *Argan* veut sortir, et *Toinette* le rappelle par un trait excellent: Tenez, monsieur, lui dit-elle, vous ne songez pas que vous ne sauriez marcher sans bâton. Molière ne perd jamais de vue le caractère qu'il traite, il le saisit partout, il le peint par tous les détails possibles mis en action.

SCÈNE II.*
BERALDE, TOINETTE.

TOINETTE.

N'abandonnez pas, s'il vous plaît, les intérêts de votre nièce.

BERALDE.

J'emploierai toutes choses pour lui obtenir ce qu'elle souhaite.

TOINETTE.

Il faut absolument empêcher ce mariage extravagant qu'il s'est mis dans la fantaisie; et j'avois songé en moi-même que ç'auroit été une bonne affaire de pouvoir introduire ici un médecin à notre poste, pour le dégoûter de son monsieur Purgon, et lui décrier sa conduite**. Mais comme nous n'avons personne en main pour cela, j'ai résolu de jouer un tour de ma tête.

BERALDE.

Comment!

TOINETTE.

C'est une imagination burlesque. Cela sera peut-être plus heureux que sage. Laissez-moi faire. Agissez de votre côté. Voici notre homme.

SCÈNE III.
ARGAN, BERALDE.

BERALDE.

Vous voulez bien, mon frère, que je vous demande, avant

---

* Dans la seconde scène de cet acte, et dans quelques autres endroits, il y a de la différence entre les éditions.

** *Pour le dégoûter de M. Purgon et lui décrier sa conduite.* Nous observerons que dans l'ancien texte on ne trouve point cette faute, et qu'il y a: *Il nous faudroit faire venir un médecin... qui eût une méthode toute contraire à celle de M. Purgon, qui le décriât*, etc.

ACTE III. SCÉNE III.

toute chose, de ne vous point échauffer l'esprit dans notre conversation.

ARGAN.

Voilà qui est fait.

BERALDE.

De répondre, sans nulle aigreur, aux choses que je pourrai vous dire.

ARGAN.

Oui.

BERALDE.

Et de raisonner ensemble sur les affaires dont nous avons à parler, avec un esprit détaché de toute passion.

ARGAN.

Mon Dieu! oui. Voilà bien du préambule!

BERALDE.

D'où vient, mon frère, qu'ayant le bien que vous avez, et n'ayant d'enfans qu'une fille, car je ne compte pas la petite; d'où vient, dis-je, que vous parlez de la mettre dans un couvent?

ARGAN.

D'où vient, mon frère, que je suis maître dans ma famille, pour faire ce que bon me semble?

BERALDE.

Votre femme ne manque pas de vous conseiller de vous défaire ainsi de vos deux filles; et je ne doute point que, par un esprit de charité, elle ne fût ravie de les voir toutes deux bonnes religieuses.

ARGAN.

Or ça, nous y voici. Voilà d'abord la pauvre femme en jeu. C'est elle qui fait tout le mal, et tout le monde lui en veut.

BERALDE.

Non, mon frère; laissons-la là : c'est une femme qui a les meilleures intentions du monde pour votre famille, et qui est détachée de toute sorte d'intérêt; qui a pour vous une tendresse merveilleuse, et qui montre pour vos enfans une affection et une bonté qui n'est pas concevable; cela est certain. N'en parlons point, et revenons à votre fille. Sur quelle pensée, mon frère, la voulez-vous donner en mariage au fils d'un médecin?

ARGAN.

Sur la pensée, mon frère, de me donner un gendre tel qu'il me faut.

BERALDE.

Ce n'est point là, mon frère, le fait de votre fille; et il se présente un parti plus sortable pour elle.

ARGAN.

Oui; mais celui-ci, mon frère, est plus sortable pour moi.

BERALDE.

Mais le mari qu'elle doit prendre, doit-il être, mon frère, ou pour elle, ou pour vous?

ARGAN.

Il doit être, mon frère, et pour elle et pour moi; et je veux mettre dans ma famille les gens dont j'ai besoin.

BERALDE.

Par cette raison-là, si votre petite étoit grande, vous lui donneriez en mariage un apothicaire?

ARGAN.

Pourquoi non?

BERALDE.

Est-il possible que vous serez toujours embéguiné de vos apothicaires et de vos médecins; et que vous vouliez être malade en dépit des gens et de la nature?

ARGAN.

Comment l'entendez-vous, mon frère?

BERALDE.

J'entends, mon frère, que je ne vois point d'homme qui soit moins malade que vous, et que je ne demanderois point une meilleure constitution que la vôtre. Une grande marque que vous vous portez bien, et que vous avez un corps parfaitement bien composé, c'est qu'avec tous les soins que vous avez pris, vous n'avez pu parvenir encore à gâter la bonté de votre tempérament, et que vous n'êtes point crevé de toutes les médecines qu'on vous a fait prendre?

ARGAN.

Mais vous savez, mon frère, que c'est cela qui me conserve; et que monsieur Purgon dit que je succomberois, s'il étoit seulement trois jours sans prendre soin de moi?

ACTE III. SCENE III.

BÉRALDE.

Si vous n'y prenez garde, il prendra tant de soin de vous, qu'il vous enverra dans l'autre monde.

ARGAN.

Mais raisonnons un peu, mon frère. Vous ne croyez donc point à la médecine ?

BÉRALDE.

Non, mon frère; et je ne vois pas que, pour son salut, il soit nécessaire d'y croire.

ARGAN.

Quoi ! vous ne tenez pas véritable une chose établie par tout le monde, et que tous les siècles ont révérée ?

BÉRALDE.

Bien loin de la tenir véritable, je la trouve, entre nous, une des plus grandes folies qui soit parmi les hommes, et, à regarder les choses en philosophe, je ne vois point de plus plaisante momerie; je ne vois rien de plus ridicule, qu'un homme qui se veut mêler d'en guérir un autre.

ARGAN.

Pourquoi ne voulez-vous pas, mon frère, qu'un homme en puisse guérir un autre ?

BÉRALDE.

Par la raison, mon frère, que les ressorts de notre machine sont des mystères, jusqu'ici, où les hommes ne voient goutte; et que la nature nous a mis au-devant des yeux des voiles trop épais pour y connoître quelque chose.

ARGAN.

Les médecins ne savent donc rien, à votre compte ?

BÉRALDE.

Si fait, mon frère. Ils savent la plupart de fort belles humanités * ; savent parler en beau latin, savent nommer en grec toutes les maladies, les définir et les diviser ; mais pour ce qui est de les guérir, c'est ce qu'ils ne savent point du tout.

ARGAN.

Mais toujours faut-il demeurer d'accord que, sur cette matière, les médecins en savent plus que les autres.

---

* *Ils savent de fort belles humanités.* Quelques-uns ont condamné cette façon de parler.

BERALDE.

Ils savent, mon frère, ce que je vous ai dit, qui ne guérit pas de grand'chose ; et toute l'excellence de leur art consiste en un pompeux galimatias, en un spécieux babil, qui vous donne des mots pour des raisons, et des promesses pour des effets.

ARGAN.

Mais enfin, mon frère, il y a des gens aussi sages et aussi habiles que vous ; et nous voyons que dans la maladie, tout le monde a recours aux médecins.

BERALDE.

C'est une marque de la foiblesse humaine, et non pas de la vérité de leur art.

ARGAN.

Mais il faut bien que les médecins croyent leur art véritable, puisqu'ils s'en servent pour eux-mêmes.

BÉRALDE.

C'est qu'il y en a parmi eux, qui sont eux-mêmes dans l'erreur populaire, dont ils profitent ; et d'autres qui en profitent sans y être. Votre monsieur Purgon, par exemple, n'y sait point de finesse ; c'est un homme tout médecin, depuis la tête jusqu'aux pieds ; un homme qui croit à ses règles plus qu'à toutes les démonstrations des mathématiques, et qui croiroit du crime à les vouloir examiner ; qui ne voit rien d'obscur dans la médecine, rien de douteux, rien de difficile ; et qui, avec une impétuosité de prévention, une roideur de confiance, une brutalité de sens commun et de raison, donne au travers des purgations et des saignées, et ne balance aucune chose *. Il ne lui faut point vouloir mal de tout ce qu'il pourra vous faire : c'est de la meilleure foi du monde qu'il vous expédiera ; et il ne fera, en vous tuant, que ce qu'il a fait à sa femme et à ses enfans, et ce qu'en un besoin il feroit à lui-même.

ARGAN.

C'est que vous avez, mon frère, une dent de lait contre lui. Mais, enfin, venons au fait. Que faire donc quand on est malade ?

BÉRALDE.

Rien, mon frère.

* *Ne balance aucune chose.* Quelques-uns ont désapprouvé cette expression.

ACTE III. SCÈNE III.

ARGAN.

Rien?

BÉRALDE.

Rien. Il ne faut que demeurer en repos. La nature d'elle-même, quand nous la laissons faire, se tire doucement du désordre où elle est tombée. C'est notre inquiétude, c'est notre impatience qui gâte tout; et presque tous les hommes meurent de leurs remèdes, et non pas de leurs maladies.

ARGAN.

Mais il faut demeurer d'accord, mon frère, qu'on peut aider cette nature par de certaines choses.

BERALDE.

Mon Dieu! mon frère, ce sont pures idées dont nous aimons à nous repaître; et, de tout tems, il s'est glissé parmi les hommes de belles imaginations que nous venons à croire, parce qu'elles nous flattent, et qu'il seroit à souhaiter qu'elles fussent véritables. Lorsqu'un médecin vous parle d'aider, de secourir, de soulager la nature, de lui ôter ce qui lui nuit, et lui donner ce qui lui manque, de la rétablir, de la remettre dans une pleine facilité de ses fonctions; lorsqu'il vous parle de rectifier le sang, de tempérer les entrailles et le cerveau, de dégonfler la rate, de raccommoder la poitrine, de réparer le foie, de fortifier le cœur, de rétablir et conserver la chaleur naturelle, et d'avoir des secrets pour étendre la vie à de longues années, il vous dit justement le roman de la médecine. Mais, quand vous en venez à la vérité et à l'expérience, vous ne trouvez rien de tout cela; et il en est comme des beaux songes, qui ne vous laissent au réveil que le déplaisir de les avoir crus.

ARGAN.

C'est-à-dire, que toute la science du monde est renfermée dans votre tête; et vous voulez en savoir plus que tous les grands médecins de notre siècle!

BERALDE.

Dans les discours et dans les choses, ce sont deux sortes de personnes que vos grands médecins. Entendez-les parler, les plus habiles gens du monde; voyez-les faire, les plus ignorans de tous les hommes.

ARGAN.

Ouais! vous êtes un grand docteur, à ce que je vois; et je

voudrois bien qu'il y eût ici quelqu'un de ces messieurs, pour rembarrer vos raisonnemens, et rabaisser votre caquet.

BERALDE.

Moi, mon frère, je ne prends point à tâche de combattre la médecine ; et chacun, à ses périls et fortune, peut croire tout ce qu'il lui plaît. Ce que j'en dis n'est qu'entre nous ; et j'aurois souhaité de pouvoir un peu vous tirer de l'erreur où vous êtes, et, pour vous divertir, vous mener voir, sur ce chapitre, quelqu'une des comédies de Molière.

ARGAN.

C'est un bon impertinent que votre Molière, avec ses comédies ! et je le trouve bien plaisant d'aller jouer d'honnêtes gens comme les médecins * !

BERALDE.

Ce ne sont point les médecins qu'il joue, mais le ridicule de la médecine.

ARGAN.

C'est bien à lui à faire **, de se mêler de contrôler la médecine ! Voilà un bon nigaud, un bon impertinent, de se moquer des consultations et des ordonnances, de s'attaquer au corps des médecins, et d'aller mettre sur son théâtre des personnes vénérables comme ces messieurs-là !

BERALDE.

Que voulez-vous qu'il y mette, que les diverses professions des hommes ? on y met bien tous les jours les princes et les rois, qui sont d'aussi bonne maison que les médecins.

---

* On a observé dans l'avertissement qu'il y avoit dans cette scène de grandes différences des anciennes éditions à celle de 1682, et aux suivantes. Molière eut ici courage de parler de lui-même, relativement à sa guerre contre les médecins. Cet endroit, surtout, a été fort étendu par les éditeurs de 1682. Dans l'édition de 1681, *Argan* ne parle point de Molière seul ; *ce sont de bons impertinens*, dit-il, *que vos comédiens, avec leurs comédies de Molière*, etc... *Je les attraperois bien lorsqu'ils seroient malades... Je leurs dirois ; crevez, crevez, crevez, mes petits messieurs*, etc.

** *C'est bien à lui à faire.* On diroit aujourd'hui *c'est bien à faire à lui.*

ACTE III. SCÈNE III.

ARGAN.

Par la mort-non de diable, si j'étois que des médecins ! je me vengerois de son impertinence ; et, quand il sera malade, je le laisserois mourir sans secours. Il auroit beau faire et beau dire, je ne lui ordonnerois pas la moindre petite saignée, le moindre petit lavement ; et je lui dirois : crève, crève ; cela t'apprendra une autrefois à te jouer à la faculté.

BERALDE.

Vous voilà bien en colère contre lui !

ARGAN.

Oui. C'est un mal avisé ; et si les médecins sont sages, ils feront ce que je dis.

BERALDE.

Il sera encore plus sage que vos médecins; car il ne leur demandera point de secours.

ARGAN.

Tant pis pour lui, s'il n'a point recours aux remèdes !

BERALDE.

Il a ses raisons pour n'en point vouloir, et il soutient que cela n'est permis qu'aux gens vigoureux et robustes, et qui ont des forces de reste pour porter les remèdes avec la maladie ; mais que, pour lui, il n'a justement de la force que pour porter son mal.

ARGAN.

Les sottes raisons que voilà ! Tenez, mon frère, ne parlons point de cet homme-là davantage ; car cela m'échauffe la bile, et vous me donneriez mon mal.

BERALDE.

Je le veux bien, mon frère, et, pour changer de discours, je vous dirai que, sur une petite répugnance que vous témoigne votre fille, vous ne devez point prendre les résolutions violentes de la mettre dans un couvent ; que pour le choix d'un gendre, il ne vous faut pas suivre aveuglément la passion qui vous emporte ; et qu'on doit, sur cette matière, s'accommoder un peu à l'inclination d'une fille, puisque c'est pour toute la vie, et que de-là dépend tout le bonheur d'un mariage.

SCÈNE IV.

M. FLEURANT une seringue à la main, ARGAN, BERALDE.

ARGAN.

Ah, mon frère! avec votre permission!

BERALDE.

Comment? Que voulez-vous faire?

ARGAN.

Prendre ce petit lavement-là : ce sera bientôt fait.

BERALDE.

Vous vous moquez. Est-ce que vous ne sauriez être un moment sans lavement ou sans médecine? Remettez cela à une autre fois, et demeurez un peu en repos.

ARGAN.

Monsieur Fleurant, à ce soir, ou à demain matin.

M. FLEURANT à Beralde.

De quoi vous mêlez-vous, de vous opposer aux ordonnances de la médecine, et d'empêcher monsieur de prendre mon clystère? Vous êtes bien plaisant, d'avoir cette hardiesse-là!

BERALDE.

Allez, monsieur, on voit bien que vous n'avez pas accoutumé de parler à des visages *.

M. FLEURANT.

On ne doit point ainsi se jouer des remèdes, et me faire perdre mon tems. Je ne suis venu ici que sur une bonne ordonnance, et je vais dire à monsieur Purgon comme on m'a empêché d'exécuter ses ordres, et de faire ma fonction. Vous verrez, vous verrez.

---

* Molière avoit risqué, à la première représentation, de faire dire à *Beralde*: *on voit bien que vous n'êtes accoutumé à parler qu'à des c..ls*. Le soulevement du parterre, à ce mot, le força de dire la même chose plus ingénieusement par cette heureuse correction : *On voit bien que vous n'êtes pas accoutumé de parler à des visages*.

SCENE V.

ARGAN, BÉRALDE.

ARGAN.

Mon frère, vous serez cause ici de quelque malheur.

BERALDE.

Le grand malheur, de ne pas prendre un lavement que monsieur Purgon a ordonné! Encore un coup, mon frère, est-il possible qu'il n'y ait pas moyen de vous guérir de la maladie des médecins *, et que vous vouliez être toute votre vie enseveli dans leurs remèdes.

ARGAN.

Mon Dieu! mon frère, vous en parlez comme un homme qui se porte bien; mais si vous étiez à ma place, vous changeriez bien de langage. Il est aisé de parler contre la médecine, quand on est en pleine santé.

BERALDE.

Mais quel mal avez-vous?

ARGAN.

Vous me feriez enrager. Je voudrois que vous l'eussiez, mon mal, pour voir si vous jaseriez tant. Ah! voici monsieur Purgon.

SCÈNE VI.

M. PURGON, ARGAN, BERALDE, TOINETTE.

M. PURGON.

Je viens d'apprendre là-bas, à la porte, de jolies nouvelles, qu'on se moque ici de mes ordonnances, et qu'on a fait refus de prendre le remède que j'avois prescrit.

---

* *Est-il possible qu'il n'y ait pas moyen, etc. et que vous vouliez toute votre vie être enseveli dans leurs remèdes? L'ancien texte dit plus naturellement : et ne vous verrai-je jamais qu'avec un lavement et une médecine dans le corps.*

ARGAN.

Monsieur, ce n'est pas....

M. PURGON.

Voilà une hardiesse bien grande, une étrange rebellion d'un malade contre son médecin.

TOINETTE.

Cela est épouvantable.

M. PURGON.

Un clystère que j'avois pris plaisir à composer moi-même.

ARGAN.

Ce n'est pas moi....

M. PURGON.

Inventé et formé dans toutes les règles de l'art.

TOINETTE.

Il a tort.

M. PURGON.

Et qui devoit faire dans les entrailles un effet merveilleux.

ARGAN.

Mon frère !

M. PURGON.

Le renvoyer avec mépris !

ARGAN *montrant Béralde.*

C'est lui....

M. PURGON.

C'est une action exorbitante.

TOINETTE.

Cela est vrai.

M. PURGON.

Un attentat énorme contre la médecine.

ARGAN *montrant Beralde.*

Il est cause....

M. PURGON.

Un crime de lèse-faculté qui ne se peut assez punir.

TOINETTE.

Vous avez raison.

M. PURGON.

Je vous déclare que je romps commerce avec vous.

ARGAN.

C'est mon frère....

ACTE III. SCÈNE VI.

M. PURGON.

Que je ne veux plus d'alliance avec vous.

TOINETTE.

Vous ferez bien.

M. PURGON.

Et que, pour finir toute liaison avec vous, voilà la donation que je faisois à mon neveu en faveur du mariage.

ARGAN.

C'est mon frère qui a fait tout le mal.

M. PURGON.

Mépriser mon clystère.

ARGAN.

Faites-le venir, je m'en vais le prendre.

M. PURGON.

Je vous aurois tiré d'affaire avant qu'il fût peu.

TOINETTE.

Il ne le mérite pas.

M. PURGON.

J'allois nettoyer votre corps, et en évacuer entièrement les mauvaises humeurs.

ARGAN.

Ah, mon frère !

M. PURGON.

Et je ne voulois plus qu'une douzaine de médecines pour vider le fond du sac.

TOINETTE.

Il est indigne de vos soins.

M. PURGON.

Mais, puisque vous n'avez pas voulu guérir par mes mains.

ARGAN.

Ce n'est pas ma faute.

M. PURGON.

Puisque vous vous êtes soustrait de l'obéissance que l'on doit à son médecin ;

TOINETTE.

Cela crie vengeance.

M. PURGON.

Puisque vous vous êtes déclaré rebelle aux remèdes que je vous ordonnois,

ARGAN.

Hé ! point du tout.

M. PURGON.

J'ai à vous dire que je vous abandonne à votre mauvaise constitution, à l'intempérie de vos entrailles, à la corruption de votre sang, à l'âcreté de votre bile, à la féculence de vos humeurs.

TOINETTE.

C'est fort bien fait.

ARGAN.

Mon Dieu !

M. PURGON.

Et je veux qu'avant qu'il soit quatre jours, vous deveniez dans un état incurable.

ARGAN.

Ah, miséricorde !

M. PURGON.

Que vous tombiez dans la bradypepsie.

ARGAN.

Monsieur Purgon !

M. PURGON.

De la bradypepsie dans la dyspepsie.

ARGAN.

Monsieur Purgon !

M. PURGON.

De la dyspepsie dans l'apepsie.

ARGAN.

Monsieur Purgon !

M. PURGON.

De l'apepsie dans la lienterie.

ARGAN.

Monsieur Purgon !

M. PURGON.

De la lienterie dans la dyssenterie.

ARGAN.

Monsieur Purgon !

M. PURGON.

De la dyssenterie dans l'hydropisie.

ARGAN.

Monsieur Purgon !

ACTE III. SCÈNE VII.

M. PURGON.

De l'hydropisie dans la privation de la vie, où vous aura conduit votre folie.

SCÈNE VII.

ARGAN, BÉRALDE.

ARGAN.

Ah, mon Dieu! je suis mort. Mon frère, vous m'avez perdu.

BÉRALDE.

Quoi! qu'y a-t-il?

ARGAN.

Je n'en puis plus. Je sens déja que la médecine se venge.

BÉRALDE.

Ma foi, mon frère, vous êtes fou; et je ne voudrois pas, pour beaucoup de choses, qu'on vous vît faire ce que vous faites. Tâtez-vous un peu, je vous prie; revenez à vous-même, et ne donnez point tant à votre imagination.

ARGAN.

Vous voyez, mon frère, les étranges maladies dont il m'a menacé.

BÉRALDE.

Le simple homme que vous êtes!

ARGAN.

Il dit que je deviendrai incurable avant qu'il soit quatre jours.

BÉRALDE.

Et ce qu'il dit, que fait-il à la chose? Est-ce un oracle qui a parlé? Il semble, à vous entendre, que monsieur Purgon tienne dans ses mains le filet de vos jours; et que, d'autorité suprême, il vous l'alonge et vous le raccourcisse comme il lui plaît. Songez que les principes de votre vie sont en vous-même, et que le courroux de monsieur Purgon est aussi peu capable de vous faire mourir, que ses remèdes de vous faire vivre. Voici une aventure, si vous voulez, à vous défaire des médecins ; ou , si vous êtes né à ne pouvoir vous en passer *, il est aisé d'en avoir un autre, avec lequel, mon frère, vous puissiez courir un peu moins de risque.

ARGAN.

Ah ! mon frère, il sait tout mon tempérament, et la manière dont il faut me gouverner.

BERALDE.

Il faut vous avouer que vous êtes un homme d'une grande prévention, et que vous voyez les choses avec d'étranges yeux.

SCÈNE VIII.

ARGAN, BERALDE, TOINETTE.

TOINETTE à *Argan*.

Monsieur, voilà un médecin qui demande à vous voir.

ARGAN.

Et quel médecin !

TOINETTE.

Un médecin de la médecine.

ARGAN.

Je te demande qui il est ?

TOINETTE.

Je ne le connois pas, mais il me ressemble comme deux gouttes d'eau ; et, si je n'étois sûre que ma mère étoit honnête femme, je dirois que ce seroit quelque petit frère, qu'elle m'auroit donné depuis le trépas de mon père.

ARGAN.

Fais-le venir.

SCÈNE IX.

ARGAN, BERALDE.

BERALDE.

Vous êtes servi à souhait. Un médecin vous quitte; un autre se présente.

* *Né à ne pouvoir vous en passer*, ne se diroit guère aujourd'hui.

ACTE III. SCÈNE IX.

ARGAN.

J'ai bien peur que vous ne soyez cause de quelque malheur.

BERALDE.

Encore? vous en revenez toujours là.

ARGAN.

Voyez-vous, j'ai sur le cœur toutes ces maladies-là que je ne connois point, ces...

SCÈNE X *.

ARGAN, BERALDE, TOINETTE en médecin.

TOINETTE.

Monsieur, agréez que je vienne vous rendre visite, et vous offrir mes petits services pour toutes les saignées et les purgations dont vous aurez besoin.

ARGAN.
(à Beralde.)

Monsieur, je vous suis fort obligé. Par ma foi, voilà Toinette elle-même.

TOINETTE.

Monsieur, je vous prie de m'excuser : j'ai oublié de donner une commission à mon valet; je reviens tout-à-l'heure.

SCÈNE XI.

ARGAN, BERALDE.

ARGAN.

Hé! ne diriez-vous pas que c'est effectivement Toinette?

---

* Cette scène où *Toinette* paroît en habit de médecin, tombe dans la farce, et Molière passe le but lorsqu'il fait conseiller à *Argan*, par le faux docteur, de se faire couper un bras, parce qu'il tire à lui la nourriture de l'autre.

Dans les scènes suivantes, qui conduisent à la conclusion, Molière rentre dans la nature. Le développement du caractère odieux de *Beline*, et de la vraie tendresse d'*Angélique* pour son père, ouvre les yeux à ce dernier, et forme un tableau et un dénouement aussi simple qu'intéressant.

BERALDE.

Il est vrai que la ressemblance est tout-à-fait grande. Mais ce n'est pas la première fois qu'on a vu de ces sortes de choses, et les histoires ne sont pleines que de ces jeux de la nature.

ARGAN.

Pour moi, j'en suis surpris; et....

SCÈNE XII.

ARGAN, BERALDE, TOINETTE.

TOINETTE.

Que voulez-vous, monsieur ?

ARGAN.

Comment ?

TOINETTE.

Ne m'avez-vous pas appelée ?

ARGAN.

Moi ? Non.

TOINETTE.

Il faut donc que les oreilles m'ayent corné.

ARGAN.

Demeure un peu ici pour voir comme ce médecin te ressemble.

TOINETTE.

Oui, vraiment ! J'ai affaire là-bas; et je l'ai assez vu.

SCÈNE XIII.

ARGAN, BERALDE.

ARGAN.

Si je ne les voyois tous deux, je croirois que ce n'est qu'un.

BERALDE.

J'ai lu des choses surprenantes de ces sortes de ressemblances; et nous en avons vu, de notre tems, où tout le monde s'est trompé.

ARGAN.

Pour moi, j'aurois été trompé à celle-là; et j'aurois juré que c'est la même personne.

SCÈNE XIV.

ARGAN, BERALDE, TOINETTE *en médecin.*

TOINETTE.

Monsieur, je vous demande pardon de tout mon cœur.

ARGAN *bas à Beralde.*

Cela est admirable.

TOINETTE.

Vous ne trouverez pas mauvais, s'il vous plaît, la curiosité que j'ai eue de voir un illustre malade comme vous êtes; et votre réputation, qui s'étend partout, peut excuser la liberté que j'ai prise.

ARGAN.

Monsieur, je suis votre serviteur.

TOINETTE.

Je vois, monsieur, que vous me regardez fixement. Quel âge croyez-vous bien que j'aye?

ARGAN.

Je crois que tout au plus vous pouvez avoir vingt-six ou vingt-sept ans.

TOINETTE.

Ah, ah, ah, ah, ah! J'en ai quatre-vingt-dix.

ARGAN.

Quatre-vingt-dix?

TOINETTE.

Oui. Vous voyez un effet des secrets de mon art, de me conserver ainsi frais et vigoureux.

ARGAN.

Par ma foi, voilà un beau vieillard pour quatre-vingt-dix ans!

TOINETTE.

Je suis médecin passager qui vais de ville en ville, de province en province, de royaume en royaume, pour chercher d'illustres matières à ma capacité, pour trouver des malades dignes de m'occuper, capables d'exercer les grands et beaux secrets que j'ai trouvés dans la médecine. Je dédaigne de m'amuser à ce menu fatras de maladies ordinaires, à ces bagatelles de rhumatismes et de fluxions, à ces fiévrotes, à ces vapeurs et à ces migraines. Je veux des maladies d'importance, de bonnes fièvres continues, avec des transports au cerveau, de bonnes fièvres pourprées, de bonnes pestes, de bonnes hydropisies formées, de bonnes pleurésies avec des inflammations de poitrine : c'est-là que je me plais, c'est-là que je triomphe ; et je voudrois, monsieur, que vous eussiez toutes les maladies que je viens de dire, que vous fussiez abandonné de tous les médecins, désespéré, à l'agonie, pour vous montrer l'excellence de mes remèdes, et l'envie que j'aurois de vous rendre service.

ARGAN.

Je vous suis obligé, monsieur, des bontés que vous avez pour moi.

TOINETTE.

Donnez-moi votre pouls. Allons donc, que l'on batte comme il faut. Ah, je vous ferai bien aller comme vous devez! Ouais! Ce pouls-là fait l'impertinent ; je vois bien que vous ne me connoissez pas encore. Qui est votre médecin?

ARGAN.

Monsieur Purgon.

TOINETTE.

Cet homme-là n'est point écrit sur mes tablettes entre les grands médecins. De quoi dit-il que vous êtes malade?

ARGAN.

Il dit que c'est du foie, et d'autres disent que c'est de la rate.

TOINETTE.

Ce sont tous des ignorans : c'est du poumon que vous êtes malade.

ARGAN.

Du poumon?

TOINETTE.

Oui. Que sentez-vous?

ARGAN.

Je sens de tems en tems des douleurs de tête.

TOINETTE.

Justement, le poumon.

ACTE III. SCÈNE XIV.

ARGAN.

Il me semble par fois que j'ai un voile devant les yeux.

TOINETTE.

Le poumon.

ARGAN.

J'ai quelquefois des maux de cœur.

TOINETTE.

Le poumon.

ARGAN.

Je sens par fois des lassitudes par tous les membres.

TOINETTE.

Le poumon.

ARGAN.

Et quelquefois il me prend des douleurs dans le ventre, comme si c'étoient des coliques.

TOINETTE.

Le poumon. Vous avez appétit à ce que vous mangez ?

ARGAN.

Oui, monsieur.

TOINETTE.

Le poumon. Vous aimez à boire un peu de vin ?

ARGAN.

Oui, monsieur.

TOINETTE.

Le poumon. Il vous prend un petit sommeil après le repas ? et vous êtes bien aise de dormir ?

ARGAN.

Oui, monsieur.

TOINETTE.

Le poumon, le poumon, vous dis-je. Que vous ordonne votre médecin pour votre nourriture ?

ARGAN.

Il m'ordonne du potage.

TOINETTE.

Ignorant.

ARGAN.

De la volaille,

TOINETTE.

Ignorant.

ARGAN.

Du veau.

TOINETTE.

Ignorant.

ARGAN.

Des bouillons.

TOINETTE.

Ignorant.

ARGAN.

Des œufs frais.

TOINETTE.

Ignorant.

ARGAN.

Et le soir des petits pruneaux pour lâcher le ventre.

TOINETTE.

Ignorant.

ARGAN.

Et surtout de boire mon vin fort trempé.

TOINETTE.

Ignorantus, ignoranta, ignorantum. Il faut boire votre vin pur ; et, pour épaissir votre sang, qui est trop subtil, il faut manger de bon gros bœuf, de bon gros porc, de bon fromage de Hollande, du gruau et du riz, et des marrons et des oublies, pour coller et conglutiner. Votre médecin est une bête. Je veux vous en envoyer un de ma main, et je viendrai vous voir de tems en tems, tandis que je serai en cette ville.

ARGAN.

Vous m'obligerez beaucoup.

TOINETTE.

Que diantre faites-vous de ce bras-là ?

ARGAN.

Comment ?

TOINETTE.

Voilà un bras que je me ferois couper tout-à-l'heure, si j'étois que de vous.

ARGAN.

Et pourquoi ?

ACTE III. SCÈNE XV.

TOINETTE.

Ne voyez-vous pas qu'il tire à soi toute la nourriture, et qu'il empêche ce côté-là de profiter.

ARGAN.

Oui ; mais j'ai besoin de mon bras.

TOINETTE.

Vous avez-là aussi un œil droit que je me ferois crever, si j'étois en votre place.

ARGAN.

Crever un œil ?

TOINETTE.

Ne voyez-vous pas qu'il incommode l'autre, et lui dérobe sa nourriture ? Croyez-moi, faites-vous le crever au plutôt ; vous en verrez plus clair de l'œil gauche.

ARGAN.

Cela n'est pas pressé.

TOINETTE.

Adieu. Je suis fâché de vous quitter sitôt ; mais il faut que je me trouve à une grande consultation qui se doit faire pour un homme qui mourut hier.

ARGAN.

Pour un homme qui mourut hier ?

TOINETTE.

Oui : pour aviser et voir ce qu'il auroit fallu lui faire pour le guérir. Jusqu'au revoir.

ARGAN.

Vous savez que les malades ne reconduisent point.

SCÈNE XV.

ARGAN, BERALDE.

BERALDE.

Voilà un médecin, vraiment, qui paroît fort habile.

ARGAN.

Oui ; mais il va un peu bien vîte.

BERALDE.

Tous les grands médecins sont comme cela.

ARGAN.

Me couper un bras, et me crever un œil, afin que l'autre se porte mieux? J'aime bien mieux qu'il ne se porte pas si bien. La belle opération, de me rendre borgne et manchot!

SCÈNE XVI.

ARGAN, BÉRALDE, TOINETTE.

TOINETTE *feignant de parler à quelqu'un.*

Allons, allons, je suis votre servante. Je n'ai pas envie de rire.

ARGAN.

Qu'est-ce que c'est?

TOINETTE.

Votre médecin, ma foi, qui me vouloit tâter le pouls.

ARGAN.

Voyez un peu, à l'âge de quatre-vingt-dix ans!

BÉRALDE.

Or çà, mon frère, puisque voilà votre monsieur Purgon brouillé avec vous, ne voulez-vous pas bien que je vous parle du parti qui s'offre pour ma nièce?

ARGAN.

Non, mon frère; je veux la mettre dans un couvent, puisqu'elle s'est opposée à mes volontés. Je vois bien qu'il y a quelque amourette là-dessous; et j'ai découvert certaine entrevue secrète, qu'on ne sait pas que j'aie découverte.

BÉRALDE.

Hé bien! mon frère, quand il y auroit quelque petite inclination, cela seroit-il si criminel; et rien peut-il vous offenser, quand tout ne va qu'à des choses honnêtes, comme le mariage?

ARGAN.

Quoi qu'il en soit, mon frère, elle sera religieuse : c'est une chose résolue.

BÉRALDE.

Vous voulez faire plaisir à quelqu'un?

ARGAN.

Je vous entends. Vous en revenez toujours-là, et ma femme vous tient au cœur.

ACTE III, SCÈNE XVI.

BERALDE.

Hé bien ? oui, mon frère : puisqu'il faut parler à cœur ouvert, c'est votre femme que je veux dire ; et, non plus que l'entêtement de la médecine, je ne puis vous souffrir l'entêtement où vous êtes pour elle, et voir que vous donniez, tête baissée, dans tous les piéges qu'elle vous tend.

TOINETTE.

Ah ! monsieur, ne parlez point de madame, c'est une femme sur laquelle il n'y a rien à dire ; une femme sans artifice, et qui aime monsieur ; qui l'aime... On ne peut pas dire cela.

ARGAN.

Demandez-lui un peu les caresses qu'elle me fait.

TOINETTE.

Cela est vrai.

ARGAN.

L'inquiétude que lui donne ma maladie.

TOINETTE.

Assurément.

ARGAN.

Et les soins et les peines qu'elle prend autour de moi.

TOINETTE.
(à Beralde.)

Il est certain. Voulez-vous que je vous convainque et vous fasse voir, tout-à-l'heure, comme madame aime monsieur ?
(à Argan.)
Monsieur, souffrez que je lui montre son béjaune, et le tire d'erreur.

ARGAN.

Comment ?

TOINETTE.

Madame s'en va revenir. Mettez-vous tout étendu dans cette chaise, et contrefaites le mort. Vous verrez la douleur où elle sera, quand je lui dirai la nouvelle.

ARGAN.

Je le veux bien.

TOINETTE.

Oui ; mais ne la laissez pas long-tems dans le désespoir, car elle en pourrait bien mourir.

ARGAN.

Laisse-moi faire.

TOINETTE à Beralde.

Cachez-vous, vous, dans ce coin-là.

SCÈNE XVII.

ARGAN, TOINETTE.

ARGAN.

N'y a-t-il point quelque danger à contrefaire le mort ?

TOINETTE.

Non, non. Quel danger y auroit-il ? Étendez-vous-là seulement. Il y aura plaisir à confondre votre frère. Voici madame. Tenez-vous bien.

SCÈNE XVIII.

BELINE, ARGAN étendu dans sa chaise, TOINETTE.

TOINETTE feignant de ne pas voir Beline.

Ah, mon Dieu ! Ah, malheur ! Quel étrange accident !

BELINE.

Qu'est-ce, Toinette ?

TOINETTE.

Ah, madame !

BELINE.

Qu'y a-t-il ?

TOINETTE.

Votre mari est mort.

BELINE.

Mon mari est mort ?

TOINETTE.

Hélas, oui ! Le pauvre défunt est trépassé.

BELINE.

Assurément ?

TOINETTE.

Assurément. Personne ne sait encore cet accident-là ; et je

ACTE III. SCÈNE XVIII.

me suis trouvée ici toute seule. Il vient de passer entre mes bras. Tenez, le voilà tout de son long dans cette chaise.

BELINE.

Le ciel en soit loué! Me voilà délivrée d'un grand fardeau. Que tu es sotte, Toinette, de t'affliger de cette mort!

TOINETTE.

Je pensois, madame, qu'il fallût pleurer.

BELINE.

Va, va, cela n'en vaut pas la peine. Quelle perte est-ce que la sienne, et de quoi servoit-il sur la terre? Un homme incommode à tout le monde, mal-propre, dégoûtant, sans cesse un lavement ou une médecine dans le ventre, mouchant, toussant, crachant toujours, sans esprit, ennuyeux, de mauvaise humeur, fatiguant sans cesse les gens, et grondant jour et nuit servantes et valets.

TOINETTE.

Voilà une belle oraison funèbre.

BELINE.

Il faut, Toinette, que tu m'aides à exécuter mon dessein; et tu peux croire qu'en me servant, ta récompense est sûre. Puisque, par un bonheur, personne n'est encore averti de la chose, portons-le dans son lit, et tenons cette mort cachée, jusqu'à ce que j'aie fait mon affaire. Il y a des papiers, il y a de l'argent, dont je me veux saisir; et il n'est pas juste que j'aie passé sans fruit, auprès de lui, mes plus belles années. Viens, Toinette; prenons auparavant toutes ses clefs.

ARGAN *se levant brusquement.*

Doucement.

BELINE.

Ahi!

ARGAN.

Oui, madame ma femme, c'est ainsi que vous m'aimez?

TOINETTE.

Ah, ah, le défunt n'est pas mort!

ARGAN à *Beline qui sort.*

Je suis bien-aise de voir votre amitié, et d'avoir entendu le beau panégyrique que vous avez fait de moi. Voilà un avis au lecteur, qui me rendra sage à l'avenir, et qui m'empêchera de faire bien des choses.

SCÈNE XIX.

BERALDE *sortant de l'endroit où il s'étoit caché*, ARGAN, TOINETTE.

BERALDE.

Hé bien, mon frère, vous le voyez!

TOINETTE.

Par ma foi, je n'aurois jamais cru cela. Mais j'entends votre fille: remettez-vous comme vous étiez, et voyons de quelle manière elle recevra votre mort. C'est une chose qu'il n'est pas mauvais d'éprouver; et, puisque vous êtes en train, vous connoîtrez par là les sentimens que votre famille a pour vous.

(*Beralde va se cacher.*)

SCENE XX.

ARGAN, ANGÉLIQUE, TOINETTE.

TOINETTE *feignant de ne pas voir Angélique.*

O ciel! Ah, fâcheuse aventure! Malheureuse journée!

ANGELIQUE.

Qu'as-tu, Toinette, et de quoi pleures-tu?

TOINETTE.

Hélas! j'ai de tristes nouvelles à vous donner!

ANGELIQUE.

Hé quoi?

TOINETTE.

Votre père est mort.

ANGELIQUE.

Mon père est mort, Toinette?

TOINETTE.

Oui. Vous le voyez là; il vient de mourir tout-à-l'heure d'une foiblesse qui lui a pris.

ANGELIQUE.

O ciel, quelle infortune! Quelle atteinte cruelle! Hélas! Faut-il que je perde mon père, la seule chose qui me restoit au monde; et qu'encore pour un surcroit de désespoir, je le

ACTE III SCÈNE XXI.

perde dans un moment où il seroit irrité contre moi ! Que deviendrai-je, malheureuse, et quelle consolation trouver après une si grande perte !

SCÈNE XXI.

ARGAN, ANGÉLIQUE, CLÉANTE, TOINETTE.

CLÉANTE.

Qu'avez-vous donc, belle Angélique, et quel malheur pleurez-vous ?

ANGÉLIQUE.

Hélas, je pleure tout ce que dans la vie je pouvois perdre de plus cher et de plus précieux ! je pleure la mort de mon père.

CLÉANTE.

O ciel ! Quel accident ! Quel coup inopiné ! Hélas ! Après la demande que j'avois conjuré votre oncle de faire pour moi, je venois me présenter à lui, et tâcher, par mes respects et par mes prières, de disposer son cœur à vous accorder à mes vœux.

ANGÉLIQUE.

Ah ! Cléante, ne parlons plus de rien. Laissons-là toutes les pensées du mariage. Après la perte de mon père, je ne veux plus être du monde, et j'y renonce pour jamais. Oui, mon père, si j'ai résisté tantôt à vos volontés, je veux suivre du moins une de vos intentions, et réparer par-là le chagrin

(se jetant à genoux.)

que je m'accuse de vous avoir donné. Souffrez, mon père, que je vous en donne ici ma parole, et que je vous embrasse pour vous témoigner mon ressentiment.

ARGAN *embrassant Angélique.*

Ah, ma fille !

ANGÉLIQUE.

Ah !

ARGAN.

Viens. N'aie point de peur, je ne suis pas mort. Va, tu es mon vrai sang, ma véritable fille, et je suis ravi d'avoir vu ton bon naturel.

LE MALADE IMAGINAIRE.

SCÈNE XXII.

ARGAN, BERALDE, ANGÉLIQUE, CLÉANTE, TOINETTE.

ANGELIQUE.

Ah, quelle surprise agréable! Mon père, puisque, par un bonheur extrême, le ciel vous redonne à mes vœux, souffrez qu'ici je me jette à vos pieds pour vous supplier d'une chose. Si vous n'êtes pas favorable au penchant de mon cœur, si vous me refusez Cléante pour époux, je vous conjure au moins de ne me point forcer d'en épouser un autre. C'est toute la grace que je vous demande.

CLÉANTE *se jettant aux genoux d'Argan.*

Hé, monsieur, laissez-vous toucher à ses prières et aux miennes, et ne vous montrez point contraire aux mutuels empressemens d'une si belle inclination.

BERALDE.

Mon frère, pouvez-vous tenir là-contre?

TOINETTE.

Monsieur, serez-vous insensible à tant d'amour?

ARGAN.

Qu'il se fasse médecin, je consens au mariage.

(*à Cléante.*)

Oui, faites-vous médecin, je vous donne ma fille.

CLEANTE.

Très-volontiers, monsieur. S'il ne tient qu'à cela pour être votre gendre, je me ferai médecin, apothicaire même, si vous voulez. Ce n'est pas une affaire que cela, et je ferois bien d'autres choses pour obtenir la belle Angélique.

BERALDE.

Mais, mon frère, il me vient une pensée. Faites-vous médecin vous-même. La commodité sera encore plus grande, d'avoir en vous tout ce qu'il vous faut.

TOINETTE.

Cela est vrai. Voilà le vrai moyen de vous guérir bientôt; et il n'y a point de maladie si osée, que de se jouer à la personne d'un médecin.

ACTE III. SCÈNE XXII.

ARGAN.

Je pense, mon frère, que vous vous moquez de moi. Est-ce que je suis en âge d'étudier ?

BERALDE.

Bon, étudier ! vous êtes assez savant ; et il y en a beaucoup parmi eux, qui ne sont pas plus habiles que vous.

ARGAN.

Mais il faut savoir bien parler latin, connoître les maladies, et les remèdes qu'il y faut faire.

BERALDE.

En recevant la robe et le bonnet de médecin, vous apprendrez tout cela ; et vous serez après plus habile que vous ne voudrez.

ARGAN.

Quoi ! L'on sait discourir sur les maladies, quand on a cet habit-là ?

BERALDE.

Oui. L'on n'a qu'à parler avec une robe et un bonnet, tout galimatias devient savant, et toute sottise devient raison.

TOINETTE.

Tenez, monsieur, quand il n'y auroit que votre barbe, c'est déjà beaucoup, et la barbe fait plus de la moitié d'un médecin.

CLÉANTE.

En tout cas, je suis prêt à tout.

BERALDE à *Argan*.

Voulez-vous que l'affaire se fasse tout-à-l'heure ?

ARGAN.

Comment, tout-à-l'heure ?

BERALDE.

Oui, et dans votre maison.

ARGAN.

Dans ma maison ?

BERALDE.

Oui. Je connois une Faculté de mes amies, qui viendra tout-à-l'heure en faire la cérémonie dans votre salle. Cela ne vous coûtera rien.

ARGAN.

Mais, moi, que dire, que répondre ?

BERALDE.

On vous instruira en deux mots, et l'on vous donnera par écrit ce que vous devez dire. Allez-vous-en vous mettre en habit décent. Je vais les envoyer querir.

ARGAN.

Allons, voyons cela.

SCÈNE XXIII ET DERNIÈRE.

BERALDE, ANGÉLIQUE, CLÉANTE, TOINETTE.

CLÉANTE.

Que voulez-vous dire, qu'entendez-vous avec cette faculté de vos amies ?

TOINETTE.

Quel est donc votre dessein ?

BERALDE.

De nous divertir un peu ce soir. Les comédiens ont fait un petit intermède de la réception d'un médecin, avec des danses et de la musique ; je veux que nous en prenions ensemble le divertissement, et que mon frère y fasse le premier personnage.

ANGÉLIQUE.

Mais, mon oncle, il me semble que vous vous jouez un peu beaucoup de mon père.

BERALDE.

Mais, ma nièce, ce n'est pas tant le jouer, que s'accommoder à ses fantaisies. Tout ceci n'est qu'entre nous. Nous y pouvons aussi prendre chacun un personnage, et nous donner ainsi la comédie les uns aux autres. Le carnaval autorise cela. Allons vîte préparer toutes choses.

CLÉANTE à *Angélique*.

Y consentez-vous ?

ANGÉLIQUE.

Oui, puisque mon oncle nous conduit.

TROISIÈME INTERMÈDE.

PREMIÈRE ENTRÉE DE BALLET.

Des tapissiers viennent en dansant préparer la salle, et placer des bancs en cadence.

DEUXIÈME ENTRÉE DE BALLET.

Marche de la faculté de médecine au son des instrumens.

Les portes-seringues représentans les massiers, entrent les premiers. Après eux viennent, deux à deux, les apothicaires avec des mortiers, les chirurgiens et les docteurs, qui vont se placer aux deux côtés du théâtre. Le président monte dans une chaire, qui est au milieu; et Argan, qui doit être reçu docteur, se place dans une chaire plus petite, qui est au-devant de celle du président.

LE PRÉSIDENT.

S<small>AVANTISSIMI</small> *doctores,*
Medicinæ professores,
Qui hic assemblati estis;
Et vos altri messiores,
Sententiarum facultatis
Fideles executores,
Chirurgiani et apothicari,
Atque tota compania aussi,
Salus, honor et argentum,
Atque bonum appetitum.
Non possum, docti confreri,

En moi satis admirari,
Qualis bona inventio
Est medici professio ;
Quàm bella chosa est et bène trovata,
Medicina illa benedicta,
Quæ, suo nomine solo,
Surprenanti miraculo,
Depuis si longo tempore,
Facit à gogo vivere
Tant de gens omni genere.

Per totam terram videmus
Grandam vogam ubi sumus ;
Et quod grandes et petiti
Sunt de nobis infatuti.
Totus mundus currens ad nostros remedios,
Nos regardat sicut Deos ;
Et nostris ordonnanciis
Principes et reges soumissos videtis.

Donque il est nostræ sapientiæ,
Boni sensûs atque prudentiæ,
De fortement travaillare,
A nos bene conservare
In tali credito, vogâ, et honore ;
Et prendere gardam à non recevere,
In nostro docto corpore,
Quàm personas capabiles,
Et totas dignas remplire
Has plaças honorabiles.

C'est pour cela que nunc convocati estis,
Et credo quod trovabitis
Dignam matieram medici,
In savanti homine que voici ;
Lequel in chosis omnibus,
Dono ad interrogandum,
Et à fond examinandum
Vestris capacitatibus.

PREMIER DOCTEUR.

Si mihi licentiam dat dominus præses,

TROISIÈME INTERMÈDE.

Et tanti docti doctores
Et assistantes illustres,
Très savanti Bacheliero
Quem estimo et honoro,
Domandabo causam et rationem quare
    Opium facit dormire.

ARGAN.

Mihi à docto doctore
Domandatur causam et rationem quare
    Opium facit dormire.
    A quoi respondeo,
    Quia est in eo
    Virtus dormitiva,
    Cujus est natura
    Sensus assoupire.

CHŒUR.

Benè, benè, benè, benè respondere.
  Dignus, dignus est intrare
  In nostro docto corpore.
  Benè, benè respondere.

SECOND DOCTEUR.

Cum permissione domini præsidis,
    Doctissimæ facultatis,
    Et totius his nostris actis
    Campaniæ assistantis,
Domandabo tibi, docte bacheliere,
    Quæ sunt remedia,
    Quæ in maladia
    Ditte hydropisia
    Convenit facere?

ARGAN.

    Clysterium donare,
    Postea seignare,
    Ensuita purgare.

CHŒUR.

Benè, benè, benè, benè respondere;
  Dignus, dignus est intrare
  In nostro docto corpore.

TROISIÈME DOCTEUR.

Si bonum semblatur domino præsidi,
Doctissimæ facultati,
Et companiæ præsenti,
Domandabo tibi, docte bacheliere,
Quæ remedia hecticis,
Pulmonicis atque asmaticis
Trovas à propos facere.

ARGAN.

Clysterium donare,
Posteà seignare,
Ensuita purgare.

CHOEUR.

Benè, benè, benè, benè respondere ;
Dignus, dignus est intrare
In nostro docto corpore.

QUATRIÈME DOCTEUR.

Super illas maladias,
Doctus bachelierus dixit maravillas ;
Mais si non ennuyo dominum præsidem,
Doctissimam facultatem,
Et totam honorabilem
Companiam ecoutantem ;
Faciam illi unam questionem.
Des hiero maladus unus
Tombavit in meas manus ;
Habet grandam fievram cum redoublamentis,
Grandam dolorem capitis,
Et grandum malum au côté,
Cum grandâ difficultate
Et penâ à respirare.
Veillas mihi dire,
Docte bacheliere,
Quid illi facere.

ARGAN.

Clysterium donare,
Posteà seignare,
Ensuita purgare.

TROISIÈME INTERMÈDE.

CINQUIÈME DOCTEUR.

Mais si maladia
Opiniatria
Non vult se garire,
Quid illi facere ?

ARGAN.

Clysterium donare,
Posteà seignare,
Ensuita purgare.
Reseignare, repurgare, et reclysterisare.

CHOEUR.

Benè, benè, benè, benè respondere,
Dignus, dignus est intrare
In nostro docto corpore.

LE PRÉSIDENT, à Argan.

Juras gardare statuta
Per facultatem præscripta,
Cum sensu et jugeamento ?

ARGAN.

Juro.

LE PRÉSIDENT.

Essere in omnibus
Consultationibus
Ancieni aviso,
Aut bono,
Aut mauvaiso ?

ARGAN.

Juro.

LE PRÉSIDENT.

De non jamais te servire
De remediis aucunis,
Quàm de ceux seulement doctæ facultatis,
Maladus dut-il crevare
Et mori de suo malo.

ARGAN.

Juro.

LE PRÉSIDENT.

Ego, cum isto boneto
Venerabili et docto,

Dono tibi et concedo
Virtutem et puissanciam,
  Medicandi,
  Purgandi,
  Seignandi,
  Perçandi,
  Taillandi,
  Coupandi,
  Et occidendi
Impunè per totam terram.

TROISIÈME ENTRÉE DE BALLET.

Les chirurgiens et les apothicaires viennent faire la révérence en cadence à Argan.

ARGAN.

Grandes doctores doctrinæ,
De la rhubarbe et du séné ;
Ce seroit sans douta à moi chosa fola,
Inepta et ridicula,
Si j'alloibam m'engageare
Vobis louangeas donare,
Et entreprenoibam adjoutare
Des lumieras au soleilo,
Et des étoilas au cielo,
Des ondas à l'oceano,
Et des rosas au printano.
Agreate qu'avec uno moto,
Pro toto remercimento
Randam gratiam corpori tam docto.
Vobis, vobis debeo
Bien plus qu'à naturæ, et qu'à patri meo.
Natura et pater meus
Hominem me habent factum ;
Mais vos me, ce qui est bien plus,
Avetis factum medicum.
Honor, favor, et gratia,
Qui in hoc corde que voilà,
Imprimant ressentimenta
Qui dureront in secula.

TROISIÈME INTERMÈDE.
CHOEUR.

Vivat, vivat, vivat, vivat, cent fois vivat
Novus doctor, qui tam benè parlat ;
Mille, mille annis, et manget, et bibat,
Et seignet, et tuat.

QUATRIÈME ENTRÉE DE BALLET.

Tous les chirurgiens et les apothicaires dansent au son des instrumens et des voix, et des battemens de mains, et des mortiers d'apothicaires.

PREMIER CHIRURGIEN.

Puisse-t-il voir doctas
Suas ordonnancias,
Omnium chirurgorum,
Et apothicarum
Remplire boutiquas.

CHOEUR.

Vivat, vivat, vivat, vivat, cent fois vivat
Novus doctor, qui tam benè parlat ;
Mille, mille annis, et manget, et bibat,
Et seignet, et tuat !

SECOND CHIRURGIEN.

Puisse toti anni
Lui essere boni
Et favorabiles,
Et n'haberè jamais
Quàm pestas, verolas,
Fievras, pleuresias,
Fluxus de sang et dissenterius !

CHOEUR.

Vivat, vivat, vivat, vivat, cent fois vivat
Novus doctor, qui tam benè parlat ;
Mille, mille annis, et manget, et bibat,
Et seignet, et tuat !

DERNIÈRE ENTRÉE DE BALLET.

Pendant que le dernier chœur se chante, les médecins, les chirurgiens et les apothicaires sortent tous selon leur rang en cérémonie, comme ils sont entrés.

FIN.

LA GLOIRE
DU VAL-DE-GRACE.

Digne fruit de vingt ans de travaux somptueux,
Auguste bâtiment, temple majestueux,
Dont le dôme superbe, élevé dans la nue,
Pare du grand Paris la magnifique vue,
Et, parmi tant d'objets semés de toutes parts,
Du voyageur surpris prend les premiers regards;
Fais briller à jamais, dans ta noble richesse,
La splendeur du saint vœu d'une grande princesse,
Et porte un témoignage à la postérité
De sa magnificence et de sa piété,
Conserve à nos neveux une montre fidèle
Des exquises beautés que tu tiens de son zèle.
Mais défends bien surtout de l'injure des ans
Le chef-d'œuvre fameux de ses riches présens,
Cet éclatant morceau de savante peinture,
Dont elle a couronné ta noble architecture;
C'est le plus bel effet des grands soins qu'elle a pris,
Et ton marbre et ton or ne sont point de ce prix.

Toi qui, dans cette coupe, à ton vaste génie
Comme un ample théâtre heureusement fournie,
Est venu déployer les précieux trésors
Que le Tibre t'a vu ramasser sur ses bords;
Dis-nous, fameux Mignard, par qui te sont versées
Les charmantes beautés de tes nobles pensées;
Et dans quel fonds tu prends cette variété,
Dont l'esprit est surpris, et l'œil est enchanté,
Dis-nous quel feu divin, dans tes fécondes veilles,
De tes expressions enfante les merveilles,

DU VAL-DE-GRACE.

Quels charmes ton pinceau répand dans tous ses traits ;
Quelle force il y mêle à ses plus doux attraits,
Et quel est ce pouvoir, qu'au bout des doigts tu portes,
Qui sait faire à nos yeux vivre des choses mortes,
Et d'un peu de mélange et de bruns et de clairs,
Rendre esprit la couleur, et les pierres des chairs.

Tu te tais, et prétends que ce sont des matières
Dont tu dois nous cacher les savantes lumières,
Et que ces beaux secrets, à tes travaux vendus,
Te coûtent un peu trop pour être répandus ;
Mais ton pinceau s'explique, et trahit ton silence,
Malgré toi, de ton art, il nous fait confidence ;
Et, dans ses beaux efforts à nos yeux étalés,
Les mystères profonds nous en sont révélés.
Une pleine lumière ici nous est offerte ;
Et ce dôme pompeux est une école ouverte,
Où l'ouvrage, faisant l'office de la voix,
Dicte de ton grand art les souveraines loix.
Il nous dit fortement les trois nobles parties *
Qui rendent d'un tableau les beautés assorties,
Et dont, en s'unissant, les talens relevés
Donnent à l'univers les peintres achevés.

Mais des trois, comme reine, il nous expose celle **
Que ne peut nous donner le travail, ni le zèle ;
Et qui, comme un présent de la faveur des cieux,
Est du nom de divine appelée en tous lieux ;
Elle, dont l'essor monte au-dessus du tonnerre,
Et sans qui l'on demeure à ramper contre terre,
Qui meut tout, règle tout, en ordonne à son choix,
Et des deux autres mène et régit les emplois.
Il nous enseigne à prendre une digne matière,
Qui donne au feu d'un peintre une vaste carrière,
Et puisse recevoir tous les grands ornemens
Qu'enfante un beau génie en ses accouchemens,

* L'invention, le dessin, le coloris.

** L'invention, première partie de la peinture.

Et dont la poésie et sa sœur la peinture,
Parant l'instruction de leur docte imposture,
Composent avec art ces attraits, ces douceurs,
Qui font à leurs leçons un passage à nos cœurs ;
Et par qui, de tout tems, ces deux sœurs si pareilles
Charment, l'une les yeux, et l'autre les oreilles.
Mais il nous dit de fuir un discord apparent
Du lieu que l'on nous donne, et du sujet qu'on prend ;
Et de ne point placer dans un tombeau des fêtes,
Le ciel contre nos pieds, et l'enfer sur nos têtes.
Il nous apprend à faire, avec détachement,
De groupes contrastés un noble agencement,
Qui, du champ du tableau, fasse un juste partage,
En conservant les bords un peu légers d'ouvrage,
N'ayant nul embarras, nul fracas vicieux
Qui rompe ce repos si fort ami des yeux ;
Mais où, sans se presser, le groupe se rassemble,
Et forme un doux concert, fasse un beau tout ensemble ;
Où rien ne soit à l'œil mendié, ni redit,
Tout s'y voyant tiré d'un vaste fonds d'esprit,
Assaisonné du sel de nos graces antiques,
Et non du fade goût des ornemens gothiques ;
Ces monstres odieux des siècles ignorans,
Que de la barbarie ont produit les torrens,
Quand leur cours, inondant presque toute la terre,
Fit à la politesse une mortelle guerre ;
Et de la grande Rome abattant les remparts,
Vint, avec son empire, étouffer les beaux arts.
Il nous montre à poser avec noblesse et grace
La première figure à la plus belle place,
Riche d'un agrément, d'un brillant de grandeur
Qui s'empare d'abord des yeux du spectateur ;
Prenant un soin exact, que dans tout son ouvrage
Elle joue aux regards le plus beau personnage ;
Et que par aucun rôle au spectacle placé,
Le héros du tableau ne se voye effacé.
Il nous enseigne à fuir les ornemens débiles
Des épisodes froids et qui sont inutiles,
A donner au sujet toute sa vérité,

DU VAL-DE-GRACE.

A lui garder partout pleine fidélité,
Et ne se point porter à prendre de licence,
A moins qu'à des beautés elle donne naissance.

Il nous dicte amplement les leçons de dessin *
Dans la manière grecque, et dans le goût romain ;
Le grand choix du beau vrai, de la belle nature,
Sur les restes exquis de l'antique sculpture,
Qui, prenant d'un sujet la brillante beauté,
En savoit séparer la foible vérité,
Et formant de plusieurs une beauté parfaite,
Nous corrige par l'art la nature qu'on traite.
Il nous explique à fond, dans ses instructions,
L'union de la grace et des proportions ;
Les figures partout doctement dégradées,
Et leurs extrémités soigneusement gardées,
Les contrastes savans des membres agroupés,
Grands, nobles, étendus, et bien développés,
Balancés sur leur centre en beautés d'attitude,
Tous formés l'un pour l'autre avec exactitude,
Et n'offrant point aux yeux ces galimatias,
Où la tête n'est point de la jambe, ou du bras ;
Leur juste attachement aux lieux qui les font naître,
Et les muscles touchés autant qu'ils doivent l'être,
La beauté des contours observés avec soin,
Point durement traités, amplés, tirés de loin,
Inégaux, ondoyans, et tenant de la flamme,
Afin de conserver plus d'action et d'ame ;
Les nobles airs de tête amplement variés,
Et tous au caractère avec choix mariés,
Et c'est-là qu'un grand peintre, avec pleine largesse,
D'une féconde idée étale la richesse,
Faisant briller partout de la diversité,
Et ne tombant jamais dans un air répété ;
Mais un peintre commun trouve une peine extrême
A sortir dans ses airs, de l'amour de soi-même ;
De redites sans nombre il fatigue les yeux,

* Le dessin, seconde partie de la peinture.

Et, plein de son image il se peint en tous lieux.
Il nous enseigne aussi les belles draperies,
De grands plis bien jetés suffisamment nourries,
Dont l'ornement aux yeux doit conserver le nud;
Mais qui, pour le marquer, soit un peu retenu;
Qui ne s'y colle point, mais en suive la grace,
Et, sans la serrer trop, la carresse et l'embrasse.
Il nous montre à quel air, dans quelles actions
Se distinguent à l'œil toutes les passions;
Les mouvemens du cœur, peints d'une adresse extrême;
Par des gestes puisés dans la passion même,
Bien marqués pour parler, appuyés, forts et nets;
Imitans en vigueur les gestes des muets,
Qui veulent réparer la voix que la nature
Leur a voulu nier ainsi qu'à la peinture.

   Il nous étale enfin les mystères exquis *
De la belle partie où triompha Zeuxis,
Et qui, le revêtant d'une gloire immortelle,
Le fit aller de pair avec le grand Appelle :
L'union, les concerts, et les tons de couleurs,
Contrastes, amitiés, ruptures et valeurs,
Qui font les grands effets, les fortes impostures,
L'achèvement de l'art, et l'ame des figures.
Il nous dit clairement dans quel choix le plus beau,
On peut prendre le jour, et le champ du tableau.
Les distributions et d'ombre et de lumière,
Sur chacun des objets et sur la masse entière,
Leur dégradation dans l'espace de l'air
Par les tons différens de l'obscur et du clair,
Et quelle force il faut aux objets mis en place
Que l'approche distingue et le lointain efface;
Les gracieux repos que par des soins communs,
Les bruns donnent aux clairs, comme les clairs aux bruns,
Avec quel agrément d'insensible passage
Doivent ces opposés entrer en assemblage,
Par quelle douce chute ils doivent y tomber,

  * Le coloris, troisième partie de la peinture.

Et dans un milieu tendre, aux yeux se dérober;
Ces fonds officieux qu'avec art on se donne,
Qui reçoivent si bien ce qu'on leur abandonne;
Par quels coups de pinceau, formant de la rondeur,
Le peintre donne au plat le relief du sculpteur,
Quel adoucissement des teintes de lumière,
Fait perdre ce qui tourne, et le chasse derrière,
Et comme, avec un champ fuyant, vague et léger,
La fierté de l'obscur sur la douceur du clair,
Triomphant de la toile, en tire avec puissance
Les figures que veut garder sa résistance,
Et malgré tout l'effort qu'elle oppose à ses coups,
Les détache du fonds, et les amène à nous.

Il nous dit tout cela, ton admirable ouvrage;
Mais, illustre Mignard, n'en prends aucun ombrage,
Ne crains pas que ton art, par ta main découvert,
A marcher sur tes pas tienne un chemin ouvert,
Et que de ces leçons les grands et beaux oracles
Elevent d'autres mains à tes doctes miracles;
Il y faut des talens que ton mérite joint,
Et ce sont des secrets qui ne s'apprennent point.
On n'acquiert point, Mignard, par les soins qu'on se donne
Trois choses, dont les dons brillent dans ta personne,
Les passions, la grace, et les tons de couleur,
Qui des riches tableaux font l'exquise valeur;
Ce sont présens du ciel, qu'on voit peu qu'il assemble,
Et les siècles ont peine à les trouver ensemble.
C'est par-là qu'à nos yeux nuls travaux enfantés
De ton noble travail n'atteindront les beautés,
Malgré tous les pinceaux que ta gloire réveille,
Il sera de nos jours la fameuse merveille;
Et des bouts de la terre, en ces superbes lieux,
Attirera les pas des savans curieux.

O vous, dignes objets de la noble tendresse
Qu'a fait briller pour vous cette auguste princesse,
Dont au grand Dieu naissant, au véritable Dieu,
Le zèle magnifique a consacré ce lieu,
Purs esprits, où du ciel sont les graces infuses,

Beaux temples des vertus, admirables récluses !
Qui, dans votre retraite, avec tant de ferveur,
Mêlez parfaitement la retraite du cœur,
Et, par un choix pieux hors du monde placées,
Ne détachez vers lui nulle de vos pensées,
Qu'il vous est cher d'avoir sans cesse devant vous
Ce tableau de l'objet de vos vœux les plus doux ;
D'y nourrir par vos yeux les précieuses flammes
Dont si fidèlement brûlent vos belles ames ;
D'y sentir redoubler l'ardeur de vos desirs ;
D'y donner à toute heure un encens de soupirs ;
Et d'embrasser du cœur une image si belle
Des célestes beautés de la gloire éternelle,
Beautés qui dans leurs fers tiennent vos libertés
Et vous font mépriser toutes autres beautés !

Et toi, qui fus jadis la maîtresse du monde,
Docte et fameuse école en raretés féconde,
Où les arts déterrés ont, par un digne effort,
Réparé les dégâts des barbares du Nord ;
Source des beaux débris des siècles mémorables,
O Rome, qu'à tes soins nous sommes redevables
De nous avoir rendu, façonné de ta main,
Ce grand homme, chez toi, devenu tout Romain,
Dont le pinceau célèbre, avec magnificence,
De ces riches travaux vient parer notre France,
Et dans un noble lustre y produire à nos yeux
Cette belle peinture inconnue en ces lieux,
La fresque, dont la grace à l'autre préférée,
Se conserve un éclat d'éternelle durée ;
Mais dont la promptitude et les brusques fiertés
Veulent un grand génie à toucher ses beautés !
De l'autre qu'on connoît, la traitable méthode,
Aux foiblesses d'un peintre aisément s'accommode ;
La paresse de l'huile, allant avec lenteur,
Du plus tardif génie attend la pesanteur,
Elle sait secourir, par le tems qu'elle donne,
Les faux pas que peut faire un pinceau qui tâtonne ;
Et, sur cette peinture, on peut, pour faire mieux,

Revenir quand on veut, avec de nouveaux yeux.
Cette commodité de retoucher l'ouvrage,
Aux peintres chancelans est un grand avantage,
Et, ce qu'on ne fait point en vingt fois qu'on reprend,
On le peut faire en trente, on le peut faire en cent.

Mais la fresque est plaisante, et veut, sans complaisance,
Qu'un peintre s'accommode à son impatience,
La traite à sa manière ; et d'un travail soudain,
Saisisse le moment qu'elle donne à sa main.
La sévère rigueur de ce moment qui passe,
Aux erreurs d'un pinceau ne fait aucune grace,
Avec elle il n'est point de retour à tenter,
Et tout au premier coup se doit exécuter.
Elle veut un esprit où se rencontre unie
La pleine connoissance avec le grand génie,
Secouru d'une main propre à le seconder,
Et maîtresse de l'art jusqu'à le gourmander,
Une main prompte à suivre un beau feu qui la guide ;
Et dont, comme un éclair, la justesse rapide
Répande dans ses fonds, à grands traits non tâtés,
De ses expressions les touchantes beautés.
C'est par-là que la fresque éclatante de gloire,
Sur les honneurs de l'autre emporte la victoire,
Et que tous les savans, en juges délicats,
Donnent la préférence à ses mâles appas
Cent doctes mains chez elle ont cherché la louange,
Et Jules, Annibal, Raphaël, Michel-Ange,
Les Mignards de leurs siècle, en illustres rivaux,
Ont voulu par la fresque ennoblir leurs travaux.

Nous la voyons ici doctement revêtue
De tous les grands attraits qui surprennent la vue.
Jamais rien de pareil n'a paru dans ces lieux ;
Et la belle inconnue a frappé tous les yeux.
Elle a non-seulement par ses graces fertiles
Charmé du grand Paris les connoisseurs habiles,
Et touché de la cour le beau monde savant ;
Ses miracles encore ont passé plus avant,
Et de nos courtisans les plus légers d'étude,

LA GLOIRE

Elle a pour quelque tems fixé l'inquiétude,
Arrêté leur esprit, attaché leurs regards,
Et fait descendre en eux quelque goût des beaux arts.
Mais ce qui, plus que tout, élève son mérite,
C'est de l'auguste roi l'éclatante visite;
Ce monarque dont l'ame aux grandes qualités
Joint un goût délicat des savantes beautés,
Qui, séparant le bon d'avec son apparence,
Décide sans erreur, et loue avec prudence;
LOUIS, le grand LOUIS, dont l'esprit souverain
Ne dit rien au hasard, et voit tout d'un œil sain,
A versé de sa bouche à ses graces brillantes
De deux précieux mots les douceurs chatouillantes,
Et l'on sait qu'en deux mots ce roi judicieux,
Fait des plus beaux travaux l'éloge glorieux.

Colbert, dont le bon goût suit celui de son maître,
A senti même charme, et nous le fait paraître.
Ce vigoureux génie au travail si constant,
Dont la vaste prudence à tous emplois s'étend,
Qui, du choix souverain, tient, par son haut mérite,
Du commerce et des arts la suprême conduite,
A d'une noble idée enfanté le dessein
Qu'il confie aux talens de cette docte main,
Et dont il veut par elle attacher la richesse
Aux sacrés murs du temple * où son cœur s'intéresse.
La voilà, cette main, qui se met en chaleur;
Elle prend les pinceaux, trace, étend la couleur,
Empâte, adoucit, touche, et ne fait nulle pause,
Voilà qu'elle a fini; l'ouvrage aux yeux s'expose;
Et nous y découvrons, aux yeux des grands experts,
Trois miracles de l'art en trois tableaux divers.
Mais, parmi cent objets d'une beauté touchante,
Le Dieu porte au respect, et n'a rien qui n'enchante;
Rien en grace, en douceur, en vive majesté,
Qui ne présente à l'œil une divinité;
Elle est toute en ces traits si brillans de noblesse,

* Saint-Eustache.

La grandeur y paroît, l'équité, la sagesse,
La bonté, la puissance; enfin, ces traits font voir
Ce que l'esprit de l'homme a peine à concevoir.

 Poursuis, ô grand Colbert, à vouloir, dans la France,
Des arts que tu régis établir l'excellence,
Et donne à ce projet et si grand et si beau,
Tous les riches momens d'un si docte pinceau.
Attache à des travaux dont l'éclat te renomme,
Les restes précieux des jours de ce grand homme.
Tels hommes rarement se peuvent présenter ;
Et quand le ciel les donne, il faut en profiter.
De ces mains, dont les tems ne sont guère prodigues,
Tu dois à l'univers les savantes fatigues ;
C'est à ton ministère à les aller saisir
Pour les mettre aux emplois que tu peux leur choisir ;
Et, pour ta propre gloire, il ne faut point attendre
Qu'elles viennent t'offrir ce que ton choix doit prendre.
Les grands hommes, Colbert, sont mauvais courtisans,
Peu faits à s'acquitter des devoirs complaisans ;
À leurs réflexions tout entiers ils se donnent ;
Et ce n'est que par-là qu'ils se perfectionnent.
L'étude et la visite ont leurs talens à part ;
Qui se donne à la cour se dérobe à son art.
Un esprit partagé rarement s'y consomme,
Et les emplois de feu demandent tout un homme.
Ils ne sauroient quitter les soins de leur métier
Pour aller chaque jour fatiguer ton portier,
Ni partout, près de toi, par d'assidus hommages,
Mendier des prôneurs les éclatans suffrages :
Cet amour du travail, qui toujours règne en eux,
Rend à tous autres soins leur esprit paresseux ;
Et tu dois consentir à cette négligence
Qui de leurs beaux talens te nourrit l'excellence.
Souffre que, dans leur art s'avançant chaque jour,
Par leurs ouvrages seuls ils te fassent leur cour.
Leur mérite à tes yeux y peut assez paroître ;
Consultes-en ton goût, il s'y connoît en maître,

Et te dira toujours pour l'honneur de ton choix,
Sur qui tu dois verser l'éclat des grands emplois.
C'est ainsi que des arts la renaissante gloire
De tes illustres soins ornera la mémoire ;
Et que ton nom porté dans cent travaux pompeux,
Passera triomphant à nos derniers neveux.

FIN DES ŒUVRES DE MOLIÈRE.

TABLE DES PIÈCES
CONTENUES
DANS LE HUITIÈME TOME.

Avertissement de l'éditeur sur *les Femmes Savantes*. *Page* 3
Les Femmes Savantes. 21
Avertissement de l'éditeur sur *la Comtesse d'Escarbagnas*. 113
La Comtesse d'Escarbagnas. 119
Avertissement de l'éditeur sur *le Malade imaginaire*. 149
Prologue. 169
Autre Prologue. 176
Le Malade imaginaire. 177
Le Val-de-Gloire. 286

FIN DE LA TABLE.

www.ingramcontent.com/pod-product-compliance
Lightning Source LLC
Chambersburg PA
CBHW071141160426
43196CB00011B/1972